德鲁克思想践行者 传播者 徐本亮
倾心之作

# 社会组织管理精要十五讲
## （第3版）

徐本亮·著

上海社会科学院出版社

# 推荐词

　　徐本亮先生是中国公益界著名的思想者和实践者。他善于学习理论，坚信许多公益疑难和管理困境能在管理大师德鲁克著作中找到答案。本书有望帮助公益机构管理者找准问题，制定提升方案和行动计划，使平常的公益机构成为优秀的公益机构，进而使优秀的公益机构成为卓越的公益机构。

——王振耀

（深圳国际慈善学院原院长、北师大中国公益研究院院长）

　　本书是徐本亮20多年从事慈善教育培训的经验总结，也是他多年结合中国实际，学习和实践"现代管理之父"彼得·德鲁克关于非营利组织管理的心血的结晶。它务实、通俗、系统、好读，是我国《慈善法》颁布后奉献给中国社会组织的一份厚礼。

——杨　团

（中国社会科学院社会政策研究中心顾问、社会学研究所研究员）

中国社会组织面临难得的发展机遇和良好的发展环境。社会组织必须加强管理、练好内功。《社会组织管理精要十五讲》的出版恰逢其时,将有力助推中国社会组织健康持续发展。

——刘 京
(公益时报社原社长、国家开放大学社工学院院长)

虽然社会组织靠使命驱动,但是要打造卓越的社会组织,仅仅有使命是不够的,还需要通过具体的方法和规则让使命落地。国内关于社会组织管理的著作不多,非常高兴看到本书的出版。徐本亮先生的《社会组织管理精要十五讲》来自实践,理论联系实际,有很强的操作性和实用性,是社会组织管理者和从业者的入门教材和工作指南。

——刘文奎
(中国扶贫基金会副会长兼秘书长)

徐本亮老师是中国慈善领域难得的知行合一者,《社会组织管理精要十五讲》是他从事慈善实践 20 多年来理论、知识和智慧的总结。这是一本兼具多种用途的好书。你可以作为社会组织管理的知识指南书来读;也可以作为实践工作中非常实用的工具书来使用;如果你用心读,这还是一本指引你和你的机构超凡脱俗、活出使命的书。

——彭建梅
(中国慈善联合会原执行秘书长)

20 多年前,现代管理之父彼得·德鲁克预言"21 世纪是社会组织的世纪",我国社会组织发展恰逢其时。到目前为止,已成立的 80 多万个社会组织如何健康持续发展,科学管理是重中之重。感谢徐本亮老师撰写的《社会组织管理精要十五讲》,将德鲁克的管理思想与中国社会组织管理实践紧密联系,在理论和实践的结合上,为社会组织的管理者和从业者做了很好的指导,具有重要的理论意义和实践价值。这会促进我国更多的社会机构加强管理,创造性地、更有成效地解决各种社会问题。

——缪 力

(中国社会福利基金会原副理事长兼秘书长)

社会组织是国家治理体系和治理能力现代化的重要载体之一。实现组织增能,是其应该直面的现实议题。

本书对社会组织的使命、公信、治理、筹资、创新等主题作了诠释,也分享了公益项目管理的智慧。其中,不少观点是徐本亮老师基于20多年慈善公益实践和教学的经验提炼,也是其领悟德鲁克管理思想后的本土思考。

此书出版一定程度上填补了中国内地社会组织管理领域研究的薄弱环节,对慈善公益和社会服务实践有很强的针对性和指导作用,值得党政管理部门、社会组织、公益团队和高校社会工作专业的师生以及对社会组织管理有兴趣的读者阅读和践行。

——顾东辉

(复旦大学文科科研处处长、中国社会工作教育协会副会长、
复旦大学社会工作系教授)

有的书教我们如何去思考,有的书教我们如何去操作。徐本亮老师的《社会组织管理精要十五讲》既教我们思考,又教我们操作;既有高大上的管理理论阐述,又有接地气的实战案例。有的书适合初学者读,有的书适合高管们看。《社会组织管理精要十五讲》既适合初学者读,又适合高管们看;既可以作为刚刚入行的公益人的必修课,也可以作为项目主管甚至是社会组织领导人管理创新的行动指南。

——胡广华

(中华社会救助基金会原秘书长)

社会组织管理是一个非常重要的课题。徐本亮深谙德鲁克非营利组织管理思想,又有20多年从事慈善公益的丰富实践经验,由他来撰写社会组

织管理专著特别合适。这是一本理论和实际紧密结合、知行合一的精品佳作。

——施德容

（上海市慈善基金会原常务副理事长）

《社会组织管理精要十五讲》——学者与实务界的无缝结合20多年的公益探究；从德鲁克大师那里获取灵感，精心选择15堂课，通俗易懂，为社会组织管理提供思路与答案；是社会组织管理理论和社会组织实践有机结合的佳作，值得学界与实务界好好一读。

——徐家良

（上海交通大学中国公益发展研究院院长、国际与公共事务学院教授）

徐本亮先生结合自己20多年社会组织管理和实施公益项目的丰富经验，加上为全国各地近4 000家社会组织服务的经历，创作了这本《社会组织管理精要十五讲》。对于想要成立一个社会组织或想要让自己的组织更上一层楼的人来说，这本书是绝佳的指南。

——王 颖

[汇丰银行(中国)有限公司企业可持续发展总监]

祝贺《社会组织管理精要十五讲》出版！公益实务者和培训者能合二为一的不多，更难得的是徐老师在两个领域不仅长期耕耘且都做到了精致。我想这既与他的勤奋、尚思、开放、执着的性格有关，也同我们所处的大时代有关。也因此，我们今天的和明天的中国社会组织将受益于这样一本好书。

——陈一梅

（万科公益基金会原秘书长）

徐本亮老师不仅是具有丰富公益经验的行动派，也是善于学习和思考的哲学家。20多年来他践行和传播德鲁克思想，《社会组织管理精要十五讲》系统地阐述了关乎社会组织能否有效运营并持续发展的重要议题：社会组织的使命、公信力、治理和战略、项目、筹资、创新、人力资源管理和自我发展，有许多独到见解和思考。它内容丰富，一定会给社会组织的管理实践带来积极的影响。

——庄爱玲

（上海映绿公益事业发展中心董事长）

1992年10月，华东师范大学主办的国际成人教育会议，邀请了美国北伊利诺斯州大学成人教育研究所所长尼米教授作"学习型组织"专题报告，尼米介绍了三种学习型组织模型：沃尔纳五阶段模型、瑞定第四种模型和彼得·圣吉模型。100多年来影响人类管理最重要的35种管理理论中最前沿之一——"学习型组织管理"开始进入中国内地。本书作者徐本亮也是我国最早进入"学习型组织管理"领域的优秀学者之一，我与他从此结缘，至今已有26年。

众所周知，社会组织是社会的三大部门之一，有其不可替代的功能和重要作用。作者将自己从事社会组织工作20多年的学习、研究与实践的心得体会提炼成《社会组织管理精要十五讲》，这是一本难得的好书。有三大特点：

一是国际视野。作者潜心研究德鲁克管理理论20多年，他在担任上海第二工业大学社科系副主任、继续教育部主任期间，就开始学习和实践德鲁克思想。他告诉我：自己是一个德鲁克迷，20多年来坚持用德鲁克思想指导实践。在写本书时，又反复认真研读了德鲁克有关非营利组织管理的论述。本书的导语就是"向德鲁克学社会组织的管理"，既有新意，又有深度。

二是中国特色。作者以中共中央办公厅和国务院办公厅《关于改革社会组织管理制度，促进社会组织有序健康发展的意见》为指导，紧密结合中国的社会组织的发展总体上而言还处于起步阶段，数量少、规模小、质量不高的国情，根据中国社会组织的实际，特别针对中国社会组织面临的一些难点、痛点问题，围绕社会组织的使命、公信力、治理、三大战略（营销战略、创新战略和资金发展战略）、人力资源管理、政府关系等主题，系统、全面地阐述了社会组织管理的基本知识，值得一读。

三是操作性强。书中提供了系统、清晰、具体的操作方法，如使命、项目、筹资、创新等，提出了行之有效的解决方法。作者不仅是我国"学习型社会组织"理论最早的创导者之一，还是一位执着坚持的砺行者。他是将社会组织管理培训与实践项目紧密结合的优秀的教育工作者、出色的教练。2015年以来，他先后在昆山、重庆、长春、上海等地成立和参与创办了4家以"卓越"命名的支持型社会组织，推动支持型机构的发展和公益人才培养。他的理论结合实际的培训体系得到了社会的赞同。

最近，作者又与"亚洲学习型组织联盟"合作，成立"亚洲学习型组织联盟学习型社会组织研究中心"，他出任研究中心主任，系统研究如何将"学习型组织管理"的前沿理论融入各类社会组织管理之中，并将自己的研究成果与中国的成功经验，与亚洲、世界的非营利组织工作者分享。

《社会组织管理精要十五讲》一书，值得认真阅读！

"创建学习型社会组织"一事，值得认真探索！

——张声雄

（亚洲学习型组织联盟创始人、上海明德学习型组织研究所所长）


社会组织由于没有利润底线，更要加强管理。阅读这本书对提高社会组织管理的有效性大有裨益。

——谢家琛

（南京工业大学浦江学院公益慈善管理学院教授）

# 序一　社会组织领导人必读,管理者必修

徐永光

徐本亮的《社会组织管理精要十五讲》出版,是我翘首以待的事,也是公益能力建设领域的好消息。

2003年,时任中华慈善总会会长阎明复引进美国麦克利兰基金会"非营利组织领导人诚信系列课程",由美国老师授四门课,每半年集中授课一次。我和徐本亮是同班同学。中山大学朱健刚教授认为,这项培训开了中国社会组织能力建设的先河,其水准和意义堪称里程碑。

麦克利兰基金会将该课程的版权赠予项目承办方北京恩玖NPO研究中心,并开小灶训练了十几位讲师,授予讲课资格。徐本亮即为其中一位。据我所知,如今依然坚守在社会组织能力建设讲坛并以此为业的,唯有徐本亮。

我对本亮很了解,也很敬佩。他是一位心怀理想、有坚定目标、学习能力很强、做事锲而不舍的人。作为老师,他不仅有扎实的理论修养,更有丰富的实践作为教学的根基。他自己管理着一家公益教育机构,20多年来设计实施了许多优秀的公益慈善项目,筹得资金接近亿元。他讲项目设计和

筹款,真可谓"上天入地",从慈善伦理、筹款原理、项目设计、产品营销、客户服务、资金管理到财务透明一气呵成。本亮还在全国各地创办了多家支持型社会组织,专注于公益组织能力建设和公益人才培养。他服务过的数千家社会组织和他亲自辅导的机构中,出现了不少标杆型公益组织,如重庆儿童救助基金会、湖南李丽心灵教育中心、绿色浙江、上海青聪泉儿童训练中心等。

由这样一位知行合一的专家讲机构使命、公信力、创新、目标管理和人力资源政策,讲如何与政府、捐赠人和服务对象打交道,无论是在管理细节和处理矛盾的方法论方面,还是在谋事经验、处事要领和应变策略、智慧方面,都是一般管理书本中没有的。有理论、懂管理的人讲管理课,才是最靠谱的。在中国,这样的老师并不多。故我建议本亮,把他的管理课程做成产品,把培训做成规模化。本亮说,他的课程已经形成专著,即将出版,正好请我作序。我这叫自己撞上门找事,但率先拜读,受益良多,实乃快事一桩。

本亮非常崇尚著名管理大师彼得·德鲁克,《社会组织管理精要十五讲》正是用德鲁克非营利组织管理思想,结合作者本人23年从事社会组织管理、咨询和研究的实践经验,针对中国社会组织管理的痛点写成的。读这本书等于读了半部德鲁克,而且这里有丰富的案例解读,理论与实践结合,深入浅出,容易读懂。

关于非营利组织管理的要义,本书开宗明义引用德鲁克的话:"多年以来,大多数非营利组织,对他们来说,只要有一个良好的意愿就可以。可是今天,我们都清醒地意识到,由于非营利组织没有一个清晰的业绩标准,所以我们必须更加注重管理,必须将纪律的观念深深植入组织使命当中。我们必须学会充分利用手头有限的人力财力,使其能够发挥最大的效用。我们必须想清楚一个问题:我们的组织追求的成果究竟是什么。"德鲁克这段话是针对美国非营利组织的,但更像是针对中国社会组织讲的。我本人就经常批评盛行于公益行业的不正之风:以为做了公益就比别人高尚,"情怀最伟大,过程很享受,结果不重要",浪费了许多公益资源还自以为是。德鲁克是管理大师,也是创新大师,本书用很大的篇幅来介绍德鲁克关于非营利组织的创新理论,也可以给中国公益从业者和捐赠人,乃至采购社会组织服务的政府部门释疑解惑,正确认识创新,破除对创新的一些认识误区。

从整体发展水平看,中国民间公益和社会组织的发展的确还在初级阶段,很多方面连初级的门槛也没有越过;中国经济社会发展,又十分需要社会组织发挥作用,需要通过有效的管理和创新,提升社会组织的能力,有效解决社会问题。在这样的背景下,教育培训显得十分迫切。本书的问世,是对于我国社会组织管理知识、能力缺乏的及时供给,其影响和价值毋庸置疑。

本书属于社会组织管理百科,内容非常丰富,应该成为社会组织领导人必读书,管理者必修课。在当今移动互联网新媒体时代,单靠纸媒传播是远远不能满足需求的,建议对课程进行二度开发,制作成菜单点播模式。如此,《社会组织管理精要十五讲》产品化目标就实现了。希望有公益创投机构感兴趣投资。

哈哈!看似离题了,其实三句不离创新套路:公益铺路,商业跟进,让好产品规模化扩展,可持续发展,有效解决公益行业面临的管理知识、能力缺乏的痛点。

**(作者系南都公益基金会名誉理事长、国务院参事室特约研究员)**

# 序二　践行有效管理　推动社会组织健康发展

黄浩明

2018年3月18日，收到了徐本亮先生的新作《社会组织管理精要十五讲》，特别高兴，想一睹为快，利用出差途中和周末空余时间认真地拜读与学习，引起了我很多思考。到2017年底，中国已经登记的社会组织超过了78万家，社会组织的蓬勃发展为中国的社会进步与经济建设起到重要的积极作用，尤其是社会组织在慈善事业、扶贫济困、环境保护、社区建设、儿童救助、老年人关爱、法律援助、社会服务和政策建议等方面起到了重要的推动作用。而社会组织在飞速发展的过程中，面临着很多的挑战，例如，社会组织如何专业管理、社会组织如何健康持续发展、如何更好地为社会提供优质的服务，等等。上述思考，我从本亮先生的书中找到了答案。因此，我极力推荐社会组织的领导者、管理者和监督者，认真学习本亮先生的《社会组织管理精要十五讲》，这是一本既有理论分析，又有可操作性的工具书，同时也是社会组织日常管理中的导读书。

社会组织如何有效管理？本亮先生提出社会组织需要

学习德鲁克的管理思想。依然记得24年前,我在美国卡耐基梅隆大学学习过德鲁克的《非营利组织的管理》一书,不过当时看这本书,总感到德鲁克的思想,离我们中国的实际比较遥远,也比较抽象。但是今天当我读本亮先生书的"导语 向德鲁克学习社会组织管理",感到非常亲切和通俗易懂。本亮先生总结德鲁克社会组织管理的本质,就是以社会组织的使命为准则,提升社会组织的影响力。例如,德鲁克指出:"制定一个清晰的目标,对未来有一个宽广的愿景,保证组织的每个人时刻牢记使命,如果不这样的话,失败在所难免。"而这种使命导向的管理思想值得推广和广泛传播。在谈到社会组织的三大战略时,本亮先生详细分析了营销战略、创新战略和资金发展战略,从社会组织使命出发到社会组织的三大战略,准确地回答了社会组织如何将使命转化为实际成果,也是彰显社会组织存在价值的重要标志。

社会组织的发展已经成为中国社会进步的重要标志,在社会组织管理中,社会组织的治理是比较薄弱的一个环节,也是很多社会组织的领导者常常容易忽视或轻视的。本亮先生从社会组织的治理行为分析到治理与管理区别的解析,提出了良好治理的三大原则:回避原则、可问责原则和透明原则,进而分析了中国社会组织治理面临的四大挑战,并借鉴了国际社会的先进经验,给出了中国社会组织建立一个高效理事会的实用建议,包括建设性的伙伴关系、使命驱动、非凡的理事会塑造并支持使命,明确表达其引人注目的愿景,并确保决策和核心价值观一致、战略性思维、质询的文化氛围、独立思考、透明的风气、遵守诚信、非凡的理事会、结果导向、有计划的理事会实践、持续学习等12个方面的内容,值得学习借鉴。

社会组织发展需要处理好与政府的关系,有些社会组织领导人往往采取回避态度或采取一些不太妥当的做法,因而处理不好与政府的关系。本书在论述社会组织如何处理好外部关系方面,本亮先生根据他自己多年来与政府合作和参与政府购买服务的实践,有其正确的理解和精准的判断,提出了社会组织和政府合作的10个建议,包括提高认识,转变观念;坚持诚信、尊重、平等、互利、互惠的原则;关注党和政府的政策;主动寻找和把握与政府合作的机会;做到换位思考,将心比心;一定要用公信力和成果去赢得信任；主动地寻找好人；跟政府的合作一定要从小事做起，要主动争取沟通合作的渠道和机会；要影响有影响力的人；要做好机构和政府合作关系的分析。从合作原则到倡导政府政策改变，分析全面、到位，有很强的可操作性，对社会组织如何处理好与政府的关系有很好的指导作用。

党的十九大提出了社会组织是现代国家治理的重要组成部分，同时也提出了加快社会组织改革，增强社会组织的活力。党的十九大召开表明社会组织发展进入了新时代，社会组织领导人和管理者要肩负历史使命，新时代要有新作为，要为实现中国梦添砖加瓦。从加强社会组织管理来讲，《社会组织管理精要十五讲》一书的出版，可谓恰逢其时。我坚信此书的出版对中国社会组织的专业化管理和健康有序发展，一定能够起到重要的推动作用。

（作者系海南亚洲公益研究院执行院长、教授，<br>中国国际民间组织合作促进会名誉理事长）

## 序三　公益要雄起,培训须先行

邓　飞

近年来,中国公益组织如雨后春笋爆发式增长,在各领域发力。在我看来,它们粗略可以分为三类:

第一类源自权力机关,叫国营公益组织,以带国字头的基金会为主,隶属不同部委,官办官营,负责人多是部委干部和退休干部,现在多以社会招募为主。它们优在与政府关系良好,各类资源丰厚,紧跟国家政策方针。

第二类脱胎于商业企业,叫商办公益组织。改革开放40年后,第一批商业精英步入退休阶段,纷纷转身公益,要追求生命高新境界。其次,一些高科技企业挟流量之势,进入公益领域,解决某个社会问题。它们也掌握着较多资源,有技术和组织优势。

第三类则是从社会土壤里自下而上长出,叫民间公益组织。它们历史悠久,数量众多,散布在中国各大小城市,沉默坚韧,发轫于人性古道热肠和底层社会的守望互助。2011年以后,微博和微信崛起,中国人第一次可以看见对方,连接彼此,形成多人异地大规模协同去完成某一个任务,意外吸引了一些社会精英跨界而来,携带各领域的技能、思维和优势资源进入公益领域,增加了民间公益组织的丰富性和厚度。它们的优势是价值观驱动,人多面广,无处不在。

近年来,党和政府越发理解和重视社会公益的价值,2016年《中华人民共和国慈善法》的颁布实施,激发了社会的公益慈善热情,使县域公益组织雨后春笋般出现,犹如1978年,政府打开商业,放手市场,推动经济改革开放。

中国社会改革和经济改革如出一辙,正在走着当年的路子。所以,对比经济改革的逻辑、趋势和走向,我们可以判断:三类公益组织并驾齐驱,独立且又系统,共同解决中国社会问题。而其中,基于使命驱动、机动灵活的民间公益组织表现越发活跃,如同现在的民营经济。

未来可期,但现实严峻——制约公益发展的就是人,特别是卓有成效的管理者的短缺。长期以来,中国公益界组织特别是民间公益组织管理薄弱,从业人员能力低下,成效不理想。这是一个巨大的困扰公益界的痛点。

这是为什么呢?在我看来,根本原因就是公益组织产权不清晰,激励不明确,甚至有规定行政管理经费不能超出年度支出的10%——这直接导致社会精英不愿来,来了也待不久。

没有能干的人,就没有一切。

要解决人和能力问题,需要提高公益人才薪酬待遇,但这是一个较长期的工作。另一个办法就是通过组织学习、教育和培训,有效提升公益伙伴的能力。

公益培训又是一个严峻问题,培训资源本来较少,且分给了有付费能力的官办公益组织和商办公益组织,民间公益组织伙伴嗷嗷待哺,尤其是县域公益伙伴,几乎没有接受培训的机会。

2014年,我们创办了一个机构叫青螺学堂,旨在持续提升县域公益组织伙伴的各种能力,令公益行动更富效能。同样看见基层公益伙伴痛楚,并采取实际行动的还有徐本亮老师。他有着颀长的身高和清瘦的脸型,笑起来眼睛变成一条线,不管在哪里上课,他总是西装领带,激情饱满,一个老牌上海男士的做派如同公益界清流。

年近七十的他,奔走在全国各地,十多年来孜孜不倦地传播著名管理大师彼得·德鲁克非营利组织管理的思想,不辞劳苦地向中国公益伙伴讲授社会组织管理的基本知识,为大家答疑解惑、排忧解难,并针对社会组织使命、筹款、项目管理、创新等方面的痛点提出切合实际的解决方法。我翻阅了一些资料,看见很多三四线城市和县域社会组织学员的学习心得和对他的感谢。我能理解这份久旱逢甘霖的情感,本亮老师长期致力于公益人才的培养,在做一件很有价值、具有深远意义的事情,也更坚定我们要在县域社会组织培训和人才培养方面投入更多心力。

这次他出版了《社会组织管理精要十五讲》一书,嘱我来写序。巧合的是,今年4月我们在杭州得到了一个山谷,取名花开岭,青螺学堂有了自己的基地,将依托沪昆线、沪蓉线等高铁连接沿线城市公益组织,构建公益组织的学习共同体,我们在做相同的事情。

公益背负了政府和人民的厚望,但我们头脑要清醒的是:公益要雄起,培训须先行。我们要从人开始,从学习开始——唤醒人、支持人、发展人、成就人。人有力量了,公益才有力量,公益才能持续而富有成效地去解决社会问题,实现我们的初心,而不会成为问题的一部分。本亮老师《社会组织管理精要十五讲》一书的出版恰逢其时,是社会组织的培训和公益人才培养的宝贵教材,相信每一个公益人都能从中受益。

*(作者系"免费午餐"等多个公益项目发起人)*

# 序四　一本推动有效公益的佳作

马广志

我很久就盼望着徐本亮老师《社会组织管理精要十五讲》一书的出版，现在终于如愿了。本亮老师热切关注社会组织的发展，他追求的是用德鲁克思想指导有效公益。我们知道，在社会组织蓬勃发展的今天，推动有效公益是多么重要！

推动有效公益刻不容缓！这是本亮老师不止一次地撰文或在接受采访时提到的一句话。

的确，"有效"决定了公益的品质，而"推动"的力量决定了公益的未来。作为记者，我近些年跑过很多地方，发现不少公益项目看似搞得轰轰烈烈，但实际上并没有真正满足服务对象的需求，没有成果。一个很重要的原因，是这些社会组织公益热情有余，而专业方法不足。幸好，还有一些人在积极行动，在努力地改变这种状况，如本亮老师。

我是在《华夏时报》人道慈善周刊工作期间认识徐老师的。偶然在网上看到他以德鲁克思想来剖析公益界的现状，专业又理智，感觉很接地气。当时迫不及待地就找到他的联系方式,连续做了好几个采访。后来,徐老师每次来京,我总会抽空去拜访,获益良多。一来二去,我们就成了忘年交,所以,对徐老师的学问与人格也有一些了解。

本亮老师是个了不起的人,从性情、智慧及个人人格各方面来讲,目前公益界这样的人真是不多见。他对公益有一种发自内心的热爱,有一颗全心全意为他人服务的心,很有亲和力。每次培训结束,他会把联系方式留给学员,对学员的任何问题都会耐心细致地解答。甚至,他会在微信里对素不相识的公益伙伴进行指导和咨询。他的讲座和培训内容,也往往能切中社会组织的痛点,非常实用。和一般公益专家不同,他特别关注东北、西北和中西部等社会组织起步发展相对较晚地区的社会组织培育和发展,多年来坚持深入第一线,调查研究,提供有效的服务。他还积极影响和推动很多地方的政府部门有效开展公益创投,用正确的方法培育和发展社会组织。他深知能力建设和人才对中国社会组织发展的重要性和紧迫性,先后在昆山、重庆、长春和上海建立了4家以"推动有效公益"为使命,以"卓越"命名的支持型社会组织,这就是徐老师知行合一的具体表现。

我听过徐老师的几次培训,我觉得是我听到过的公益培训中最受益的。他的培训"道""术"结合,内容很接地气,能有效解决大家的许多实际问题和困惑。如果用一个字概括,就是"实"。徐老师的"需求导向、价值创造、成果体现"的服务理念和"培训+咨询"的培训方式在公益界也是独树一帜的。徐老师在全国各地有很多粉丝,追随他前行在有效公益的道路上。

徐老师讲社会组织管理,能很好地运用德鲁克非营利组织管理思想,紧密结合中国社会组织的实际和痛点,有很强的针对性和实用性,能有效地帮助社会组织解决问题。中国目前已有70多万家社会组织,但很多组织能力不足,质量不高,不能提供有效服务。加强系统的管理知识的学习,不断提升专业水平,乃是当务之急。

本亮老师还是一个有故事的人。他的年龄比共和国还年长一岁,特殊历史时期赶上"上山下乡",又在大学任过教,后来参与创办上海市慈善教育培训中心,所开发实施的公益项目都成为公益界的典范。2003年,他参加了北京恩玖 NPO 中心和美国麦克利兰基金会举办的"诚信系列"培训,并立志成为全国最受欢迎的、能给人带来价值的公益培训、咨询师。现在,通过 10 多年的努力,徐老师果然成为这样的人,所到之处,很受社会组织和政府部门的欢迎。这背后的故事和他现在收获的成绩一样精彩。

我很早就听说他要写一本社会组织管理方面的书,但是我知道他太忙了。近几年他不停地在全国各地为社会组织服务,为政府服务,传播德鲁克思想和有效公益理念,分享自己的做法和经验。写书的时间都是一点点挤出来的,这要有更多的付出和艰辛。对此,我是深有体会的。

现在,《社会组织管理精要十五讲》终于出版了。这对于国内的社会组织尤其是几十万个草根公益组织来说,真是一件大好事、大喜事。目前,内地社会组织管理的书很少,不夸张地说,这本书是公益从业者系统学习社会组织管理知识的极佳教科书,应该人手一册。当然,这本书也值得所有关心公益,关心社会组织发展的领导干部、政府官员和朋友们一读。

谨以这段文字表示对本亮老师的敬意,并向他学习,学习他这种"仰望星空与脚踏实地"的公益情怀。公益的路还很长,我们一起努力。

(作者系善达网执行总编)

# 第3版前言

2018年和2021年，上海社会科学院出版社先后出版了《社会组织管理精要十五讲》的第1版和修订版(第2版)。6年来中国社会组织的发展又出现了一些新的变化、新的情况，这就需要不断更新内容以满足社会组织健康持续发展的需求。

过去10多年中国社会组织高速发展的一个重要背景就是政府政策和资金的推动。政府通过购买服务加大对社会组织扶持力度，许多社会组织主要是靠政府资金起步和维持的。2020年开始的3年疫情，对社会组织的生存发展产生了很大影响。由于多年来社会组织对绩效和绩效管理的忽视，加上资金来源渠道的单一，外部环境的变化，造成一些社会组织生存困难，甚至不得不注销。《社会组织蓝皮书：中国社会组织报告(2023)》显示，截至2022年底，我国共有89.13万个社会组织，增长率为−1.18%，这是我国社会组织数量首次出现负增长。后疫情时代，社会组织如何活下去、活得好已成为对社会组织的一大考验。德鲁克指出："在动荡时期，管理层的首要任务就是确保组织的生存能力，确保组织结构的坚实和稳固,确保组织有能力承受突然的打击、适应突然的改变、充分利用新机会。"社会组织是为成果存在的。做出成果才能确保组织的生存能力,而做出成果需要做好绩效管理。

社会发展对社会组织的绩效和绩效管理提出了更高的要求,也将更加依赖社会组织的绩效和绩效管理。针对目前很多社会组织不知道什么是绩效,不重视绩效管理,没有绩效的实际情况,第3版增加了"社会组织的绩效管理"这一讲,具体讨论了什么是社会组织的绩效、社会组织为什么要做好绩效管理、社会组织如何做好绩效管理。这一讲的内容弥补了目前社会组织管理知识体系中的一个薄弱环节。

为了帮助读者更好地理解掌握社会组织管理的基本知识,在每一讲后面增加了若干个思考题,便于读者温故知新,用于实践。

感谢本书责任编辑杨国为第3版的出版付出的努力!

2024 年 3 月 20 日

# 修订版前言

2018年6月《社会组织管理精要十五讲》出版以来已印刷三次，发行了14 000多册，受到社会和读者的认可和好评。中宣部"学习强国"的"公益中国"开通了专栏，从2019年10月起对《社会组织管理精要十五讲》一书进行了连载。目前，阅读量已超过40万人。许多社会组织如宋庆龄基金会、中国建筑防水协会、成都市慈善总会等组织全员学习这本书；很多地方把这本书作为社会组织能力建设培训教材，特别是那些初创期的社会组织把这本书作为机构管理的工具书；也有一些高校把这本书作为教材和辅导读物提供给学生使用。很多读者通过微信、邮件、信件和我分享他们的学习心得体会，他们认为，这本书对他们帮助非常大，受益匪浅，甚至有的读者讲书里的有些观点对他们来讲是全新的、颠覆性的。更可喜的是，不少读者已将学到的知识用于实践，取得了明显的效果，促进了机构的积极变化和良性发展。这本书能得到读者的认可，我深感欣慰。通过这本书的写作和发行以后读者的反馈，也使我深深地感到，写一本书也必须坚持"需求导向、价值创造、成果体现"，一本书的质量和价值是要由读者来鉴定和评价的。

**修订版的新内容**

到2020年底,我国社会组织的数量已超过90万家,社会组织已成为国家治理体系和治理能力现代化中不可缺少的重要主体之一。政府购买服务是政府转移职能、支持和促进社会组织发展的重要举措。近两年来,政府购买服务的政策不断完善、有所调整。2021年,财政部颁布了《政府购买服务管理办法》,并于3月1日正式实施。这次在"社会组织和政府的合作关系"一讲中根据政府购买服务的最新政策和规定对相关内容做了修改。

领导力是社会组织组织管理的重要组成部分,也是自我发展的一个很重要的内容。德鲁克说过:"领导力是至关重要的,是没有东西可以替代的。"这次修订版增加了"向德鲁克学习领导力"这一讲,使读者能比较系统地学习和了解德鲁克关于领导力的重要思想和观点,也弥补了第1版时的一点缺憾。

为了保持本书《社会组织管理精要十五讲》题目不变,修订版将第1版的第十四讲和第十五讲合并为一讲,即现在的第十四讲"社会组织和政府的合作关系","向德鲁克学习领导力"是第十五讲。

**本书的特点**

第一,系统性。本书根据德鲁克非营利组织管理的思想,围绕着社会组织的使命、公信力、治理营销战略、创新战略、资金发展战略、人力资源管理、政府关系、自我发展等主题,系统地介绍了德鲁克非营利组织管理的思想和社会组织管理的基本知识。这在一定程度上也弥补了中国内地在社会组织管理领域研究的薄弱环节,为社会组织能力建设和有效管理提供了系统的可操作性的方法,所以,很多专家和读者都认为这是一本理论和实际相结合的社会组织管理的宝典。

第二,针对性。本书完全是为了满足读者的需求而写的,是紧密结合中国社会组织发展中面临的实际问题和痛点写成的。本书有大量的中国社会组织的实际案例,以及我自己从事公益事业26年的经历和具体案例。因此,本书具有可读性,通俗易懂,看起来不枯燥,读者能够通过大量的实际例子来学习、领会社会组织管理的知识。

第三,实用性。本书不仅介绍了社会组织管理的基本知识,而且也结合目前中国社会组织发展当中一些最紧迫的问题,比如在使命、公信力、项目的开发和管理、社会组织的创新、政府关系等方面,都有很多可操作性的实际方法。这对社会组织来讲,有很强的针对性和指导性,接地气,可以帮助读者用学到的知识和方法有效解决机构存在的问题。

**社会组织管理的重要原则**

通过20多年学习和践行德鲁克思想,我认为社会组织管理有以下几个必须遵循的重要原则。

1. 管理一定要有使命,没有使命就没有目标,就没有方向。

2. 管理的对象是人。管理的任务就是要使组织成员能够扬长避短,共同行动,共创辉煌。

3. 管理的一项重要任务就是工作要有成效,个人要有成就感。管理的目标是要让平凡的人做出不平凡的事情。

4. 管理一定要重视有效性。做正确的事情,做对的事情,这是管理最重要的一件事情。

5. 管理不仅是理论,更是实践,管理的精髓不在于知,而在于行。管理一定要有行动,一定要有成果。

6. 管理一定要重视成果,而成果一定是在组织外部的,在组织内部都是成本。也就是说,管理最终的目的是要能够有效地解决问题,实现组织的目标。

践行上述管理原则有助于打造高质量社会组织。

有一位记者曾问我:您最希望这本书能给读者哪些收获?我最希望给读者带来以下收获:(1)提高对社会组织管理重要性和紧迫性的认识,能系统了解德鲁克非营利组织管理思想,学到有效管理社会组织的必备知识。(2)将学到的知识因地制宜地运用于机构的管理实践,促进机构的高质量发展。(3)通过这本书让更多的人能够对德鲁克管理思想产生兴趣,相信德鲁克思想是有用的,是可以指导中国的社会组织健康、持续发展的,从而更好更深入地学习德鲁克管理思想和他的著作,推动德鲁克思想在中国公益界的广泛传播,使更多的组织和个人在德鲁克思想指引下走向优秀和卓越。

2021 年 3 月 15 日

# 前　言

一个健康良性的社会,需要政府、企业和社会组织三个部门协调发展,就像一把椅子,要三条腿才能平衡稳固。

经过40多年的改革开放,我国经济取得了长足的进步,已经成为世界第二大经济体。但是,社会组织的现状却与此不相适应,整个社会呈现一种"两强一弱"的状况,即政府与企业强,社会组织弱。这已经成为我国社会主义现代化建设的一大瓶颈。

而在近三四十年里,全球非营利组织快速发展,规模越来越大,非营利部门已成为促进经济发展的第七大经济体。据统计,在发达地区,包括中国香港地区和台湾地区,非营利部门的就业人员一般占比达到10%—12%。非营利组织在参与社会治理、解决社会问题、扩大和提供有效公共服务、促进就业、维护社会稳定和安全,特别是弥补政府和企业的不足上,有着不可替代的独特功能和重要作用。

党的十六大以来,党和政府对推进社会管理创新,加强社会组织建设和发挥其作用越来越重视。党的十八大再次明确了要健全"党委领导、政府负责、社会协同、公众参与、法治保障"的社会管理体制,提出"加快形成政社分开、责权明确、依法自治的现代社会组织体制"。到了党的十八届三中全会又提出实现国家治理体系和治理能力现代化,明确地将"激发社会组织活力"作为"创新社会治理体制"的一项重要内容,并强调"加大政府购买公共服务力度""加快实施政社分开,推进社会组织明确权责、依法自治、发挥作用""适合由社会组织提供的公共服务和解决的事项,交由社会组织承担""支持和发展志愿服务组织"。这表明社会组织在整个国家治理体系中是不可缺少的治理主体之一。

通过政府转移职能、加大购买服务力度、对四类社会组织实行直接登记、建立孵化培育基地、设立扶持资金等一系列政策措施,我国的社会组织获得了很大的发展空间,正在成为我国社会主义现代化建设中的一支重要力量。特别是2016年《中华人民共和国慈善法》的颁布实施、中共中央办公厅和国务院办公厅《关于改革社会组织管理制度,促进社会组织有序健康发展的意见》的公布,为我国社会组织发展增添了新的动力。截至2016年底,全国共有社会组织70.2万个,吸纳社会各类人员就业763.7万人,接收各类社会捐赠786.7亿元。社会组织所提供的专业化服务有效地弥补了政府公共服务供给不足,在养老、助残、扶贫、济困、教育、卫生、就业、文化、环保等方面发挥了极为重要的作用。

然而,我国的社会组织发展毕竟还处于起步阶段,各地的发展很不平衡。总体而言,社会组织数量较少、规模较小、水平较低、结构不合理、社会组织能力不足等问题日益显现。主要表现为:使命缺失或使命不起作用、专业素质不够高、内部治理不健全、政社不分、管办一体、责任不清、独立运作能力较弱、社会公信力偏低、财务管理薄弱、筹集和整合社会资源能力不强。社会组织是以解决社会问题,让世界变得更美好而创办和存在的。做社会组织仅凭爱心和美好的愿望是远远不够的。建设一个卓越的社会组织比建构一个同等规模的卓越企业实际上更难。社会组织由于没有利润底线,更需要加强有效管理。管理薄弱、人才缺乏已成为我国社会组织发展的主要瓶颈。

社会组织要得到社会的认可和支持,在公众心中建立信任,证明其社会价值,必须提高专业化水平和成效。目前,很多社会组织的工作人员没有经过专业训练,缺乏系统的社会组织管理知识,有的是一些爱心人士和志愿者,而非专业社会工作者。社会组织的管理大有学问,亟待加强。打造学习型社会组织迫在眉睫。社会组织的首要任务是确定使命,如何确立有效使命？如何将使命通过战略转化为实际成果？如何开发和实施公益项目？如何筹资？如何创新？如何建立高效理事会？如何做好绩效管理？如何选人、用人、育人、留人？如何建立和维护支持系统？如何建立实现可持续发展的商业模式？这些问题都需要专业的管理知识和经验,需要系统的学习。

我国社会组织的发展最缺的不是资金和技术,最缺的是一大批卓有成效的管理者。因为资金和技术可以引进,可以获取。资金和技术都是工具,只有让卓有成效的管理者使用,才能发挥其效能。

《社会组织管理精要十五讲》是根据著名管理大师彼得·德鲁克非营利组织管理思想,结合中国的实际及本人23年从事社会组织管理、咨询和研究的实践经验,针对目前我国社会组织管理的痛点写成的。本书分15讲。第一讲总体介绍了德鲁克非营利组织管理的思想,提供了学习社会组织管理的入门指导和后面我们要研讨的更多社会组织管理实务的理论基础。第二讲介绍了社会组织使命的含义、作用、有效使命的特点,如何制定有效使命以及领导者的首要任务是制定使命。第三讲介绍了社会组织的公信力的含义及其表现、公信力对组织声誉和生存发展的极端重要性、中国社会组织公信力的现状以及社会组织如何加强公信力的建设。第四讲介绍了社会组织治理的含义和治理的重要性、理事会的职责、理事会成员的职责、如何建立高效理事会、高效理事会的八项原则。对于一个运作良好的高效社会组织而言,有效的治理至关重要。第五讲至第十三讲聚焦于社会组织的三大战略,即营销战略、资金发展战略和创新战略。鉴于目前项目是社会组织的一个很大短板,第五讲通过一个实际案例介绍了如何做公益项目。第六讲介绍了项目的含义、特征及作用,项目管理的主要内容,以需求导向开发项目以及选择公益项目的方法。第七讲介绍了公益项目的计划要回答的五个问题、项目成效的逻辑框架、如何确定项目目标和评估指标、如何制订项目的实施计划以及项目计划书的撰写。第八讲介绍了公益项目预算的含义和作用、项目预算的主要内容、项目预算的基本要求以及如何做好项目财务管理。第九讲和第十讲介绍了社会组织的筹资，包括社会组织资金的主要来源和筹资的基本步骤、影响捐赠人捐赠的主要因素、如何和潜在的捐赠人建立关系、筹资中的沟通文化、得到资助后应该做什么、常见的筹资方法以及从筹资到资金发展。第十一讲和第十二讲介绍了社会组织的创新，包括什么是创新、社会组织为什么要创新、社会组织创新的六个方面、社会组织创新的来源、社会组织创新的原则（应该做什么；不应该做什么；成功创新的三个条件）以及创新者应该具备的思维方式和特点。第十三讲介绍了社会组织的人力资源管理，包括人力资源决定绩效水平，社会组织如何选人、用人、育人和留人。第十四讲介绍了社会组织和政府的关系。政府是社会组织的重要合作伙伴和支持客户。探讨了社会组织和政府建立良好合作关系的重要性以及如何与政府建立良好的合作关系。第十五讲介绍了政府购买服务的含义、作用、形式和政策要点以及社会组织如何有效参与政府购买服务。全书系统、全面地介绍了社会组织管理的基本知识，提供了系统、清晰、具体的操作方法。

本书最后附有两篇文章。第一篇是丁威写于2015年的《上海市慈善教育培训中心：德鲁克思想二十年的实践与成功经验》，介绍了一个中国社会组织实践德鲁克思想的成功案例。第二篇是褚莹和笔者于2015年写的《从项目筹资到资金发展——上海市慈善教育培训中心的公益筹资新战略》，介绍了一个中国社会组织实践德鲁克资金发展战略的成功案例。

在本书正式出版之际，我最想说的是"感恩"。感谢父母的养育之恩。感谢这个时代，让我有机会见证和经历了中国社会组织的发展，在做公益中发现和找到了人生真正的价值和归宿，并有机会为中国社会组织的发展奉献绵薄之力。感谢上海市慈善基金会原理事长陈铁迪、原副理事长夏秀蓉、常务副理事长施德容、副理事长姚宗强，上海第二工业大学原党委书记陈林、徐佩莉和原副校长杨定亚等老领导对我的信任、关心和支持，让我在开展慈善教育和社会组织管理的实践中开拓创新、有所作为。感谢上海明德学习型组织研究所所长张声雄，他引领我成为全国最早一批学习型组织理论的实践者和传播者。感谢北京恩玖信息咨询中心原理事长商玉生在2003—2004年举办的"中国社会组织领导人诚信系列培训"，让我以全新的视野认识公益和非营利事业，并确立了成为一个以"推动有效公益"为使命的公益培训、咨询师的人生下半场的目标。感谢我曾经工作了23年的上海市慈善教育培训中心和我的同事，给我提供了一个学习、服务、修炼、成长和实践德鲁克非营利组织管理思想的平台。感谢全国各地的政府部门、群团组织和社会组织，让我有机会先后为全国30多个省、市、自治区的近4 000家社会组织提供服务，在服务全国中不断成就他人，提升自己。感谢我的爱人管月英，她十分理解和支持我的选择，承担了全部的家务，让我能全身心投入自己钟爱的慈善公益事业。感谢所有在我23年公益路上给予关心、支持、帮助的人！愿《社会组织管理精要十五讲》能为创建学习型社会组织，促进中国社会组织的健康持续发展，推动有效公益助一臂之力。

2018年4月25日

# 目 录

序一 ………………………………………………………… 1
序二 ………………………………………………………… 4
序三 ………………………………………………………… 7
序四 ………………………………………………………… 10
第 3 版前言 ………………………………………………… 1
修订版前言 ………………………………………………… 3
前言 ………………………………………………………… 7

导　语　向德鲁克学习社会组织管理 …………………… 1
第一讲　社会组织的使命 ………………………………… 16
第二讲　社会组织的公信力 ……………………………… 28
第三讲　社会组织的治理 ………………………………… 49
第四讲　如何做公益项目 ………………………………… 68
第五讲　如何开发公益项目 ……………………………… 78
第六讲　如何制定项目计划书 …………………………… 92
第七讲　公益项目的预算和财务管理 …………………… 111

第八讲　社会组织的筹资(上) ································· 124
第九讲　社会组织的筹资(下) ································· 143
第十讲　社会组织的创新(上) ································· 159
第十一讲　社会组织的创新(下) ······························· 173
第十二讲　社会组织的绩效管理 ······························· 189
第十三讲　社会组织的人力资源管理 ··························· 202
第十四讲　社会组织和政府的合作关系 ························· 215
第十五讲　向德鲁克学习领导力 ······························· 238

附录一　上海市慈善教育培训中心：德鲁克思想二十年的实践与成功
　　　　经验　丁　威 ··········································· 264
附录二　从项目筹资到资金发展
　　　　——上海市慈善教育培训中心的公益筹资新战略
　　　　褚　鎏　徐本亮 ··········································· 273

# 导　语　向德鲁克学习社会组织管理

中国的社会组织发展正面临一个非常好的历史机遇,特别是2016年《中华人民共和国慈善法》的颁布实施、中共中央办公厅和国务院办公厅《关于改革社会组织管理制度,促进社会组织健康有序发展的意见》的公布,成为推动中国社会组织发展的一个巨大动力。以社会团体、基金会和社会服务机构为主体组成的社会组织,是我国社会主义现代化建设的重要力量。但是中国社会组织的发展总体而言还处于起步阶段,存在资源不足、能力不足、管理薄弱、发展不平衡等问题。资金和人才等资源的不足之所以成为制约组织发展的因素,除了受到制度环境、经济发展水平和社会文化的影响外,更重要的原因在于社会组织自身的能力不足,包括项目开发和实施能力、管理能力、创新能力、资源整合利用能力和可持续发展能力,等等。能力不足的背后是缺乏社会组织管理知识,缺少具有管理创新的领导人。另外,我国的社会组织的研究和能力建设培训偏重宏观政策环境和"术"的层面的知识,存在碎片化现象,对社会组织管理方面进行深入系统研究和培训的似乎不多。因此,中国社会组织一个非常重要的任务就是学习和实践著名管理大师彼得·德鲁克的思想。

据我了解，社会组织从业人员中，尤其在机构领导人中很多人不知道德鲁克，也没有看过他的著作。德鲁克是管理学学科开创者，当代国际上最著名的管理学家，被尊为"现代管理学之父""大师中的大师"。他的思想传播影响了130多个国家，世界上许许多多的组织和个人的成功都得益于德鲁克的思想。德鲁克享年95岁，一生写了39本书，终身以教书、著书和咨询为业。尽管德鲁克主要是给政府、企业做顾问，但他高度重视非营利组织的发展。他认为，一个健康、和谐的社会需要政府、企业和非营利组织三大部门密切配合，协调合作。在他人生最后的20年里，花了大量时间和精力帮助非营利组织的发展和培养非营利组织的领袖。德鲁克在20多年前就指出："21世纪是社会组织的世纪。当经济、金融和信息愈加国际化的时候，社区就更加重要。社会领域的非营利组织在社区工作，他们探索社区的机会，动员社区的资源，解决社区的问题。"大家可以看到，今天党和政府高度重视社会建设、重视发展社会组织，实际上就是德鲁克讲的要发挥非营利组织的作用，更加有效地去解决各种社会问题。

由于非营利组织没有利润的底线，很多非营利组织的从业人员往往仅凭自己的爱心、善意去工作，对需求、对有效性、对成果不够重视。德鲁克明确指出，非营利组织和企业的一个最大的区别就是没有利润底线。由于没有利润底线，非营利组织更要加强管理。早在1978年，德鲁克就提出："非营利组织还仅仅是一个新近出现的现象，但我们确实认为非营利组织需要管理。"

大家知道，如果企业不能提供社会所需要的产品和服务，没有客户给它买单的话，它就不能盈利，不能盈利，这个企业是无法生存发展的。所以企业有利润的一个绩效指标，有一个非常明确的成果，从这个方面来讲，企业管理的好坏，它有一个量化的标准去衡量。但是非营利组织的存在，是为了解决社会问题，为了使这个社会变得更加美好。社会组织没有利润的底线，比商业组织更需要懂得管理，需要学习如何进行管理，只有这样，才能集中精力去实现使命。

德鲁克在他的另一本经典著作《组织生存力》中也强调社会组织更需要管理。德鲁克指出:"多年以来,大多数非营利组织,对他们来说,只要有一个良好的意愿就可以。可是今天,我们都清醒地意识到,由于非营利组织没有一个清晰的业绩标准,所以我们必须更加注重管理,必须将纪律的观念深深植入组织使命当中。我们必须学会充分利用手头有限的人力财力,使其能够发挥最大的效用。我们必须想清楚一个问题:我们的组织追求的成果究竟是什么。"这段话告诉我们,非营利组织尽管是做好事的,但也要讲有效性、讲成果,更需要管理。

20世纪90年代,当人们把管理仅限于商业领域和企业管理时,德鲁克指出了管理学的真正的新领域——非营利组织,"系统化、原则性和基于理论的管理能迅速地使非营利组织产生最大的绩效"。德鲁克一直致力于研究非营利组织的管理,并在1990年出版了开创性的著作——《非营利组织的管理》,系统阐述了如何有效管理非营利组织。

什么是管理?德鲁克指出:"管理就是界定企业的使命和激励和组织人力资源实现使命。建立使命是企业家的任务,建立组织的人力资源是领导力的范畴,两者的结合就是管理。"德鲁克强调管理需要使命,没有使命就没有目标、没有方向。德鲁克还说:"管理的对象是人,管理的任务是使人类能够共同行动,扬长避短,共创业绩。"德鲁克对管理还有个经典的定义:"管理是通过他人完成正确的事情。"德鲁克管理思想的重要特点,就是实践性、有效性、针对性、系统性。他特别强调,不管是组织的管理也好,个人的自我管理也好,一定要做正确的事情,做对的事情。

在《非营利组织的管理》这本经典著作中,德鲁克从确立使命、从使命到成果、绩效管理、人力资源与关系网络和自我发展五个方面系统而全面地阐述了非营利组织管理的问题,涉及了组织使命和目标的确立以及领导者的任务、组织的营销战略、创新战略和资金发展战略、绩效管理中的绩效定义和测评、人力资源管理和利益相关者管理以及组织成员的自我发展等一系列问题。德鲁克从这五个方面系统地介绍了如何有效管理非营利组织。《非营利组织的管理》就像光芒万丈的灯塔,为非营利组织的管理者指明了方向,为实现组织的使命提供了行之有效的管理方法。

我觉得现在中国社会组织领导人和从业人员是非常幸运的,大家知道了《非营利组织的管理》这本书,马上可以买,可以学。而10多年前,中国内地还没有出版这本书,我花了高价从台湾买了这本书,认真学习、努力实践。我的机构上海市慈善教育培训中心20多年就是努力实践德鲁克非营利组织管理思想而一步步走过来的,由小到大,健康持续发展。我今天很高兴和大家分享德鲁克非营利组织管理思想,就是希望更多的社会组织从中受益,能运用德鲁克非营利组织管理思想帮助自己的机构更加有效地运营、健康持续地发展。

# 一、社会组织首先要确定使命

德鲁克指出:"非营利组织是为其使命存在的,它的存在是为了改善我们每个人的生活。"这段话告诉我们使命对一个社会组织的极端重要性。如果没有使命,社会组织就没有方向,很难找到自己的正确定位,很难发挥应有的作用。

什么是使命?使命是组织的目的和组织存在的原因,使命表明了组织要对社会做出什么贡献,所追求的结果是什么。世界上凡是发展非常好的非营利组织,都有非常清晰的使命。比如,美国女童子军是一家有100多年历史的非营利组织,它的使命是"让女孩和女童发挥潜能,成为有责任感的世界公民"。一个好的使命清晰表达了组织的服务对象和想要的成果,从女童子军的使命中可以看出其服务对象是女童和女孩,想达到的成果是让她们成为有责任感的世界公民。杭州有一家环保组织——绿色浙江,它的使命是"让更多人环保起来",它想要的结果是环保起来。比如,上海青聪泉儿童训练中心,是一家为自闭症孩子服务的社会组织。我在2012年为它们机构制定战略规划,原先它们的服务对象比较宽泛。为了使机构的工作更有成效,经过全体人员的充分讨论,确定了机构的使命——"助自闭儿走向自立。"它们把服务对象锁定为7岁以下的自闭症儿童,要的结果是帮他们走向自立。"青聪泉"因为有了清晰的使命,得到了社会广泛的支持和关注。一个清晰的使命是机构健康持续发展的重要保证。上海市慈善教育培训中心在1995年成立时就确定了使命——"知识扶贫,助人发展",20多年来,虽然中心的项目、服务对象不断在变化,但是"知识扶贫,助人发展"这个使命始终没有改变。

讲到使命的重要性,想和大家分享德鲁克一个非常重要的思想——"使命导向成功"。每一个机构都想得到好的结果,怎样才能得到好的结果?首先要从使命出发。一个机构的使命,会决定机构的战略,战略决定机构的结构,结构指部门和岗位的设置与职责、人员配置,而结构最终决定成果。追溯一下,成果和使命有关。一个社会组织要想有效解决问题,取得满意的成果,必须要有使命。领导的首要任务就是界定组织的使命。德鲁克指出:"制定一个清晰的目标,对未来有一个宽广的愿景,保证组织的每个人时刻牢记使命,如果不这样的话,失败在所难免。"这段话说明使命对社会组织的重要性。

讲到使命,联系中国社会组织的现状,我觉得现在中国很多机构使命缺失,或者有使命,但使命很宽泛、很笼统,像口号,不起作用,这是当前社会组织普遍存在的一个问题。我也注意到现在社会组织的各种教育培训中存在重"术"轻"道"的现象,讲怎么做、做什么的多;讲为什么做,讲使命的太少。很多人认为使命这东西太空,没有用的,甚至有些政府官员也有这种想法。从国外非营利组织发展的经验来看,它们特别重视使命。2017年我到澳大利亚珀斯考察,先后参访了一家为老服务机构、一家助残中心和一家私立医院。给我留下深刻印象的是走进这三家机构,首先看到的就是写在墙上或在电视屏幕滚动播出的机构的使命。实际上,现在很多资助方和基金会,在签订资助协议前,先要进行尽职调查(风险评估),第一个就是看被资助的机构有没有使命。如果机构没有使命,或者使命不清晰,就可能得不到资助。中国社会组织当前一个重要而迫切的任务就是要清晰地界定机构的使命,有了清晰的使命才能导向成功。

## 二、社会组织的三大战略

社会组织需要制定战略,把使命、计划转化成实际的结果。德鲁克指出:"俗话说,搬掉大山,不仅需要雄心壮志,更需要推土机。对非营利组织而言,好的计划和使命,就是雄心战略,而战略就是推土机。"战略对一个社会组织非常重要,应当引起我们的高度关注。一个社会组织在确定使命之后,应该制定三大战略:(1)营销战略。通过营销战略把客户的需求和机构的使命整合起来,使机构更好地满足客户需求。(2)创新战略。客户的需求是不断变化的,我们需要不断创新,更好地满足变化的需求。(3)资金发展战略。因为要解决社会问题,社会组织需要资源,资源来自社会,我们需要制定资金发展战略,来扩大捐赠者,培养和发展长期为机构提供资助的捐赠团体,这就是德鲁克告诉我们社会组织需要的三大战略。

德鲁克曾经讲过,一个企业有两个基本的职能:一个是营销,一个是创新。营销是满足现有的需求,创新是不断满足未来的、新的需求。德鲁克讲的企业的两个基本职能,对社会组织来说同样需要。社会组织只有学会营销,才能更好地满足需求;而需求在不断变化,我们需要不断创新。因此,营销和创新是推动社会组织健康持续发展的两个翅膀,缺一不可,如果社会组织不会营销,不会做项目,可能今天就活不下去。如果不会创新,明天、未来就活不下去。除了营销战略和创新战略,由于社会组织的资金来自社会,所以还需要资金发展战略。讲到资金,以前讲得比较多的是筹资,实际上,筹资和资金发展是两个不同的概念:筹资是一次性的筹措资金,而资金发展是从筹资开始,培育给机构长期捐赠的捐赠团体。资金发展对增强社会组织资金来源的稳定性具有非常重要的作用。比如,我们上海市慈善教育培训中心有一个很重要的资助方——汇丰银行,它从1999年以60万元第一次资助我们慈善教育。我们通过实施资金发展战略,20多年来先后给汇丰银行开发和实施了11个慈善教育项目,得到了3500多万元的捐款,在我们机构20多年筹措的1亿多元资金中近1/3的资金来自汇丰银行。如果社会组织能够很好地实践德鲁克关于资金发展战略的思想，努力有效地培育给机构长期捐赠的捐赠团体，对一个机构的持续发展是非常有帮助的。

## 三、社会组织要做好绩效管理

社会组织的存在就是为了有效解决问题，绩效指的是"将现有的资源集中于能产生实际成果的立场上"。关于绩效管理，德鲁克特别强调社会组织的绩效是要看结果，看能不能给服务对象带来改变和受益。德鲁克明确指出：社会组织的绩效一定要看结果，而结果往往要通过外部来衡量；一切成果都是在外部的，服务对象的改变和受益都是成果的体现，一定是在外部，而内部都是成本。我们讲的绩效包括人的行为、生活、态度、健康、希望、观念的改变，也包括服务对象的能力和潜能改变。

社会组织的绩效有的是有形的，有的是无形的，但是不管是有形的还是无形的，它一定要体现在服务对象的改变和受益。这是德鲁克非常强调的关于绩效的一个重要观点。对一个企业来讲，利润是最终绩效的一个重要检验标准。绩效是任何组织最终的检验标准。衡量一个社会组织有没有绩效，也需要绩效标准，因为社会组织没有企业的利润底线，有时候我们会忽视成果、不重视成果。德鲁克告诉我们绩效一定是体现在服务对象的改变，是外部的。德鲁克明确指出："社会组织的成果是可以量化的，至少其中一部分是量化的。"这也是我们讲项目开发管理的一个重要观点，即成果、绩效不能全部都是定性，至少要有一个是可以定量的、可衡量的。德鲁克也举过美国救世军的例子，它帮助酗酒者和有犯罪前科的人，衡量救世军的绩效就是帮助酗酒者恢复健康的比例和所挽救的犯罪者的比例。如果是帮助吸毒人员戒毒的，就要有明确的量化指标，绩效的衡量指标就是吸毒人员人数减少的比例和复吸率降低的比例。如果复吸率不减反增，是很难说有成果的。

社会组织在制定绩效标准时，必须避免两种普遍的倾向：一是鲁莽行事。高喊组织的理念使命高于一切却不能解决实际问题。二是避重就轻。选择那些容易做的事情作为测评绩效的标准，而不是选择那些能够落实使命的成果。德鲁克还有一个非常重要的观点，就是社会组织一定要把有限的资源投入能产生成果的领域。社会组织也要防止浪费资源，做无效劳动。比如，有一家基金会为了解决贫困地区农村的小学生"上学难"问题，给学校捐了一辆校车。可是由于学校没有钱买汽油，校车无法使用，趴在那里快生锈了。大家知道现在我国经济领域一个很大的问题就是产能过剩，钢铁、水泥、建筑材料等盲目地大量投入，造成供大于求，很多资源都浪费了。社会组织要发挥最大的效果，必须把资源投入能产生成果的地方，因为只有成果才能使服务对象受益和改变，只有成果才能有效解决社会问题。

德鲁克关于绩效管理的思想对于我们社会组织非常重要，非常有用。德鲁克指出："绩效管理是值得 NPO 管理者特别重视的。如果仅仅拥有美好的愿望而不顾绩效，将会一无所获。"目前，中国社会组织绩效管理的现状是大部分社会组织不知道什么是绩效，不重视绩效，没有绩效。社会组织普遍存在把活动当项目，把产出当成果，很多项目资源投入不少，但是问题并没有解决。德鲁克反复强调要把使命转化成成果，一定要重视绩效管理。

## 四、社会组织的人力资源和关系网络

绩效是要靠人做出来的，德鲁克有个非常重要的观点：社会组织的人力资源决定绩效水平。人力资源涉及选人、用人、育人、留人，德鲁克围绕这四个方面讲人力资源管理。德鲁克指出，关于人的决定是组织唯一的控制手段。社会组织普遍存在人员的流动性大，有很多不可控制的因素。但是招什么人、怎么用人、怎样育人、怎样留人，这是组织可以决定、可以选择的。因此，他讲人的决定是组织唯一的控制手段。在人的问题上我们要非常用心、谨慎。德鲁克还说过，大多数社会组织能吸引、留住的都是普通人才，管理者要发掘并超常发挥人才的潜能。现在中国的社会组织和其他组织一样都面临缺人，特别是缺能派上用场的人。我们不要期盼社会组织能招到优秀的人才，这个很难。对大多数组织而言能吸引和留住的都是普通人才。

怎样让普通人才发挥作用，做出我们所要的绩效呢？这就讲到管理的本质。德鲁克讲，管理的本质就是要发挥人的潜能，他指出："管理者就是要发掘并超常发挥人的潜能。"德鲁克有一句名言："组织的目的在于使平凡的人做出不平凡的事情。"这也是区别一个卓越的组织和一个平庸组织的标志。我真的为这段话深深地感动。什么叫以人为本？以人为本就是要让平凡的人做出不平凡的事情。社会组织的领导人和管理者一项重要的任务就是要开发人的潜能，要最大限度地发挥人的潜能，让平凡的人做出不平凡的事情。培养下属，帮助下属的发展，是社会组织的领导者、管理者的重要任务和职责。德鲁克指出："是否培养下属也直接决定管理者自己的发展。"因为，如果没有很好的下属，他们不能进步、成长的话，领导人也很难去完成所面临的任务，机构也很难得到发展。所以，培养下属是跟领导者、管理者及机构的发展和成功息息相关的。

按照德鲁克的思想，在人力资源政策上面，我们应该问自己三个问题：第一个问题，我们对所需要的人员有吸引力吗？第二个问题，我们能够留住他们吗？第三个问题，我们正在培养他们吗？德鲁克在人力资源管理中有一个非常重要的观点，就是社会组织一定要把人的发展放在比机构发展更加重要的位置。坦率地讲，现在有些社会组织尽管嘴上讲的是以人为本，在关注社会上需要关注的群体，但是，有的时候机构的领导人恰恰忘记了对自己员工发展的关注，忘记了充分发挥他们的潜能，调动他们的积极性。现在有的社会组织人员流失率比较高，当然有很多原因，但是可能其中一个主要原因就是机构的领导者、管理者忽视或轻视了员工的发展。所以，德鲁克讲："任何组织都必须发展人力资源，一个组织如果不是在帮助成员成长，就是在阻碍他们。"现在很多社会组织普遍缺人，为怎么能够招到人、留住人、用好人感到困惑。实际上这些问题都可以从《非营利组织的管理》"人力资源"这部分找到答案。德鲁克还指出："决定非营利组织成败的关键是组织应具备吸引并留住具有奉献精神的成员的能力。一旦丧失这种能力，组织就会走向衰亡,这是很难挽救的。"我们要高度重视人力资源这个问题。

社会组织除了要做好机构内部的人力资源管理以外,还要重视外部的关系网络。社会组织有一个非常重要的特点,就是它的利益相关者特别多。利益相关者是社会组织从业人员必须掌握的一个非常重要的概念,是指影响组织的存在和组织的存在对他有影响的个人和组织。利益相关者的问题就是德鲁克在《非营利组织的管理》中讲的关系网络的问题。德鲁克指出:"非营利组织与营利性组织(企业)一个最基本的区别就在于典型的非营利组织拥有更多至关重要的关系网络。非营利组织有很多的利益相关者并且需要与每一个都处理好关系。"

我在上课的时候给大家分析过,一个社会组织的利益相关者有服务对象、政府、资助方、理事会、企业、媒体、社区、合作伙伴、志愿者、员工。这些利益相关者当中除了服务对象是主要客户外,其他的比如政府、资助方、企业、媒体、社区、合作伙伴、志愿者、员工,都是我们的支持客户。如果没有这些支持客户的支持、参与、配合的话,我们的项目和工作是没法取得成功的。所以,我们一定要认识到了解和满足支持客户的需求的重要性。

社会组织跟企业一个很大的区别,就是我们的利益相关者特别多,每一个利益相关者对我们的组织、对我们的项目的期望是不一样的。而且,对每一项事务拥有否决权。每一个社会组织都要在使命引领下,跟所有的利益相关者充分沟通,达成共识,这样才能更好地去完成机构的使命。关系网络的管理就是建立和发展社会组织的支持系统。我认为,社会组织的竞争很大程度上就是机构的支持系统的竞争。社会组织如果有一个非常好的、强有力的,以及能够优势互补、合作多赢的支持系统,就能得到更多的资源和机会,提高满足需求、服务社会的能力,就能更好更方便地开展工作、服务社会。这是我在29年公益实践中的一点切身体会。所以,每一个社会组织必须建立自己的支持系统,也就是要建立关系网络,而组织当中的每一个人也要建立自己的支持系统。强有力的支持系统实际上也是一个社会组织很重要的竞争优势。

德鲁克在谈到关系网络管理、支持系统管理时,特别强调以下三点:

第一,要建立良好的社区关系。通过建立良好的社区关系,更好地得到社区对我们的支持,给我们提供更多的资源,让我们更好地去实现使命。我觉得这一点非常重要。现在我们大力开展五社联动,进行社区治理创新实践,对社会组织来讲,跟社区建立良好的关系至关重要。

第二,志愿者是社会组织一个非常重要的支持者和利益相关者。我们要充分发挥志愿者的作用,要做好志愿者的管理,要建立必要的激励机制,要让志愿者工作有成效、个人有成就感,使志愿者能够成为我们完成使命、实施项目非常重要的支持客户和资源。

第三,要重视和发挥校友的作用。德鲁克讲的校友实际上就是支持客户的问题。比如,在美国很多大学的基金会,它的资金来源很大部分就是校友的捐赠。所以,美国很多大学的基金会都有非常完整的为校友服务的体系,重视和做好校友的工作,使校友能够成为源源不断地为母校捐赠的重要资助方。德鲁克强调重视校友,他把它作为社会组织在社区中不断提高地位的一个突破口。我的理解,对我们今天中国来讲,就是我们要做好对支持客户、对服务对象的后续服务工作,让我们的服务对象由最初的受益者最后变成支持我们组织的客户,能够利用他的影响给我们组织带来资源,成为支持机构发展的一种重要力量。这点我也深有体会。比如,我们做慈善教育培训,很重要也是很有难度的一项工作就是招生。如果我们能够把学生服务好了,让他受益了,他就会帮助我们去做招生工作。我们很多学员通过培训实现了就业、创业,他们就会替我们宣传,介绍熟人参加我们的培训。有的学员成功创业后给我们捐钱,让我们来帮助其他需要帮助的学员。我觉得这里面实际上就是德鲁克讲的发挥校友作用的一个具体体现。

## 五、自我发展

德鲁克管理思想一个非常重要的特点和亮点就是特别强调自我管理。讲到管理,很多人理解为管理别人,而德鲁克首先强调自我管理。德鲁克认为，一个人如果做不好自我管理，就没有资格管理别人，也不可能管好别人，所以，德鲁克在《非营利组织的管理》最后一个单元专门讲自我发展。

德鲁克关于自我发展有以下一些重要观点：

第一，每个人要成为自我发展的第一责任人。在强调每个人要对自我发展负责的时候，德鲁克有两段话讲得非常精彩，我非常喜欢。第一段话，德鲁克说："牢骚满腹是环境让我无法工作的，这是你滑向万劫不复的深渊的第一步。"社会上确实是有很多人老是抱怨，埋怨环境、埋怨父母、埋怨别人，老是找借口。第二段话，他说："规划人生旅程是你自己责无旁贷的责任，没有其他人可以替你规划。"这两段话告诉我们，每一个人要对自我发展负责，不要归责于外在因素。

第二，德鲁克认为个人的发展应该密切配合组织的使命。德鲁克特别讲到社会组织的从业人员绝大部分是知识工作者。知识工作者跟组织是相辅相成的。一方面，组织为个人的发展提供了舞台和机会；另一方面，个人的发展也可以更好地帮助组织来达成使命。

第三，德鲁克强调自我发展要把精力集中在自己擅长的领域。也就是说一定要发挥优势，做自己擅长的、有优势的事情。德鲁克讲的发挥优势，不仅是发挥自身的优势，还要发挥同事、下属和上司的优势。

第四，自我发展要做好正确的事情。德鲁克思想一个非常重要的特点就是重视有效性，强调首先是做正确的事情。德鲁克指出："取得成效首先应决定什么是正确的事情。效率，即正确地做事，只有做正确的事，效率才能发挥作用。"他强调："首先需要确定所做的事情是否正确，然后再精益求精。"这也是我经常给大家分享的一个重要观点："选择比努力更重要。"我们做项目重要的是首先要选择一个好的、有成果的项目，然后才是把这个项目做好，做出成果。

第五，自我发展要勇于承担责任。德鲁克指出：成功最关键的因素是责任感，是自己敢于承担责任，其他一切都源于此。他说重要的不是你拥有的头衔，而是责任感。所以一个人只有能够承担责任，他才能更加负责、有效地去做决策，他才能在实践当中得到锻炼，得到成长。

第六，德鲁克认为，要做好自我发展必须自我超越，双管齐下，不能满足于现状，必须要不断超越自己。因为在超越自己当中，实际上也是一个人的潜能得到发挥和释放的一个过程。如何做到自我超越、双管齐下？德鲁克指出两点：一是改善，就是把正在做的事情做得更好。所以我们做任何事情千万不能认为差不多了、不错了、蛮好了。应该有"没有最好，只有更好"这样一种理念，有了这种理念，我们才能不断地改善、改进，不断地追求卓越。二是改变，就是一个人要去做一些不同的事情，去做一些过去没有做过的事情。这就是我们讲的创新。就拿我从事慈善公益的经历来讲，最初是做再就业培训的，后来做了创业培训，再后来又去做公益创业；我原来是在一个服务型机构，做直接提供服务的工作，现在我在支持性机构，主要从事社会组织能力建设培训和咨询工作。所以一个人可以通过做不同的事情让自己的潜能得以开发，得到更多的锻炼，能够有更多的学习的机会、实践的机会、提升的机会、成长的机会，从而不断提高更好地满足社会需求的能力。

第七，建立"追求卓越"的氛围。不要满腹牢骚，不要抱怨环境。要主动帮助别人发展，从中获得自我发展。要鼓励组织成员相互分享成功经验，实现共同进步，要用高绩效的榜样来激励和帮助组织成员。

第八，做好自我评估。德鲁克指出：每年对自己进行一两次的反省，反省的内容：在哪些方面我发挥了作用？哪些方面客户需要我？哪些方面我浪费了他们和自己的时间？在下一年我应该关注哪些方面，以便不仅为客户提供更好的服务，而且，自己也能获得最大收获？自我评估的目的是集中精力做好能够取得成果的事情，放弃无效的计划。

在讲到自我发展的时候，德鲁克在《非营利组织的管理》这本经典著作里讲了一个故事，这个故事讲的是"你希望人们记得你的是什么"。德鲁克在书里这样写道：在他13岁的时候，有一天神学老师给班上40多位学生提出了这样一个问题："当你们离开世界的时候，希望别人记得你们什么？"大家都知道，十三四岁的学生还很小，他们还没考虑过这个问题，所以当时这个班上的学生都没有回答。老师就说了，现在你们还小，回答不了这个问题没关系。但如果你们50岁时还无法回答，那么就是在虚度光阴了。德鲁克说了,就是在他13岁的时候,神学老师的这个问题改变了他的人生道路。为什么这个问题那么重要呢?德鲁克说:"我一直问自己这样一个问题:你希望被人们记住的是什么?这个问题能促使你不断地超越自己,因为它促使你把自己看作一个与众不同的人,一个你能成为的人。"我想每个人都希望自己成为一个好人,希望成为一个受欢迎、受尊重的人。大家想想,如果你希望成为这样的人,你希望别人对你有这样的评价,你必须要有行动、有好的表现才行。所以,德鲁克说"你希望人们记得你的是什么"这样一个问题可以促使你不断地去改变,促使你最终能够成为你想成为的人。这个问题实际上就告诉我们,做好自我发展首先要有目标。这点我也是深有体会的。比如,我在2003—2004年参加了美国麦克利兰基金会资助的一个诚信系列的培训,那次培训使我预见到未来中国社会组织的发展非常需要有做能力建设培训的培训师和咨询师。所以,我当时就确立了一个目标:要成为中国受人欢迎的、能给别人带来价值的公益培训师和咨询师。因为有了这个目标,从那以后我的学习也好、工作也好,都是围绕这个目标在进行。经过10多年的努力,我现在真的实现了这个目标。所以,我觉得自我发展必须首先确立目标,要想清楚自己要成为什么样的人。只有这样,你才能通过自己的努力最终成为你想成为的人。

德鲁克在《自我管理》这篇文章中有一些非常精彩的论述,他说:"我们生活在一个前所未有的充满机遇的时代,如果你有雄心和才智,不管你选择做什么职业,都可以在这个职业中做到出类拔萃。今天的组织不会管理员工的职业生涯,实际上,知识工作者必须做自己的首席执行官……要做好这些事情,你要深刻了解自己,不仅要了解自己的长处和缺点,还要了解怎样学习、怎样和别人共事、你的价值观是什么,以及你在什么地方能够做出最大的贡献。只有从长处出发做事情,才可以使你实现真正的卓越。"自我发展要以使命为始,以成果为终。

以上就是我跟大家分享的德鲁克非营利组织管理的基本思想。从这个分享中大家可以看到,德鲁克思想是非常严密、非常系统、非常有针对性和实用性的。我还有一点体会,如果真的要把一个社会组织管理好,不能仅限于碎片化的学习。我们必须系统、完整地学习德鲁克非营利组织管理的思想，建立一个完整的知识体系，并坚持学以致用，结合中国国情和机构的实际情况去实践。德鲁克从五个方面系统论述了如何管理非营利组织，每一点都不能缺少。如果有一点或几点没有做到或者没有做好的话，它都会影响机构的健康持续发展。

中国的发展需要一大批卓越的社会组织。世界上卓越的非营利组织有八个共同的特点：（1）清晰、明确的组织使命。（2）构建和培育一个强有力的理事会。（3）制定保证使命达成的战略。（4）很强的公信力，履行对捐赠人的承诺。（5）财务透明公开，有可持续发展的商业模式。（6）项目与使命之间的一致性，注重成果。（7）很强的组织能力和执行力。（8）具有不断创新的能力。打造一个卓越的社会组织的难度不亚于经营管理一个同样规模的企业。期待越来越多的中国社会组织能成为世界级的卓越的社会组织。

我衷心希望大家能够认真地学习德鲁克这本经典著作，努力实践德鲁克非营利组织管理的思想。通过学习、实践、再学习、再实践这样一个无限循环的过程，真正把德鲁克非营利组织的思想印在脑子里，落实到行动中，努力打造卓越的社会组织，促进机构和中国社会组织的健康持续发展。我在从事29年公益的实践和上海市慈善教育培训中心20多年实践德鲁克思想的经历中，深深地体会到德鲁克的思想是有用的，是可以帮助中国的社会组织健康、持续发展的。德鲁克的思想像光芒万丈的灯塔为我们指明了方向。热切地期待有更多的公益伙伴、更多的社会组织能用德鲁克的智慧去创造更加光明、美好的未来。

# 第一讲　社会组织的使命

讲到使命，可能有人觉得这个东西很空、很抽象。实际上，大家如果有机会跟国外的，以及跟中国香港地区、中国台湾地区的非营利组织沟通、交流的话，你就会发现"使命"是在沟通、交流过程中出现频率非常高的一个词汇。这就说明，使命对一个机构来讲是非常非常重要的。

著名管理大师彼得·德鲁克高度重视社会组织的发展，他说过，"21世纪是非营利组织的世纪"。他也讲过，社会组织跟企业一个很大的不同就是它没有利润底线。因此社会组织更需要通过有效的管理，来达成自己的使命。德鲁克在1990年专门出版了《非营利组织的管理》这本经典的著作。我认为这本书应该成为我们中国社会组织从业人员一本必读的教科书，要认真学习、努力实践。德鲁克《非营利组织的管理》第一单元的题目就是"使命优先"。从这里也可以看到，使命对一个社会组织的极端重要性。

## 一、什么是使命

讲到社会组织的使命,我们要树立这样一个观念,就是社会组织是为使命而存在的。所以我们首先要了解什么是使命。

下面,举一些机构的例子,看看这些机构的使命是怎样的;从它们的使命陈述当中,能不能清楚地了解到这些机构是为什么存在的;它们对社会的贡献到底是什么。

比如,第一个机构的使命是"助人自助,爱心传播";第二个机构的使命是"坚守社工理念,关注社区困境,助力社区发展,激发社会潜能";第三个机构的使命是"提供优质社工服务,推动和谐社会建设";第四个机构的使命是"为社会组织争取更多的公益项目"。

上面列举了4个机构的使命,你们觉得这几个机构的使命清晰不清晰?它们存在的目的是什么?它的贡献到底是什么?从这4个机构的使命中,大家可以发现一个问题,就是它们的使命比较大、比较空、很抽象,有的就像个口号,有的可能是工作报告或者文件里面的一句话。从它们的使命陈述当中,你很难看出这个机构到底是为什么存在的,它们要取得的结果和贡献到底是什么。比如,有个机构的使命是"为社会组织争取更多的公益项目"。那么争取更多的公益项目,又为了什么呢?如果争取了更多的公益项目,但是这个项目做不好,或者做了没有成果,那么争取更多的项目有什么意义呢?从刚才举的4个机构的使命,也反映了现在很多社会组织尽管有使命,但是这个使命是不清晰的,很难发挥作用。

那么什么是使命呢?使命是指一个组织的目的和组织存在的原因。使命讲的不是怎么做、做什么,它讲的是组织存在的原因,讲的是 Why(为什么)的问题。我们知道,每一个社会组织都是为了解决一定的社会问题而创办和存在的,因此使命实际上也是假设规定了一个机构把什么结果看成是有意义的。使命也指明了一个组织到底要为社会做出什么样的贡献。所以,使命讲的是结果,讲的是贡献。对照使命的定义,我们就可以看到前面列举的几家社会组织的使命,并没有很清晰地回答组织存在的目的和理由,因此这些机构使命是需要进行调整和优化的。

刚才讲了什么是使命。我们知道使命回答的是组织存在的目的和组织存在的原因。下面我们再来看一些组织的使命,看看它们有什么特点。

美国女童子军是美国的一家有 100 多年历史的非营利组织,它的使命是"帮助女孩发挥潜能,成长为有责任的世界公民"。2015 年,我在昆山成立了一家支持性的社会组织——昆山卓越公益事业咨询中心,我们机构的使命是"推动有效公益"。我也非常喜欢我们上海市慈善教育培训中心的使命——"知识扶贫,助人发展"。深圳新希望社工服务中心是一家专门做青少年服务的机构,它的使命是"让更多青少年拥有希望"。重庆儿童救助基金会的使命是"助困境儿童健康成长"。湖南长沙有一家专门做心理咨询的机构,它的使命是"让更多人心灵富有"。云南省健康和发展协会的使命是"用知识和智慧促进脆弱群体的健康发展"。

从以上所列举的这些机构的使命当中,大家可以看到这些机构的使命有一个非常明显的特点,就是机构的服务对象和要的结果是非常清晰的,而且表述语很简短。一个好的机构的使命,应该让别人很清楚地了解你的服务对象是谁,你要的结果是什么。所以,使命是指一个机构存在的原因和目的,回答的是 Why(为什么)的问题。

## 二、社会组织使命的重要性

### (一) 使命导向成功

讲到使命的重要性,德鲁克曾经有一段名言:"我们应该首先确定使命,非营利组织是为使命而存在的,它们的存在是为了改变社会和我们每个人的生活。"这里我想跟大家分享德鲁克一个非常重要的管理理论,就是使命导向成功(使命—战略—结构—结果)。

一个机构的使命会决定一个机构的战略。德鲁克指出社会组织应该有三大战略：第一，营销战略；第二，创新战略；第三，资金发展战略。使命决定了战略，战略又会决定一个机构的结构。所谓结构，就是机构的部门如何设置，岗位如何确定，部门的职责、岗位的职责如何界定，这就是结构的问题。而结构又会决定最后的结果。大家知道，每一个组织都希望能够取得预期的成果和结果。如果我们追溯一下，就可以看到，要想取得预期的成果和结果，我们首先必须要有一个清晰的使命。这就是德鲁克提出的"使命导向成功"的原理。德鲁克在《非营利组织的管理》的第一单元就讲使命，而且标题就是"使命优先"，说明了使命对一个机构的极端重要性。

使命导向成功这个道理，大家可能觉得很简单，可能不讲也知道。但问题是，知道了，能不能真正做到。因此，德鲁克管理思想有个非常重要的特点就是它的实践性。对此，德鲁克也有一句名言："管理的精髓不在于'知'，而在于'行'。"今天中国的社会组织，不但要知道使命的重要性，而且必须清晰地界定使命，努力实践使命。

实际上在中国也好，在外国也好，凡是成功的组织，都有一个非常清晰的使命。比如，中国有家非常有名的企业——阿里巴巴，它的使命就是"让天下没有难做的生意"。大家知道，阿里巴巴的客户主要是一些中小企业，甚至微型企业，他们最大的难处就是缺乏资金、没钱做广告、没有销售渠道、没有客户，做生意很难。有了阿里巴巴这样一个平台，可以让这些中小企业、微小型企业比较容易地做生意。因此，阿里巴巴的客户成功了，企业也获得了成功。阿里巴巴在美国上市那天，电视台记者采访阿里巴巴创始人马云，问他阿里巴巴未来的使命是什么，马云明确回答说："阿里巴巴的使命永远是让微小型企业没有难做的生意。"从这里也可以看到使命对一个组织的重要性。

## （二）使命对社会组织的重要作用

德鲁克指出："最成功的非营利组织投入大量的精力去界定组织的使命，它们不会对良好的愿望泛泛而谈，而是注重组织目标，从而使组织成员——既包括正式员工也包括志愿者——能够明确自己的工作方向和任务。"

1. 帮助组织制定明确的目标

因为使命是解决一个组织方向的问题,有了这个方向,就能够更加清晰地来制定目标。比如,我们上海市慈善教育培训中心的使命是"知识扶贫,助人发展",那么如何来体现、落实"知识扶贫,助人发展"的使命呢?在我们开展的所有再就业培训项目当中,都有一个非常清晰的目标,就是要达到50%的就业率。因为通过50%的就业率这样一个实际目标的达成,可以使"知识扶贫,助人发展"的使命得以落实。所以有了使命,它可以帮助一个机构非常清晰地来制定自己的目标。

2. 为组织指明方向,指明愿景

使命就像一个靶心和方向盘,可以为整个组织指明方向,明确愿景。一个组织有了共同的愿景,有了明确的方向,就可以增强组织的凝聚力和向心力。比如,成都有个专门做青少年服务的机构,成立7年了,在社会上影响也很大,也接了很多政府购买服务的项目。但是,随着机构的发展,大家对机构到底为什么存在,机构要什么样的结果,思想上产生了分歧。我在2014年为他们机构做战略规划时,就引导他们重新界定了使命。他们的机构原来的使命是"让青少年拥有新空间"。当时,我就给他们提了一些问题:新空间是手段还是目的?青少年拥有新空间为了什么?如果青少年有了新空间,不去利用,或者利用这个新空间,去做坏事,有意义吗?结果,这些问题引起了他们的思考:到底机构存在的目的是为了什么,到底要什么样的结果?经过机构全体人员的充分讨论,最后他们确定的机构使命是"培养青少年成为有责任感的公民"。所以,"新空间"实际上是一种手段,要的结果是让青少年成为"有责任感的公民"。有了这样一个清晰的使命,大家觉得豁然开朗,统一了思想,明确了方向,清晰了目标。后来,这个机构在新使命的引领下,发生了很大的变化,又有了新的发展。

3. 清楚地界定机构的定位和客户

有了使命可以让机构清楚地界定自己的客户和定位,可以使我们对应该做什么,不应该做什么,有一个正确选择的标准。比如,我们上海市慈善教育培训中心是上海最早搞创业培训的,参加了上海市劳动局创业培训教材、培训计划、培训大纲的编写,上海第一个创业培训班也是我们搞的。劳动局的创业培训是政府买单的。但是后来我们发现劳动局创业培训存在一些问题,比如劳动局是根据考试成绩买单的。创业培训是非常个性化的,搞统一考试造成有的培训机构不去好好培训学生,而是把考试答案发给大家死记硬背。另外对老师也没有要求,随便一个老师都可以去上课。有的老师上课时就讲,"创业就是赚钱,钱赚得越多越好"。大家想一想,创业培训要给学员正确的东西,讲创业的目的就是赚钱,会误导学生。我们觉得中心的使命是"知识扶贫,助人发展",我们是要实实在在地让学员通过培训能增强创业意识,学到创办小企业所需要的知识和技能,帮他们成功创业。因此,我们决定不再做由政府买单的劳动局的创业培训,而是去寻找更好的创业培训课程。后来我们通过北京光华慈善基金会,引进了美国全球创业指导委员会(NFTE)创业培训课程。我们积极培训师资、多方筹措资金,从无到有、从小到大。2004年至今,我们筹集了600多万元资金,在上海30多所高校为贫困大学生开展创业培训。我们还为中专、技校和职校学生举办16届"上海青年创业夏令营",共培训了7000多名学生,并成功地帮助了一部分学员实现了创业。创业培训已成为我们机构的一个品牌项目。我们之所以能够做这样的选择,就是因为使命告诉我们应该做什么,不应该做什么。

4. 帮助机构制定和采取正确的策略

比如,我们机构在做再就业培训项目时,很多的培训不是我们自己一家做的。因为培训专业很多,一家机构资源和条件有限,很难达成"知识扶贫,助人发展"的使命。所以,我们就充分整合利用社会的资源,联合其他机构一起开展慈善教育。我们从2004年开始实施的"外来媳妇就业技能培训项目",在上海联合了16家机构共同参与。我们很多全市性的大规模的慈善教育项目,就是通过优势互补、合作共赢得以成功实施的,从而保证了我们使命的达成。再比如,重庆儿童救助基金会是一家公募基金会,只有5—6个人。过去他们又做筹资,又自己做项目。2013年,基金会制定了战略规划,确定了基金会"助困境儿童健康成长"的使命,实现了向资助型基金会的转型。从2014年起,重庆儿童救助基金会连续3年在重庆开展公益创投,用购买服务的方式资助为困境儿童服务的公益项目。这样既有效满足了困境儿童的多元化需求,又在社会上发现和培育了一批专门为困境儿童提供服务的社会组织,使"助困境儿童健康成长"的使命更好地得到落实。

5. 有助于得到社会的认可和支持

我们应该记住:客户永远是为"Why(为什么)"和"结果"买单的。上海青聪泉儿童训练中心是一家专门为自闭症儿童服务的机构。自从2012年的战略规划会议确定了"助自闭儿走向自立"的使命后,机构的服务对象和项目更加专注,工作更有成效了,从而得到来自媒体、政府、企事业单位和社会各界更多的关注和支持。2015年,学校因需求增加,准备在嘉定区开一个分校。有一家房地产公司非常认同"青聪泉"的使命,在得知要开分校后,主动在嘉定区南翔一个新建小区无偿为他们提供了1 000多平方米的场地开办分校,分校装修所需的300多万元资金也是由社会捐赠的。陈洁校长感慨地说:"是使命给青聪泉带来更多的资源,促进了机构巨大的变化和持续发展。"

从以上五个方面可以看到使命对一个机构来讲是非常重要的。

## 三、如何制定有效的使命

### (一) 有效使命的三个要素

一个机构在制定使命的时候,要考虑三个要素。

1. 机会和需求

大家知道,每个社会组织总是为了解决某一个社会问题,为了满足某一种需求而创办和存在的。因此我们一定要知道有哪些需求(即需要解决的社会问题和未满足的需求),有哪些机会。

2. 机构自身的竞争力

也就是机构自身的优势和长处。因为社会的需求很多,要解决的问题也很多，但一个机构资源、条件有限，不是万能的。我们要清楚什么是自己可以做的，自身的优势和长处是什么。

3. 奉献精神

做社会组织不是要我做，是我要做。是一种责任感、一种使命感驱动我们去做。所以我们要有奉献精神。

这三个要素，总结起来就是，第一，I must，因为有社会问题、有社会需求，我们必须要去做。第二，I can，这个问题是我们能够解决的，是可以解决的。第三，I will，做这样的事情，是我们发自内心、心甘情愿的，是我要做的。

一个有效的使命应该和三个要素相适应，缺一不可。我们可以看到，现在有的社会组织尽管有使命，但是为什么不起作用，就是因为使命太大了，和自身优势不相适应，机构没有能力做，或者没法做得到。比如，有的机构的使命是"建设和谐社会"。大家想一想，和谐社会肯定不是你一个机构能够做得到的。所以在我们制定使命的时候，不但要考虑需求和机会，还有一点非常重要，就是一定要考虑自己的优势和长处，能不能做到。只有把这三个要素有机地结合起来，才能够制定一个切实可行的、有效的使命。如果你的机构有使命的话，可以看一看机构的使命是不是同时符合这三个要素。如果有一点或几点还不符合的话，说明这个使命需要进行必要的调整和修改。因为只有有效的使命才能更好地发挥作用。

## （二）有效使命的特征

我们不但要了解有效使命的三个要素，还要了解有效使命有哪些特征。因为，现在有的社会组织虽然有使命，但并不有效，没有很好地起作用。有效使命有以下几个特征。

1. 清晰表达了组织的服务对象和要的结果

这点特别重要。因为，现在很多社会组织的使命往往讲的是怎么做、做什么，而没有讲为什么（why）。前面讲过，使命回答的是组织存在的目的和存在的原因，讲的是组织的贡献和要的结果。所以，一个有效的使命应该让别人很清楚地从使命中看到机构的服务对象是谁,要的结果是什么。前面提到的一些我认为比较好的使命,它们都很清楚地让大家知道组织的服务对象和要的结果。如果只关注怎么做、做什么,而不知道为什么做,做的结果是什么,会使机构迷失方向,没有效果。

2. "使命的三个要素"必须相适应

就是使命必须同时具备三个要素,缺了一个就不完善,需要调整。

3. 整个组织都知晓并理解该使命

有效的使命不是少数人拍拍脑袋想出来的,也不是领导人在办公室里面琢磨出来的。它必须是组织全体成员经过充分讨论,集体商量制定出来的。使命是要把命都使上去做的事情,只有全体成员都能够认同,并且愿意去为实现使命而努力,这种使命才能真正有效。中国有很多组织的使命往往是领导想出来的,没有经过大家的充分讨论。因此尽管有使命,但大家不知道、不认同,它只是写在纸上、贴在墙上,没有发挥作用。我在为社会组织主持战略规划会议时,如果机构的人员不超过 20 个的话,便要求机构的领导请他们全部来参加。使命的界定需要全体成员一起讨论,共同商量。只有经过大家充分讨论并共同认可的使命,才能够真正起作用。

4. 使命的有效性必须定期检验

一个社会组织所处的环境是变化的,社会需求也是变化的。因此,在一定的条件、一定的情况下,机构的使命可以而且应该随着环境的变化、需求的变化进行必要的调整。

5. 简短不宜过长

对使命的表述必须要简短,文字不能太长,按照德鲁克的观点,就是要"短到可以印在 T 恤衫上"。因为只有短小精悍,才能够让别人很清楚地记住你的使命。大家可以看到,前面列举的一些我认为比较好的机构的使命,都很简短,字数都没有超过十四五个字。所以我认为,一个有效使命在字数上不能太多,一般不要超过 15 个字。如果太长了,别人记不住,也可能会影响作用的发挥。

大家可以根据有效使命的五个特点对照一下,看看自己机构的使命是否有效,是否要做必要的调整。

这里再介绍一种制定使命的方法:(1)使命的内容是"服务对象加结果"。有的时候由于服务对象比较宽泛或者比较多,可以不写服务对象,但是,一定要有结果。(2)字数一般不要超过 15 个字。

## 四、要将使命转化成正确恰当的行动

一个社会组织不但要有使命,更重要的是要有行动,而且要有成果。所以,对有效使命的最终检验就是行动和成果。现在很多社会组织虽然有使命,但没有起作用。因此,德鲁克指出:"对使命的最终检验,不是辞藻华丽的使命陈述,而是正确恰当的行动。"德鲁克这段话告诉我们,一个机构不但要有使命,更重要的是要有正确恰当的行动。请大家特别注意,德鲁克在"行动"前面加了一个定语,什么样的行动?要"正确恰当的"行动。这也是我经常跟大家分享的,德鲁克管理思想一个非常重要的特点就是强调"有效性",要做正确的事情,做对的事情。选择比努力更重要。所以,一定要采取正确恰当的行动。只有正确恰当的行动,才能够取得预期的结果。我们光有使命还不够,它仅仅是一种美好的愿望,我们一定要把这个愿望、使命落地。所以,使命必须可以转化为具体、短期、可行的目标。因为只有目标的达成,才能真正有效地解决问题,才能够使服务对象得到受益和改变。

比如,2015 年我曾经在郑州为一家专门做自闭症康复的机构做战略规划,帮助他们界定使命。这个机构的特点是在对自闭症孩子语言训练方面有比较好的效果。他们经过充分讨论以后,确定了机构的使命:"让更多自闭儿能听会说"。从这个使命中,可以清楚看到它的服务对象是"自闭儿",要的结果是"能听会说"。确定了"让更多自闭儿能听会说"的使命后,他们机构所有项目都有一个明确的目标,至少要让 80% 的自闭儿能听会说。所以,使命只有转化为具体的、可行的目标,才能真正产生良好的结果,才能真正使服务对象得到改变。我们讲使命作为一种梦想也好、一种美好的愿望也好,它不能仅仅是一种空洞的想法和说教,它必须是可以转化为实际行动的,而且行动以后能够带来改变,带来所期望的成果。

再比如,"绿色浙江",是杭州的一家环保组织。2013年我在为机构做战略规划,引导大家讨论使命的时候,问了他们一个问题:"你们作为一个环保组织,仅仅要大家有环保的意识,还是不但要有环保的意识还要有环保的行动?"最后,他们经过充分讨论,认为不但要使大家有环保的意识,更重要的还要有环保的行动。所以,他们确定的使命是"让更多人环保起来"。"起来"就是行动,就是改变。因为"绿色浙江"有了这样清晰的使命,他们在实际工作当中,就努力把自己的使命转化为一个一个有实际成果的具体项目。这个机构自从使命确定以后,这几年有了飞速的发展,成为国内环保领域很有影响力的一个社会组织。因此,一个社会组织不但要有使命,更要有正确恰当的行动和实际的成果,这样的使命才能真正起作用,真正有意义。

## 五、领导者的首要任务是确定使命

领导者跟使命有什么关系?这是一个必须搞清楚的问题。领导者应当知道自己的一项非常重要的任务就是确定机构的使命。德鲁克在《非营利组织的管理》中指出:"设定一个清晰的目标,对未来有一个宽广的愿景。领导必须保证在组织中的每一个人,都时刻牢记其使命。如果不这样的话,失败在所难免。"从德鲁克这段论述当中可以看到,领导人的一项非常重要的任务就是要界定机构使命,而且要确保组织中的每一个人都知道本组织的使命,能够理解并认真贯彻它。如果不能做到这一点的话,那么这个组织的发展就可能碰到问题、挫折,甚至会面临失败。德鲁克的这段话一针见血地指出了当前中国社会组织的一个痛点。因为,现在中国社会组织发展中存在的一个问题,就是很多组织不重视使命、没有使命,或者有使命但是使命不清晰,也不起作用。中国很多社会组织的领导人往往只是对项目、对资金非常感兴趣,但是对使命不够重视或者是忽视的。因为在很多领导人看来,好像使命是空的、虚的。他关心的是钱,关心的是项目,关心的是机构怎么活下去。德鲁克这段话是不是可以让有些社会组织的领导人应该清醒地认识到,领导人千忙万忙,万万不能忽视确定机构使命这件头等大事。如果没有使命,筹资和做项目就没有方向,也很难做好筹资,做好项目。现在有些社会组织表面上看起来是缺钱、缺项目,其背后实质上缺少的是使命。社会组织的领导人千万不能重"术"轻"道"啊!

社会组织的理事会是组织的最高决策机构,对组织的健康发展起到非常重要的保证作用。理事会有十项职责,其中第一项职责就是确定机构的使命、愿景和价值观,理事会也要承担起制定使命的职责。因此,中国的社会组织的领导人也好,理事会也好,一定要提高认识,把确定清晰明了的使命作为组织的头等大事。只有把这个问题解决了,组织才会有正确的方向,才能更好地健康持续发展。

### 思考题

1. 什么是使命?
2. 社会组织为什么必须有使命?
3. 有效使命有哪些特征?如何制定有效使命?
4. 为什么领导者的首要任务是确定使命?
5. 你们机构的使命是什么?有没有起到作用?如需要调整的话如何调整?
6. 如果还没有使命的话,准备如何确定使命?

# 第二讲　社会组织的公信力

## 一、公信力是社会组织的生命线

讲到公信力，先分享自己的一个经历。我在2003—2004年参加了由美国麦克利兰基金会资助、北京恩玖信息咨询中心主办的、针对中国社会组织领导人的一个培训班。这个培训班的名称叫"诚信系列培训"。当时全国有50多位公益组织的领导人参加了这个班。这个班开了4门课程："公信力的价值""领导力的价值""治理的价值""资金发展的价值"。每一门课程3天时间，半年学一门，是由美国老师来给我们上课的。坦率地讲，在学第一门课"公信力的价值"的时候，我是有些想法的。我认为社会组织都是做好事的，做社会组织的人都是有爱心的，还有必要讲公信力吗？我当时觉得公信力对社会组织来说应该不是个问题，讲公信力好像没有必要。我当时参加这个培训时真有这样的想法。给我们培训的那位美国老师，用中国的万里长城做"公信力的价值"这门课程教材的封面。那个培训已经过去20年了。但在以后的公益实践和跟中国社会组织的接触中,我深深地感到公信力不是要不要讲的问题,而是我们讲得太少,太有大讲特讲的必要了。我也感到,这个美国老师真是用心良苦,他用长城做教材的封面,就是告诉大家,一个社会组织只有有了公信力,才能够像万里长城永不倒。公信力是我们社会组织的生命线。

为了让大家更好地了解什么是公信力,以及公信力对社会组织到底有什么样重要的作用,首先和大家分享美国红十字会自由基金这个案例。

## 二、美国红十字会自由基金案例介绍

美国红十字会是美国一家历史悠久、很有影响力的非营利组织。2001年,美国发生了"9·11"事件,当时美国红十字会首席执行官 Bernadine Healy 没有经过理事会的讨论,就决定向社会进行募款,募款的目的和理由是为了帮助"9·11"事件的受害者及其家属。这个筹款信息通过媒体发布以后,在社会上引起了很大的反响,社会大众纷纷慷慨解囊,进行捐款。美国红十字会专门为这些捐款设立了一个专项基金,叫自由基金。设立自由基金的目的,就是为了帮助"9·11"事件的受害者及其家属。由于社会的捐款数量非常多,捐款除了用来帮助"9·11"事件的受害者及其家属以外,还剩了一部分资金。这时,美国红十字会首席执行官既没有向理事会汇报,也没有向社会公众进行说明,自己擅自做了个决定,把公众捐赠用来帮助"9·11"事件受害者及其家属的资金"储备"2亿多美元(这个数字大约为"自由基金"的40%),用于今后之需或其他与"9·11"非直接相关的救助活动。大家想一想,这件事情如果发生在中国,你们觉得是不是有问题。我想可能很多人包括我当时在学习的时候都认为这不是个问题,因为首席执行官没有把这个钱放到自己口袋里面,这个钱还是用于帮助以后发生类似"9·11"事件的受害者及其家属。

实际上这种做法是有问题的,它违背了问责的原则。所谓问责就是履行对捐赠人的承诺,问责是慈善公益的核心,也是公信力的问题。美国红十字会首席执行官当初发起这个筹款的理由,是为了帮助"9·11"事件的受害者及其家属,她是用这样的理由去筹款并设立了自由基金。社会大众捐款是为了帮助"9·11"事件的受害者及其家属。现在首席执行官要把公众捐款用来帮助"9·11"事件的受害者及其家属的一部分资金,用于今后之需或其他与"9·11"非直接相关的救助活动,实际上改变了捐款的用途,违背了"问责"的原则,但她没有向社会和公众进行解释和说明。

这件事情被媒体披露后,在社会上引起了轩然大波,遭到公众质疑。最后,美国红十字会的理事长被迫到美国国会去说明,在媒体公开发表道歉信。这位首席执行官在巨大的舆论压力下也被迫辞职了。但是,这件事情给美国红十字会带来了非常负面的影响,公众对它的信任下降了,结果造成在后来一段时间,美国红十字会的捐款也减少了。

这是我在2003年参加培训的时候,老师分享的一个案例。这个案例说明,公众对非营利组织公信力的要求是非常高的,也可以看到公信力对一个社会组织的重要性。

## 三、社会组织的利益相关者及其期待

利益相关者是社会组织必须知道而且非常重要的一个概念。坦率地讲,尽管我是1995年开始做公益的,但在参加这个诚信系列培训以前,我是不知道利益相关者这个概念的。学习了利益相关者这个概念后,我有一个非常大的改变,就是现在做任何事情,首先要想一想利益相关者有什么样的需求,怎么样能更好地满足他们的需求。所以,社会组织一定要知道什么是利益相关者。

利益相关者从字义上来讲,就是跟我们的机构、我们的项目有利益关系的人。利益相关者是指影响组织的存在和活动,或者受组织的存在和活动影响的个人或者组织。一个社会组织的利益相关者,可以是个人,也可以是组织。社会组织跟企业相比,一个很大的不同就是它的利益相关者特别多。德鲁克在《非营利组织的管理》这本经典著作中指出:"行动是根据使命进行规划的,如果不从使命来计划行动,非营利组织将无法取得成功。"这就是我们前面讲的为什么要有使命,使命对社会组织的重要性。德鲁克还指出:"但非营利组织总是存在多个利益相关者,每个都对组织的管理事务拥有否决权。"这就说明社会组织的利益相关者很多,只要其中一个利益相关者对我们不满意、不支持、不配合的话,就会对组织的存在、对机构的工作,带来很大的影响。所以,我们一定要知道社会组织的这个特点,就是利益相关者特别多。

另外,由于社会组织是做好事的,是解决社会问题的,公众对社会组织的期待和要求,要高于对企业的期待。比如,现在社会上有一些"潜规则"的事情,发生在企业,大家认为可以接受,但是,如果这种事情发生在社会组织当中,公众就认为是不能够接受的。当社会组织被认为表现得不够专业、不负责任或在道德上有问题的时候,公众的反应往往非常迅速,进而产生背叛感,破坏信任,它甚至可能会造成公众对整个行业都产生一种不信任。实际上从郭美美事件已经可以看到它的这样一种负面影响了。所以,作为一个社会组织必须清楚地了解利益相关者,了解他们对我们的期待。

一个社会组织有哪些利益相关者呢?一个社会组织的利益相关者特别多,有政府(中央政府和地方政府)、理事会、志愿者、其他的社会组织、受益人、媒体、公众和社会、社区、资助方(包括个人、企业、基金会,有国内的也有国外的)、员工(见图2-1)。

这里有三个很重要的问题,希望大家能够认真地思考。如果有条件的话呢,最好组织机构所有成员,大家一起来讨论这样三个问题:(1)你的机构有哪些利益相关者?他们对机构有哪些期望?(2)如果他们失望了,会发生什么情况?(3)我们需要做什么来达到和满足利益相关者的期望?这三个问题非常重要,希望大家能够很好地进行讨论和思考。我提供一张图表,便于大家讨论(见表2-1)。

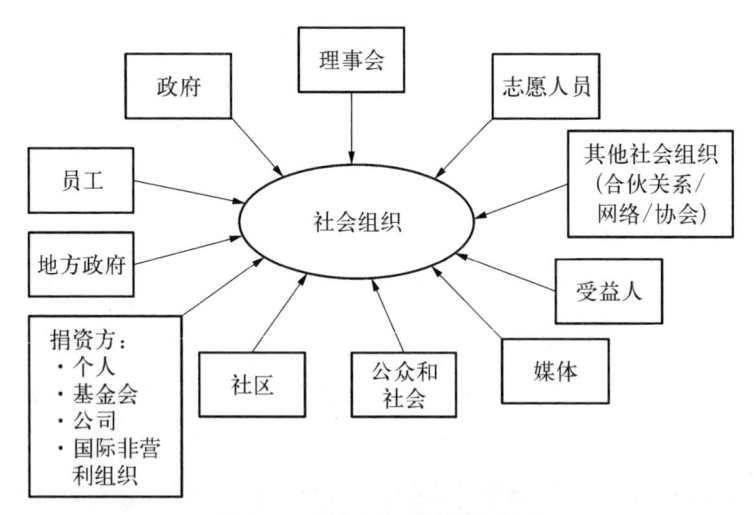

图 2-1 社会组织的利益相关者

表 2-1 利益相关者分析

| A<br>谁是我们的<br>利益相关者? | B<br>他们对我们<br>有什么期待? | C<br>如果他们失望了<br>会发生什么? | D<br>需要做什么来<br>达到这些期望? |
| --- | --- | --- | --- |
| 1. 政府 | | | |
| 2. 资助方 | | | |
| 3. 受益人 | | | |
| 4. 员工 | | | |

从对利益相关者的分析当中,可以清楚地看到不同的利益相关者对我们的机构和项目的期待是不一样的。社会组织一项非常重要的工作,是要让这些期待不一样的利益相关者,能够在我们使命的引领下达成共识。因为只有达成共识,我们才能得到这些不同利益相关者的理解和支持,才能更好地做好我们的工作和项目。所以,社会组织一定要了解和满足利益相关者的期望。

在社会组织众多的利益相关者当中,除了员工、理事会是机构内部的,其他的都是在外部的。因此,我觉得做公益、做社会组织,说到底是一种思维方式。我们要树立一种"由外而内"的思维,不能只想到我们要什么,要别人做什么。我们更多的是先要了解利益相关者有什么样的需求。如果能够满足他们的需求,我们要得到的东西就在其中了。所以我们做公益、做项目,一定要有将心比心、换位思考的思维方式。

## 四、什么是公信力及其表现

### (一)公信力的含义

公信力,它的英文是 Accountability,是指组织或者个人应有为某件事向利益相关者进行报告、解释和辩护的责任,应该为自己的行为负责任,并有责任接受质询。这是公信力的定义。讲到公信力,就是我们要有为某件事情向利益相关者进行报告、解释、辩护的责任。前面在介绍美国红十字会自由基金的案例时,我们已经分析了它的问题出在变更捐款用途时没有向利益相关者,尤其是没有向资助方做出说明和解释,违背了问责的原则,因此引起了捐赠方和社会公众的不满。如果用更加通俗、简单的语言来表达什么是公信力,可以这样理解,公信力是赢得公众信任的能力。公信力强,说明公众对你的信任度高;公信力弱,说明公众对你的信任度低。所以,公信力是跟信任紧密地联系在一起的,公信力就是一个社会组织要对所有利益相关者负责。

公信力不等于自律。过去讲公信力,有人可能仅仅把它理解为是一种自律。当然,我们讲公信力需要自律,需要一个机构自己的严格要求、自我约束。但是公信力不仅仅是自律,还包括他律,需要接受社会的监督和质询。所以,做社会组织的人要习惯在别人的质疑和监督的环境下工作和生活。只有自律和他律的有机结合,才能更好地保证公信力。

### (二)公信力的表现形式

公信力是赢得公众信任的一种能力。一个社会组织的公信力可以从四个方面来表现。每一个方面,它也有一些具体支持性的行为。

### 1. 财务的公信力

这是公信力非常重要的一个方面。它的表现主要包括:第一,准确的会计方法。社会组织必须用民间非营利组织的财务会计制度,现在有的社会组织用的是企业的会计制度,这个就不行。第二,准确、及时的财务报告,比如,我们每年要接受财务审计,要定期地向社会公布财务报告。第三,财务的公开、规范和透明。

### 2. 法律的公信力

它的主要表现:第一,报告的及时准确。第二,要遵纪守法。

### 3. 项目的公信力

它的主要表现:第一,项目要和"使命"一致。不是为钱做项目,为做项目而做项目,做的项目要跟机构的使命相一致。第二,项目的绩效。做项目要有成果,不能只是搞了活动、服务了多少人。第三,资金使用的有效性。做到能够按照捐赠意愿使用资金,资金使用要做到公开、规范、透明。

### 4. 程序的公信力

它的主要表现:第一,交流和沟通。比如,我们社会组织要跟所有利益相关者保持良好的交流和沟通。第二,效率和透明,就是要讲究高的效率,要做到公开透明。

一个社会组织的公信力可以从财务、法律、项目和程序四个方面表现出来。因此,每个组织也可以从这四个方面对照一下,看看哪些地方做到了,哪些地方还做得不够,哪些地方需要改善。我们可以从这四个方面努力,不断提高社会组织的公信力。

## 五、公信力对社会组织的重要性

### (一)了解期望是建立信任的基础

公信力是赢得公众信任的一种能力。举个例子,有个人要向你借钱,你在什么情况下愿意借钱给他？我想，肯定有一个前提，就是你相信这个人能够履行诺言，按时还款。从这个例子当中可以看到，信任就是我们相信依靠的人，不管是个人或者组织，是能够达到我们期望的。我们相信那些能够达到我们期望的个人和组织。所以，信任跟期望是有关系的，而这个信任所讲的期望，又跟他人的能力有关系。因为他有这个能力，才能够来达到我们对他的期望。因此，我们要跟别人，无论是组织还是个人建立一种信任，了解对方的期望是关键。为什么前面要请大家对所有的利益相关者进行分析，要了解他们对我们机构的期望。因为只有了解了他们的期望，才能够跟他们建立信任关系，这是基础。

### （二）信任如何表现

人与人之间的信任是通过言行一致，通过出色表现来表现的。同样，社会组织跟它的利益相关者之间的信任，也是要通过言行一致，通过出色表现来表现。

另外，不同的人处理信任的方式是不一样的。有些人他先给予信任，直到对方被证明你不能够给予信任为止。还有些人他先要得到证明，证明你是可以信任的，他才会给予你信任。

大家也可以想一想，对于资助方或者购买方，给予信任采取哪种方法？一般来说，采取的是后者。他先要了解你，要了解你是不是可以信任。只有在证明你是可以信任的情况下，他才会给你捐赠或者给你买单。所以不同的人对信任的处理方法是不同的。

### （三）社会组织最大的财富是公众的信任

我想跟大家分享一个重要的理念：一个社会组织最大的财富是公众的信任。现在有很多社会组织刚刚起步，还比较弱小，缺乏资源，可能更多的是关心资源、资金、项目的问题。当然，这些问题对一个机构很重要。但是我觉得对一个社会组织来讲，最大的财富是公众的信任。公众的信任是一种无形资产，也是一种重要的竞争优势，它可以转化为有形资产。但是，信任不是天上掉下来的,不是谁授予的,也不是一劳永逸的,信任是必须赢得的。一个机构,即使有很多奖状、有很多荣誉,也未必就有信任。过去有信任,不等于以后也有信任。信任是需要赢得的。

这里介绍一个很有用的赢得信任的工具,叫作信任账户。大家知道一个人要到银行去取款,是有条件的。第一,你必须要在银行开个账户;第二,你要先往账户里面存款。有了存款,当你需要的时候,才能够从账户里面去取款。这是我们讲的银行账户。我们要赢得信任,也需要建立信任账户。信任账户的概念,是著名的管理大师柯维在《高效能人士的七个习惯》这本书里面提出来的。就是说要赢得信任,也需要先建立一个信任账户,要有存入。要存入哪些东西呢?要存入三个方面的东西:第一,要存入品德,就是要说到做到;第二,要存入信任,就是要把事情做好,言行一致;第三,要存入关心,就是要有同理心,要将心比心,换位思考。只有平时做到了这样三个方面,有了存入,别人对你有了信任,那么当你需要的时候,就能够从信任账户中得到你所需要的信任。

这个道理跟银行账户是完全一样的。大家知道,如果一个银行账户里面透支了,会发生什么情况?第一,钱取不出来了;第二,最后这个银行账户会被关掉、封掉。信任账户同样如此,如果失去了信任的话,我们的信任账户也会透支,信任账户也会被关闭。一个组织失去了公众的信任,后果是非常严重的。

### (四) 社会组织为什么需要公信力

1. 有助于增加公众对社会组织提供服务的认可度和信任度

大家在平时的工作中是否遇到过这种情况,有时候社会组织提供一些服务,或者开展的项目,人家不相信,不愿意参加。但如果一个社会组织在社会上、在公众当中有很高的信任度的话,那么大家对提供的服务和开展的活动,就会有一种信任,就会积极参加。这对保证项目的顺利开展,对取得项目成果是非常重要的。所以,只有得到了公众的信任,社会组织才能顺利实施项目,开展工作。

2. 有助于社会组织保留和吸引人才

现在社会组织普遍面临的一个问题就是招人难、留人难。每个人都希望在有公信力的、有良好社会声誉的机构工作。如果一个机构是有公信力的,这也有助于吸引人、留住人。

3. 有助于吸引社会各方的捐赠或者资助,争取更多项目和资金

现在很多社会组织普遍缺少资金、缺少资源。怎样才能得到资金、得到资源呢？非常重要的一点,就是要有公信力。现在有的社会组织表面上看起来好像是缺少资金、缺少资源,但我认为背后可能就是缺乏公信力。

我在2003年参加公信力价值培训时,美国麦克利兰基金会的董事汤姆先生讲过一句话:"公信力决定有没有钱,使命决定有多少钱。"这句话深深地印在我的脑海里。虽然公信力和使命是看不见的,但会直接影响到资金和资源的得失。今天的社会,看不见的比看得见的更值钱,无形的比有形的更有价值。社会组织如果要想得到更多的资金和资源,要想得到更多的机会和项目,必须要有公信力。

4. 有助于增强服务对象对社会组织的信任、理解和支持

服务对象的理解、信任和支持,是社会组织顺利开展公益项目的重要条件。公益项目的成果是通过服务对象的受益和变化体现的。如果服务对象不信任社会组织,不来参加和接受服务,社会组织的项目是没法顺利开展,更是没有成果的。因此,社会组织要做出成果,必须要有公信力,要赢得服务对象的信任。他们信任我们,才会接受我们的服务,才会很好地配合和支持我们,从而保证项目目标的达成。

5. 有助于处理好与社区以及方方面面的关系

现在有的社会组织在社区开展活动时会碰到一些困难和障碍,其中有一个原因,就是有时社区的一些其他社会组织对你会有戒心,害怕你来了以后,会造成恶性竞争。所以,如果社会组织要到社区开展项目,别人已经在做的或者做得很好的项目和工作,你不要去碰。你要去做一些他们做不了、没想到做、不愿做但是有需求的项目和活动。这样的话,如果有了信任,就能得到社区领导和其他组织的理解、配合和支持,这对开展工作是很有帮

助的。

6. 有助于政府对社会组织的重视和支持

政府是社会组织非常重要的支持客户和合作伙伴。特别是现在政府转移职能，加大购买服务力度，它一定是找那些有公信力、有执行力的社会组织。如果社会组织有公信力，可以赢得政府的信任和支持，从政府那里得到更多的项目和资源，这对组织的发展是非常有帮助的。

如果缺乏公信力，社会组织的形象和声誉就会受到损害；就会招致公众的不满，失去社会支持；服务对象就会受到损害；最严重的后果就是组织的垮台。

## 六、中国社会组织公信力的现状

### （一）中国社会组织的公信力偏弱

目前，中国社会组织公信力的现状如何？我在每次培训时都会问学员一个问题：如果以60分作为及格标准的话，你们认为中国社会组织公信力是在60分以上还是在60分以下？结果发现，60%以上的学员认为中国社会组织公信力在60分以下，也就是说不及格。这个判断符合现在我们中国社会组织公信力现状。因为政府官方文件对中国社会组织公信力现状的判断，就是社会组织公信力偏弱。财政部和民政部2014年11月23日《关于支持和规范社会组织承接政府购买服务的通知》，明确指出了中国社会组织公信力偏弱的这样一个现状。这个问题值得我们警惕和深思，说明中国社会组织公信力的现状不容乐观，加强公信力建设迫在眉睫。

### （二）社会组织公信力偏弱的主要表现

1. 没有使命或使命缺失

现在一些社会组织没有使命或者使命缺失。而公信力跟使命有非常密切的关系，如果一个机构没有使命或者使命不清晰、定位不清楚，做服务、做项目很难有效果，没有效果的话肯定会影响公信力。有的社会组织就是为钱、为做项目而做项目，不能够满足需求、解决问题，也造成了机构的管理方面出现了很多问题。

2. 内部治理结构和内部管理制度不完善

社会组织一个非常重要的治理结构就是要有理事会，因为理事会是一个社会组织的最高决策机构。但是中国很多社会组织普遍存在理事会不起作用，或者理事会形同虚设的问题。有的社会组织内部缺乏制约，行政负责人一个人说了算、独断专行，给组织造成了一些问题。有的组织一两年不开一次理事会。有的社会组织的内部管理制度不健全，甚至有的根本就没有管理制度。特别是有的社会组织由于资金紧张，用工上很不规范，聘用人员不签订劳动合同，不按照规定缴金。

3. 创办社会组织的目的不清楚或者目的不纯

社会组织跟企业最大的区别是非营利的，创办社会组织是为了满足需求，有效解决社会问题。但是现在有的社会组织创办人初心不对，看到了政府鼓励发展社会组织，政府购买服务，有钱了，就成立一个社会组织。把社会组织当作一个生意，作为一种营利的手段。也有一些社会组织打着非营利的旗号，实际上在做牟利的事情，这也在一定程度上损害了社会组织的形象和公信力。

4. 社会组织财务管理不规范

这是目前社会组织比较普遍的一个问题。比如，2015年上海曾经报道过，有一家还是很不错的社会组织得到了上海市慈善基金会10多万元的资助做项目。项目结束以后，上海市慈善基金会在评估的时候发现，这家机构在财务上存在很多不规范的地方，特别是出现了一张发票复印以后多次报销的情况。这种明显违反财务制度的事情，竟然在这个机构出现了，包括报销当中的白条、账目混乱等问题。另外，我在各地参加政府购买服务项目的评估中发现，有的地方80%以上的社会组织不同程度地存在财务管理不规范的问题。

5. 社会组织不注重成果

德鲁克曾经讲过，社会组织是为成果而存在的。这里讲的成果就是要让服务对象受益和得到改变,要能有效地去解决社会问题。这是社会组织存在的价值,这也是项目公信力的表现。但是,现在中国的社会组织普遍存在把活动当成项目,把产出当成果。有很多社会组织在做项目的时候,看起来轰轰烈烈,活动也搞了不少,服务的人数也不少,但是并没有有效地去解决问题,而且这种现象还比较普遍。在我看到过的几千份项目计划书中,至少有50%以上的社会组织不知道什么是成果,没有成果的概念。一个社会组织如果不能够有效地解决问题,不能通过项目让服务对象受益和改变,这实际上是浪费资源。不重视成果,也是社会组织在项目公信力方面存在的一个比较突出的问题。

6. 信息披露不够

公信力一个很重要的表现就是要做到公开、透明、规范,特别是信息的公开。因为只有公开透明,才能让社会公众更好地了解和监督社会组织。但目前中国社会组织在信息披露方面,总体上来讲是做得不够的。不要说一些初创的社会组织,就是一些基金会,在信息披露这方面做得也很不够。北京有一个基金会中心,每年要对全国基金会在信息披露方面的情况做调查。如果说60分及格的话,2016年中国基金会信息披露指数还不到60分。所以,信息披露不够也是中国社会组织在公信力方面存在的一个比较突出的问题。

7. 搞"潜规则"

有的社会组织为了拿到政府购买服务的项目采取请客送礼、给好处费、给回扣等不正当手段,破坏了公平竞争,败坏了行业的风气。

8. 违法违规收费

主要有以下几种表现:(1)强制或变相强制入会并收取会费;(2)只收取会费不提供服务,或者对会费所包含的基本服务项目重复收取费用;(3)利用分支(代表)机构多头收取会费;(4)利用法定职责、行政机关委托授权事项或者其他行政影响力违规收费;(5)通过评比达标表彰活动收费;(6)通过职业资格认定违规收费;(7)强制或诱导企业参加会议、培训、展览、考核评比、表彰、出国考察等各类收费活动;(8)强制市场主体提供赞助、捐赠、订购有关产品或刊物;(9)以设立分支机构、代表机构的名义收取或变相收取管理费、赞助费;(10)以担任理事、常务理事、负责人为名向会员收取除会费以外的其他费用;(11)会费标准未按规定程序制定或修改;(12)具有一定垄断性和强制性的经营服务性收费项目未按要求进行调整和规范;(13)实行市场调节价格的经营服务性收费项目、收费标准不合理。违法违规收费损害了社会组织的形象,引起公众的不满。

9. 违法违规

有的社会组织财务人员利用职务上的便利,贪污挪用组织资金,出现社会组织财务管理丑闻。有的社会组织在承接政府购买服务的技能培训项目中,造假名单,骗取政府资金。有的基金会搞非法集资,骗取老人的养老钱。有的社会组织负责人抽逃注册资金、侵占社会服务机构收入、违规支出。

10. 违规关联交易

比如,慈善组织以高于市场价格的价格购买关联方的产品或者服务、慈善组织违规将慈善资金借给关联方等。

以上10个方面是目前社会组织公信力偏弱的主要表现,应该引起我们高度的重视和警惕。

### (三) 造成社会组织公信力偏弱的主要原因

社会组织公信力偏弱是多种因素造成的。这些因素可以从组织内部和外部两个方面来分析。

1. 社会组织公信力偏弱的内部原因

第一,社会组织定位和目标的偏差。社会组织的特征是公益性和非营利性,组织目标是提供服务、反映诉求、规范行为。但是目前中国很多社会组织没有使命或使命缺失,不清楚创办和存在的目的,组织的目标和行为违背了公益性和非营利性。有的把社会组织作为营利手段,有的弄虚作假,有的资金使用不当,损害了社会组织的声誉,败坏了行业风气。

第二,内部管理不善,自律机制缺失。有的社会组织没有建立良好的治理结构,理事会形同虚设,不起作用;有的社会组织内部管理制度,尤其是财务管理制度不健全、不完善;有的有制度,但没有认真执行。这些都影响了组织的公信力。

第三,缺乏基本常识和专业知识。基本常识和专业知识的缺乏也可能会造成在公信力上面出现问题。比如,那年雅安发生地震以后,由于郭美美事件的影响,当时有很多公募基金会的筹款受到了影响,但有一家基金会收到的捐款超过4亿元。由于这些捐款没有及时使用,引起了社会一些质疑。为此这家基金会的发言人出来解释为什么捐款没有及时使用。由于灾后重建有很多基建项目和工程项目需要规划、设计、论证,资金使用有一个滞后效应,发言人做了一些解释,并对资金使用的安排做了说明。这些我觉得都是可以理解的。但他讲到资金使用计划时,说要拿出1.2亿元建一个救灾中心,用于以后发生灾害的时候帮助那些受害者及其家属。我发现对这笔资金的用途没有人提出质疑。实际上,这家基金会这个做法是有问题的。大家给基金会捐款,是为了帮助雅安地震的受害者及其家属。现在基金会把一部分钱拿来建救灾中心,是帮助以后发生地震的受害者及其家属,这不是改变了捐款的用途了吗?当然,确有需要,可以改变,但必须向公众说明原因。即使是用非定向捐赠的钱来做这件事情,也必须向公众讲清楚。我认为,这家基金会主观上并不是故意要做违背公信力的事情,但客观上,如果不讲清楚的话会引起社会的误解和怀疑。所以,如果没有一些基本常识和专业知识,有可能在公信力上造成这样或那样的问题。

2. 社会组织公信力偏弱的外部原因

第一,社会的诚信状况不尽如人意。有的社会组织从业人员认为现在社会上很多人不讲诚信,我讲诚信太吃亏了、太傻了,往往就会随波逐流,对公信力这个问题的不重视,或者做出一些违背公信力的事情,这对社会组织是有影响的。我们不能因为整个社会的诚信状况不尽如人意,自己便在公信力这个问题上面放弃原则,守不住底线,这是不应该的。

第二,缺乏严格的监管体系。国外慈善公益的发展经验告诉我们,要保证公信力,除了社会组织自身加强自律以外,必须有严格的监管体系,包括政府的监督、舆论的监督和社会的监督。只有建立严格的全方位的监管体系,才能使公信力真正落到实处。但是现在我国的监管体系还不完善,存在着很多不足。社会组织存在的很多问题,为什么没有被及时地发现和揭露,我认为跟监管不力有关系。比如,2015年媒体揭露在广西有一个百色助学网,它的创始人7年来就是利用个人名义进行助学的筹款,很多资金进入他个人的账户。更为恶劣的是他利用助学的机会对一些受助的女学生进行性侵。当然这个人现在已经被逮捕了。但这个事情为什么那么长时间一直没有被暴露、没有被揭露,这和监管不力是有关系的。

第三,法律法规不健全。尽管我国现在对基金会、社团、社会服务机构这三类社会组织有相应的法规。但是这些法规很多都是十多年以前制定的,现在情况发生了很大的变化。另外,这些法规本身还有很多不完善的地方。由于法律法规的不完善,也造成了社会组织在公信力上会发生这样或者那样的问题。2016年3月16日《中华人民共和国慈善法》正式通过,并于9月1日起实施,这对加强公信力建设会有很大的帮助。比如,《中华人民共和国慈善法》对信息公开就有非常明确的规定,这也有助于社会组织不断地加强和提高公信力。

第四,缺乏必要的培训和教育。前面提到美国老师给中国社会组织领导人培训,第一课就讲公信力的价值。我到过美国、韩国考察国外的非营利组织,也去过中国香港、中国台湾地区,在跟非营利组织交流中,我发现"公信力"三个字是出现频率最高的一个词。国外有很多非营利组织的行业协会开展能力建设培训,公信力是最重要、最基本的一门必修课程。但在中国社会组织的各种培训中,很少有专门讲公信力的培训,很多社会组织从业人员不知道什么是公信力。包括政府部门,我认为讲得也不够。多年来,我坚持在全国各地讲"社会组织的使命和公信力"这门课,很多学员听了以后都说,应该早点给我们讲这些东西。这说明社会组织还是很需要这方面的培训的。因为只有知道了什么是公信力,知道了公信力的重要性,才会更加自觉地加强和提高社会组织的公信力。

第五，政府的某些做法缺乏公信力。良好的政风党风可以促进社会组织公信力的提高。如果政府的某些做法缺乏公信力，反过来也会影响到社会组织公信力。比如，现在有的地方政府购买服务不给人工费、不给管理费。有的政府部门签订合同后，不能够按时支付购买服务的经费，造成了有的社会组织出现了拖欠工资的现象。有的地方还存在"潜规则"。我在讲项目经费预算以及和很多政府官员交谈时一再强调，政府购买服务必须要给社会组织必要的人工经费和管理费。因为社会组织做项目很大的一部分费用是人工费，而且需要必要的管理费。如果政府购买服务不给必要的人工费和管理费，势必造成社会组织做假账。因为它需要支付这些钱，但你又不给，怎么办，它只能做假账。现在有的社会组织在财务管理上面出现一些问题，包括做假账，这跟政府某些行为缺乏公信力，或者政府不了解一些基本的常识是有一定关系的。要让社会组织有更好的公信力，政府首先要有公信力。

### （四）结合机构情况思考三个问题

在了解了公信力对社会组织的重要性以及现在中国社会组织在公信力方面存在一些问题后，请大家能够思考这样三个问题。

1. 中国社会组织在公信力方面还存在哪些问题

前面我已经分析了存在的一些问题。但是由于各地情况不一样，可能你们当地在公信力方面存在问题的表现是不一样的。所以，大家可以分析一下，你们认为社会组织在公信力方面还存在哪些问题。

2. 你的机构在公信力方面做得如何，存在哪些问题和不足

我们要联系机构的实际，看看自己的机构在公信力方面做得如何，特别是还存在哪些不足、哪些问题。前面我讲了公信力有四个方面表现，也讲到了中国社会组织公信力存在的一些问题，大家可以对照一下，看看自己的机构是不是存在这样一些问题。

3. 需要在哪些方面加以改进，不断地提高机构的公信力

我们不但要知道公信力的重要性，更要做到坚守公信力，因为知易行难。对于公信力的重要性大家可能都很清楚，也可以讲出很多道理，但关键

是自己的机构能不能坚守公信力,提高公信力。因为现在整个社会诚信状况不尽如人意,有人可能会随波逐流。在这样的大背景下,机构能不能坚守公信力,能不能提高公信力,对机构、对领导人是一个考验。社会组织的领导人和理事会,在这个问题上一定要有清醒的认识。因为公信力是我们社会组织最大的财富,是我们的生命线。

## 七、谁来监督社会组织的公信力

公信力不仅是自律,还包括他律,要接受社会的监督。下面这张图告诉我们社会组织要受到来自哪些方面的监督(见图 2-2)。

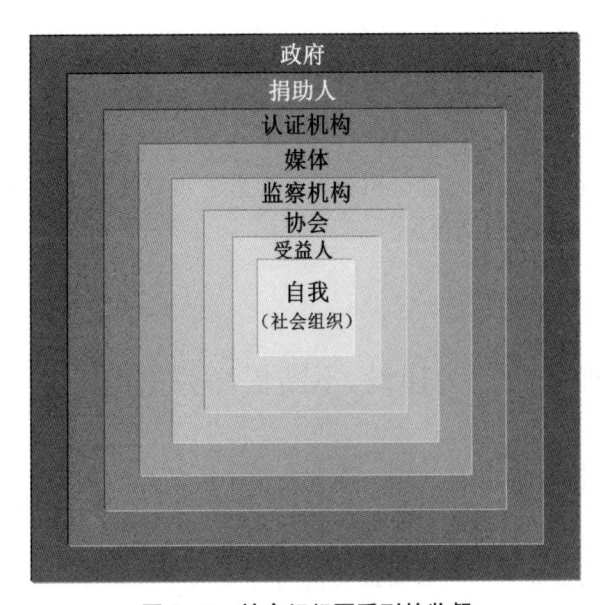

图 2-2 社会组织要受到的监督

一是组织自身。这是公信力的第一道防线。这就是为什么我们特别强调要自律、要自我约束。

二是服务对象。这是另一道防线;如果他们对社会组织的服务不满意,或者服务质量不好,他们会不满、会抱怨、会拒绝接受服务,甚至会投诉(上海人社局把参加政府买单的某些专业的技能培训的经费打到学员的卡上,由学员自主选择培训学校,培训结束后向学校付学费)。媒体也会曝光那些服务差的社会组织。

三是社会组织的联合会和行业协会。像上海市静安区社会组织联合会和一些5A级的行业协会就是非常有力的公信力监督人。

四是监督机构。各地民政部门所属的执法大队等机构也会对社会组织的遵纪守法情况和公信力进行监督。

五是媒体。越来越多的媒体会对社会组织进行监督。在国外,很多非营利组织的问题和丑闻都是由媒体最早发现和报道的。美国媒体在20世纪90年代初揭发了联合劝募协会CEO用公款为自己开销的事件。

六是认证机构。如在美国ECFA就是一个有力的公信力监督机构。如果他们收回认证,捐资人马上就会离开。

七是捐赠者。一旦认为一个社会组织缺乏公信力,捐赠人就会减少甚至停止捐赠。

八是政府。有责任对社会组织进行监管。可以处罚违法违规的社会组织,握有取缔社会组织的权力。

## 八、努力加强公信力建设,不断提高公信力

第一,加强培训,提高认识。要普及关于公信力的基本知识,比如什么是公信力?公信力有哪些表现?公信力有什么重要性?如果没有公信力对社会组织有什么危害?怎样加强公信力?培训非常重要。不培训、不了解基本知识,行为上就会出现偏差。通过培训,提高对公信力的认识,行动才能自觉。但总体上讲,现在有关公信力的专业、系统的培训还是太少。所以,我认为政府支持社会组织的发展,不是简单的给钱。比钱更重要的是,政府要引导和督促社会组织提高公信力,增强使命感,提升它们的能力,做

正确的事情,这对社会组织的持续发展非常重要。

第二,提高社会组织专业化水平,提高社会组织工作、服务、项目的有效性。现在有些社会组织做项目仅凭自己的美好愿望,不讲效益。实际上,社会组织存在的目的和价值是有效解决社会问题,能够使服务对象得到改变和受益,需要我们有专业的知识和能力。但有的社会组织在做项目时,把活动当项目,把产出当成果。结果钱花了不少,问题并没有得到解决。因此,现在有的地方尽管政府购买服务力度不断加大,但有时老百姓不满意,服务对象不满意。因为社会组织缺乏专业能力,缺乏有效的成果。比如,全国各地都在做就业培训,这是政府买单的,有的城市每年就业技能培训投入几千万元。但政府买单的是培训考试的合格率,至于培训后拿到证书是不是就业,政府没有要求。很多培训机构只注重考试合格率,不关心解决就业。结果造成政府每年花很多钱搞培训,但就业问题还是没有很好地解决。所以,我们一定要做有成果的项目,一定要让服务对象有所受益和改变。公信力很重要的一个表现是项目的公信力,如果项目没有成果、没有绩效,哪来公信力?这跟社会组织专业水平还不高有很大关系。

第三,建立严格、规范的综合监督体系。特别要发挥媒体舆论监督和社会监督的作用,对缺乏公信力的现象要进行披露和曝光,让大家看到危害性,这样才能起到教育、警示作用,社会组织才不会以身试法,才不会有侥幸心理。对严重违法违规、没有公信力的行为必须严肃处理。

第四,建立社会组织的行业协会,加强对社会组织公信力的培训、评估和评比。《中华人民共和国慈善法》明确提出"慈善行业组织应当建立健全行业规范,加强行业自律"。要通过培训、评估和评比,树立标杆,鞭策后进。

第五,社会组织要加强和完善内部治理。现在很多社会组织的理事会形同虚设,不起作用。社会组织理事会是机构最高决策机构,其职责之一就是确定机构的使命、愿景和价值观,保证组织守法、道德诚信,维系组织的公信力。一个社会组织如果在公信力上出了问题,即使是机构负责人和个别员工造成的,理事会也要承担责任。所以,理事会一定要对机构的公信力负责。

第六,要主动参加社会组织规范化建设评估。2011年民政部出台了《社会组织评估管理办法》,各地民政部门开展了社会组织规范化建设评估(也叫等级评估)。社会团体、基金会实行综合评估,评估内容包括基础条件、内部治理、工作绩效和社会评价。社会服务机构(民办非企业单位)实行规范化建设评估,评估内容包括基础条件、内部治理、业务活动和诚信建设、社会评价,总共1 000分。社会组织规范化建设评估的很多内容都是对公信力的要求。对照评估标准,加强规范化建设,有助于提高和加强社会组织的公信力。

第七,党和政府要率先提升公信力,为社会组织树立榜样,做出表率,用良好的党风、政风促进社会组织公信力的提高。

### 思考题

1. 什么是社会组织的利益相关者?
2. 一个社会组织有哪些利益相关者?他们对我们机构有哪些期望?我们应该如何满足他们的期待?
3. 什么是公信力?社会组织的公信力表现在哪几个方面?
4. 社会组织为什么需要公信力?
5. 今天中国社会组织公信力偏弱有哪些主要表现?
6. 社会组织要受到来自哪些方面的监督?
7. 你们机构的公信力状况如何?如何加强?

# 第三讲　社会组织的治理

## 一、什么是治理

### （一）治理的含义

"治理（governance）"一词最早源于古希腊"steering"，具有"掌舵、操纵、指导"的意思，一直以来用于与国家公共事务相关的管理活动和政治活动中。现代治理理论通常分为两个层次：第一个是国家层次，强调政府与公民、国家与社会的合作；第二个是组织层次，包括营利组织治理和非营利组织治理，其实质是组织的利益相关者对组织的监督和制衡机制。

社会组织的治理是指为了领导、指引一个组织有力有效地完成其使命，为了向组织的利益相关者保证公信力和透明度而行使的权力。

社会组织的治理主要包括治理结构和治理机制两个方面。前者从静态的角度规范组织内部的权力配置机制，强调组织内部分权与制衡的关系；后者则是通过一系列方式与策略动员资源以实现组织使命，强调建立一种动态制衡的过程。治理问题可以划分为三个方面,即如何保证科学、民主、高效地决策,以确保利益的平衡;如何协调执行决策中产生的冲突;如何获得外部资源和支持,以寻求组织的发展。

社会组织治理的行为表现主要分为内部、外部两个方面:内部治理行为,包括决定组织使命、制定目标规划、确保组织财务健全、协调内部冲突;外部治理行为,包括募款、提升机构良好形象、与政府和企业等部门建立良好合作关系。

### (二) 治理与管理的区别

为有效理解社会组织的治理,下面用表3-1来说明治理与管理的区别。治理是决定、确保和监督,管理是建议/推荐、执行和汇报。

表3-1 治理和管理的区别

| 治 理 | 管 理 |
| --- | --- |
| 角色和责任的区别 ||
| • 聘用管理人才,从根本上监督管理部门,使其承担责任。向外部的利益相关者提供公信力和透明<br>• 保证社会组织具有使命、策略以及长期目标<br>• 聘用最高执行长官<br><br>• 制定组织全面的政策,使管理部门在贯彻这些政策时承担责任<br>• 保证设立一些机制,以便保护、监督、有效地利用组织的资源、财产和项目<br>• 保证组织在运作过程中遵守国家、地区和地方的法律<br>• 保证社会组织的资源和财产只用来实现它的使命。保证捐赠者的意愿受到尊重<br>• 保证有充足的资源完成社会组织的使命 | • 在实现目标和执行组织的使命方面,对工作人员和工作加以指导<br>• 有责任执行策略,把使命变成现实<br>• 最高执行长官聘用其他的管理人员和工作人员<br><br>• 遵循并贯彻理事会为组织制定的政策<br>• 设计并落实必要的机制,向理事会提供定期的、及时的、准确的报告<br>• 在管理组织时遵循国家、地区和地方的法律<br>• 合理地管理资源和财产,把资源和财产用在预期的目的上<br>• 有责任执行必要的策略,筹集所需的资源(资金、员工、志愿人员等) |

### （三）什么是好的治理

社会组织为了实现使命和目标，需要建立一套既分权又能相互制衡的制度。那么什么是"好的治理"？"好的治理"一般指分享决策的权力，以便权力和资源不会集中在一个人或单个团体手中。在社会组织中，好的治理建立在相互制衡的内部系统上，能够将管理者和治理主体的权力分离，从而确保组织为公共利益服务。中欧和东欧的非营利组织治理事务委员会则将"好的治理"定义为：一个透明的决策过程，在该过程中，非营利组织的领导在共同的价值观基础上，以高效而可问责的方式分配资源，行使权力。

好的治理应遵循以下几个原则：

1. 回避原则

为使决策更加民主，更能保护和平衡各方利益，在吸纳理事会/监事会成员时，应注意理事会/监事会成员个人利益不应当与社会组织利益有潜在冲突，并且理事会/监事会成员清楚并承诺个人利益不应当与组织利益产生重大冲突。理事会与监事会成员应该注意以下三点：

（1）在进行服务活动或者工作往来时，有利益关系的理事会成员、员工或者其他人员不能参与相关决策。

（2）相关的服务活动或工作往来应该符合组织的最大利益。

（3）理事遇到个人利益与组织利益相关联时，不得参与相关事宜的决策。理事、监事及其近亲属不得与其所在的组织有任何交易行为。

2. 可问责原则

社会组织内部运行的机制具有有效的问责性。这是组织运用合理的系统、机制和程序来充分解释其运用资源的能力。这意味着理事会和管理层需要就他们的职责和权力、财务运行状况、决策行为以及承担失职的责任这些问题对利益相关者做出回应。

3. 透明原则

外界人士能够容易地对社会组织的行为、经济以及非财务状况等方面进行有效的分析。透明性能够使得利益相关者和员工获得揭露滥用职权和保护自身利益十分重要的信息。透明的系统具有清晰的公共决策程序，并可以获得公开的沟通渠道和广泛的信息。

### （四）社会组织为什么需要好的治理

社会组织是不以营利为目的，不以政府财政预算为主要资金来源，为社会提供公益性或互益性服务，且能够独立运行的正式的社会组织。社会组织为什么需要好的治理？

首先，好的治理可以帮助社会组织提高运行效率。社会组织虽然并不以营利为目的，但它们的社会行为仍然要耗费社会资源，仍然应讲求成本收益（尽管这种收益可能难以用现行货币价值标准计量），因而有必要寻求针对社会组织的高效的治理。好的领导与好的治理，可以使理事会有效地做出决策，并且可以使社会组织充分利用其内部与外部的各种积极因素，有力执行任务，从而提高组织运作的效率。

其次，好的治理有助于社会组织获得更多的资源。社会组织的资源无论来自捐赠者还是纳税人，都不归自己所有，社会组织的理事们只是这些资金的看管人而已。所以，社会组织要有非常强烈的问责性机制——问责它的使命、产出、资源配置，它们的有效性和效率，需要非常明确它们的责任。它们需要有效的、强有力的治理和清晰的治理结构。只有构建一套有效的社会组织的治理机制，才能提高社会组织的公信力，从而获得广泛而可持续的资源。

再次，好的治理可以帮助社会组织更有效地实现使命。社会组织是为其使命而存在的。好的治理可以确保组织践行使命，达成目标，通过提高机构运作效率，获得公众的认可，从而获得更多资源，最终实现其使命。如果治理不善，则会使组织运行偏离使命方向，辜负社会公众的信任和支持。

最后，好的治理能够避免组织和事业无法可持续发展的问题。一些社会组织是凭借领导人或创始人的个人魅力，或者是领袖魅力，或者是凭着个人的信仰支撑组织的，但是一旦这些人退休了或者离开了，组织和事业能否持续就成了问题。

综上所述,社会组织拥有好的治理,能够通过内部权力的制衡使得决策透明、科学和有效,从而提高组织的公信力和运营管理的有效性,获得内外部支持,从而更有效实现组织的使命,促进组织持续、健康的发展。

### (五) 中国社会组织治理的挑战

1. 使命缺失或使命不起作用

社会组织的经营管理没有"利润"底线,需要依靠使命的凝聚和引导,通过其所具有的反映社会和公众需求的"使命"来获得社会方方面面的信任和支持,来赢得存在的理由。德鲁克指出"非营利组织是为使命而存在的"。在治理问题上,首先必须明确社会组织的使命。社会组织的使命不仅决定着组织的性质和目的,更是组织治理成功的基石。

由于中国的社会组织有些是由业务主管部门发起成立的,存在"政社不分"现象。有的社会组织创办组织的目的不清,动机不纯,这些组织往往"使命缺失"或没有使命;有的社会组织虽然有使命,但是有的组织的使命太长、太笼统,有的使命就是一句口号,不能让人们理解组织是为什么存在的,要的结果是什么;也有的组织的使命是少数领导人想出来的,组织成员不了解、不认可,没有起到作用。

如果社会组织没有使命或者使命不起作用,那么组织的发展就没有方向,组织存在的合理性和合法性就受到严重质疑,一方面无法获得社会方方面面的理解和支持,另一方面也无法使组织成员对使命有切实的理解和认同感。确立清晰的使命是社会组织治理的一项重要而紧迫任务。

2. 理事会形同虚设,不起作用

在我国,很多社会组织为了满足注册登记的需要,在形式上设立了理事会,但理事会制度只是停留在组织章程层面上,并没有在组织的日常运作中发挥作用,理事会形同虚设,不起作用情况非常普遍。

组织的决策权力大量集中在少数个人手中,个人化控制的情况比较明显。这些具有"英雄"色彩的个人往往是组织的创始人,或曾经在组织的重大事件或危机中发挥过关键作用,从而在组织内享有很高威望。这种个人英雄主义的治理模式在中国社会组织发展的早期阶段曾经起到过一些有效的作用,但从组织生命周期来看,却是长远发展的潜在不利因素。

理事会制度的核心在于建立一种有效的监督和制约机制,以保证组织的公信力和使命的达成。而在个人英雄主义的治理模式中,个人的权力没有受到有效约束,一旦个人决策失误或者品行上出现问题,会对组织产生不良的影响和后果。

3. 缺乏有效制衡

社会组织的治理是要在制度层面确立理事会和执行层权力分立的治理模式,理事会是决策机构,对执行层起着支配作用,执行层受理事会委托负责组织的日常管理,对理事会负责。但在实际运作中,理事会与执行层的权责关系并不清楚,在很多社会组织中,虽然从正式职位上看,理事长和执行长是分立的,但事实上理事长充当着理事长兼执行长的角色,大量权力集中在理事长手中,理事长既负责理事会,制定组织发展的宏观战略问题,又具体负责组织的日常管理,既是政策制定者又是执行者。

理事长过多卷入组织的日常事务,往往很难有足够的时间和精力去思考组织发展的宏观战略问题。理事长充任执行长的角色,缺乏必要的分权,也让秘书长成为更低层次的执行人员,而不是章程赋予的首席执行官角色,不能形成对执行层的有效激励,进而影响组织的灵活性和回应性,也更容易使组织陷入个人化控制的状态。

此外,监事会是社会组织内部治理的重要机制,根本目的在于对理事会和管理层的权力形成有效的监督与制约。但从目前我国社会组织的实际运作来看,情况并不理想。监事会的主要问题表现在监督的有效性方面。一是监事没有了解足够的组织运作信息,难以做出判断;二是监事缺乏财务、法律等方面的专业知识和技能,使得监督过程流于形式;三是监事、监事会的活动受到理事会或理事长的控制,不具有独立性。监事会形同虚设,不能有效发挥作用。在外部制度环境对社会组织监管不力的情况下,监事会(或监事)的缺位使得理事会或领导人的权力过大,缺乏有效监督,不能及时发现和纠正组织运行中存在的问题,影响社会组织的健康发展。

4. 信息披露不够

社会组织治理的一个重要方面就是要做到公开、透明，特别是相关信息的公开。因为只有公开透明，才能让社会公众更好地了解和监督社会组织。目前，中国社会组织在信息披露方面总体上来讲是做得不够的。通过对社会组织财务报告状况的一项调查发现，缺乏外部审计的社会组织高达60％以上。社会组织对外提供的财务信息较少，其服务的数量和质量如何、员工的收入情况、组织的财务收支情况等基本处于封闭状态。大量的财务数据、财务报告和分析以内部文件的形式出现而未被公开发布，降低了财务透明度。不要说一些初创的社会组织，就是一些创办时间较长、比较有社会影响力的社会组织也存在信息披露不充分、不规范的问题。据基金会中心对我国基金会信息披露的调查，平均得分不到60分。当然，这和目前法律法规不健全有一定的关系。

## 二、社会组织的治理结构

明确、科学的社会组织的治理结构是有效治理的前提。虽然在不同的阶段，社会组织的治理结构有所不同，然而典型的国际标准的非营利组织（无论规模多大）的治理结构基本架构如图3-1所示。这个组织机构图明确地表示了它们自身的主要职能和关系。

我国社会组织治理结构的基本框架具有以下特征：

一是社会组织治理结构是实现组织目标的一种制度安排，其基本框架的构建是以实现组织目标为前提的，即促使组织完成社会公益使命、承担社会责任。

二是治理结构的基本框架由组织内部机制的设置和组织机构的规范两方面构成。组织内部机构包括权力机构（如会员大会，或会员代表大会）、决策机构（理事会）、执行管理机构以及监察机构。组织机构运行的规范除了四大机构之间应该形成权责明确、相互制约、运转协调和决策科学的统一机

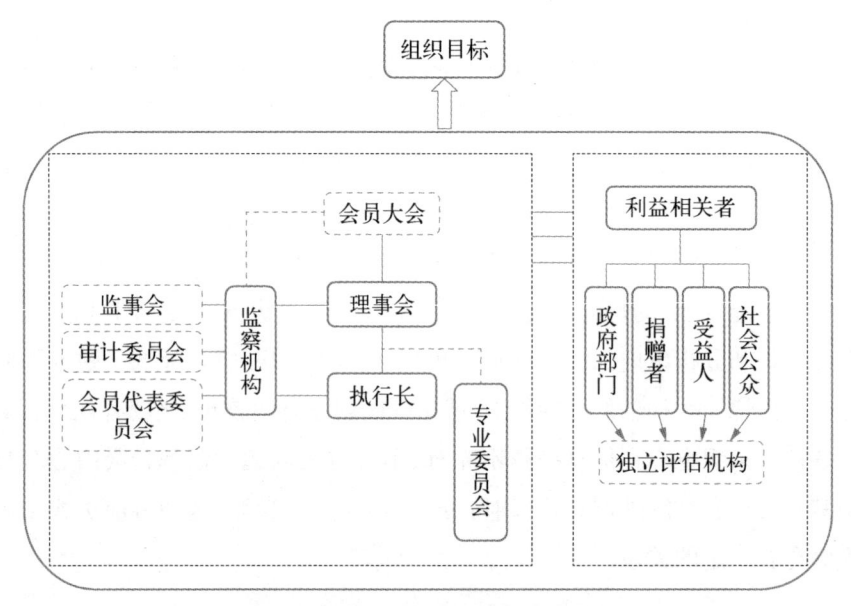

图 3-1　国际通行的非营利组织机构

制外，外部的利益相关者起到重要的监督作用。外部利益相关者主要来自政府部门、捐赠人、受益人和社会公众，他们通过建立独立的评估机构来代表行使监督职能。

三是对于没有会员的基金会、社会服务机构，不存在作为权力机构的会员大会，其权力职能主要由理事行使；对于规模较大的组织，在决策机构下面还可以设置若干专业委员会，以提高决策的效率和效果；对于监察机构，不同类型以及不同规模的社会组织有不同的具体设置，如基金会、社会服务机构设有监事会以及审计委员会，而社会团体一般设有会员代表委员会。

由于利益相关者具有不确定性，需要有一个固定的机构来代表行使监督职能，这一机构通常为独立评估机构。

理事会治理结构是中国社会组织实行法治的工具。国外非营利组织普遍采用理事会制度作为自身的治理机制。在中国，社会组织在这方面面临着巨大的挑战。很多组织在创办初期，创办人集决策与执行于一身，没有健全的管理和治理机制，组织的兴衰在很大程度上依赖于个别人的献身精神与明智决策。长此以往,组织很难长期保持正确的发展方向。

我国社会组织的治理结构主要包括理事会、监事会、执行机构。

### (一) 理事会

我们倾向于在非营利领域使用"理事会"的概念而不是"董事会"。理事会是在法律上对一个组织负有监管责任的一群人。理事会通常由选举产生,是该组织的最高权力机构,拥有绝对的决策权。理事会的职责是监管这个组织。它要为组织制定前景、使命、价值观和政策,并确保得到很好地落实。此外,财务监督也是社会组织理事会的主要责任之一。在社会组织中,理事会对利益相关者,尤其是组织为之服务的当地社区负责。

一个理事会的理事要积极地履行自己的职责,就必须对社会组织的使命做出承诺,为达到社会组织的目标做出贡献,并具备一定的时间和资源来落实。那些关心社会组织,但因为工作太繁忙而无法积极地为理事会服务的有影响的企业家、专业人士或社会名流,可以在相关的顾问委员会或专业委员会中任职,代表社会组织开展工作,为组织服务。

社会组织在章程中规定了理事会在组织中应起的作用,而理事会的细则规定了理事会成员的组成、权利、义务和责任。理事在法律上有责任为组织制定政策,并监督这些政策的执行,确保组织的活动合法。理事通过选举或任命成为理事。理事的任期有一定的期限。在法律上理事有权利为理事会工作,除非根据理事会的细则被解职。理事如果在组织内不担任实职工作是不收任何报酬的。

### (二) 监事会

主要职能是:保障机构财务安全与透明;保障理事会职能的发挥。监事列席理事会会议,有权向理事会提出咨询和建议,并应当向登记管理机关、业务主管单位以及税务、会计主管部门反映情况。

一般来说,监事人员的资格条件与理事人选的资格条件基本相同。即是否具备民事行为能力、是否具有良好的品行和纪律、是否与组织存在较为清晰的关系。监事任期与理事相同,期满可以连任。规模较小的社会组织至少要有一名监事。如监事三名以上可设监事会。

理事、理事的近亲家属、组织负责财务的领导人和财会人员不得兼任监事。

### (三) 专门委员会

主要负责对某些专门事项进行调查研究,形成议案,成为理事会决策的依据。专门委员会具有以下特点:委员会成员具有专业领域的经历和知识;他们为理事会提供信息、建议和指导,以便理解困难和复杂的问题。专业委员会不具有决策权。

### (四) 顾问委员会

其任务是给组织的正式成员,如理事或员工等补充专业知识和技术。顾问委员会有时也被称为"指导委员会"或"督导委员会"。顾问委员会的作用相当于理事会的一个委员会,对员工来说是个咨询小组。它可以因一个专门的目的而设置,用来协助理事会和员工的某项工作。例如,顾问委员会可以专门负责筹款、提供技术帮助、评估服务或项目的效果,或作为组织的发言人和公关代表。顾问委员会的职责是提供建议和为理事会及员工的决策提供相关信息,不具有决策权。

### (五) 常务委员会或执行委员会

理事会可以下设一个常委会或执委会,在不可能或没有必要召开全体理事会时代表理事会行使职权。设立常委会可以用来提高工作效率,但常委会绝不可以取代全体理事会。

在下列情况下需要设立常委会:

一是理事会庞大。在某些情况下一小部分人被授权代表理事会,可以提高做决策的效率。

二是理事分散在全国或全世界各地。在紧急情况下,一个核心小组聚集在一起要更容易些。

三是理事会需要定期采取某些行动或经常做出某些决定。一些财务或法律问题不需要全体理事开会讨论。必要时常委会就可以有效地兼顾理事会的工作。

需要注意的是,即使常委会可能被赋予一些特殊的决策权利,理事会全体会议应当在下一次会议上确认常委会所做出的决定。

### (六) 管理团队

管理团队是由社会组织的骨干员工组成的。在秘书长(总干事、主任)的领导下,管理团队负责落实理事会的决议,实现组织中的战略规划。管理团队负责管理组织的项目、财务、行政、资源开发、对外联络、宣传推广以及人力资源开发等,还要对整个组织、所有项目和所有员工的工作效绩进行评估。

## 三、理事会的职责

在社会组织中,理事会是组织的决策机构,是最终的最高权威。社会组织的理事会对于组织负有绝对的责任,确保组织有力、有效、合法完成组织的使命,达到组织的目标。理事会对管理部门实行监督,使其对组织的良好运作负责,并且保证组织作为一个整体具有透明度,对组织主要利益相关者负责。

### (一) 理事会的法定职责

在国际上,普遍认为社会组织的理事会有三项法定职责,即关注、忠诚和服从。

"关注"的职责是指理事会要尽职地监管组织的财务和关注其管理行为。要求理事准时出席会议;认真阅读理事会材料,积极发表意见;监督项目的有效性和财务状况;认真审查需要理事会采取行动的有关事务的信息;理解为采取行动向理事会提供的信息;严谨地管理组织的资产。

"忠诚"的职责是指在做出影响社会组织的决定时,对组织表示绝对忠诚的责任。理事会成员必须将组织的利益置于个人经济利益之上,也要置于可能与他有关联的其他组织的利益之上。与"忠诚"概念相关的一个概念是"利益冲突"。当理事会投票决定是否应该与一家公司签订合同,而恰恰有理事会成员就是拥有这家公司的人时,就可能产生利益冲突。管理有效的理事会要制定处理利益冲突的政策,明文规定应遵循的程序,严格禁止组织的任何一个理事会成员和组织官员从组织资金中不合理地获利。

"服从"的职责要求理事会确保组织遵守国家法律法规、组织的章程和制定的政策。同时,理事会的任何决策和采取的任何行为必须与组织的使命及政府文件相符。

### (二) 理事会的功能性职责

法律规定的主要是社会组织的理事会不能做的事情,不关注组织的使命。那么,社会组织的理事会到底应该做什么呢?这就是社会组织理事会的功能性职责。许多专家以列表的形式为我们提供了有关理事会功能性职责的范畴。虽然专家对理事会功能性职责有哪几项的认识有所不同,但在关于理事会应该具有的职责方面大多数列表内容是十分相似的。以下十项功能性职责是大多数理事会的职责中所共有的。

1. 确定组织的使命、愿景以及价值观。使命、愿景以及价值观决定组织的方向和整体目标。使命回答了组织存在的理由和目的,表明组织追求的结果和对社会的贡献。组织的使命要由全体人员共同讨论决定,但是理事会有责任审查并批准这些文件。

2. 任命首席执行官。选择最高执行长官对组织的成功影响很大。理事会应当为最高执行长官制定任期内的目标和重点工作,为其制定薪酬级别。

3. 财务监督。理事会要制定目标,批准年度预算;确保组织具有适当的内部控制系统,来监督财务、项目以及工作人员的表现,确保他们遵守既定的方针,取得预期的成果;审查财务和运作报告;确保理事会成员明确组织重要的衡量标准;确保组织有相关的、及时更新的政策,以便指导管理部门的决策和日常工作。

4. 筹集资源。理事会成员负有筹款的任务,他们或者直接捐助经费给组织,或者致力于寻找财源,或者为组织建立良好的社会资源网络,使之能够获得充裕的经费开展活动。

5. 保证组织守法,道德诚信,维系组织的公信力。每一位理事都要代表组织与外界保持良好的沟通,尽力提高组织的公信度和公众形象,并为组织宣传和辩护。

6. 确保有效的组织规划。理事会应该负责制定社会组织发展的战略规划,或者对管理层提出的战略规划进行研讨和审核,最终确定组织发展的战略规划。关注于长期发展战略,执行相关的重大决策,是理事会肩负的关键性职能。

7. 招收新的理事会成员,提供培训,评估理事会的绩效。

8. 监督和提高组织的形象和声誉。从某种意义上讲,非营利组织比营利组织更重视公众关系的改善与协调,尤其是当相当多的公众本身就是非营利组织的服务对象时。每一位理事都要代表组织与外界保持良好的沟通,尽力提高组织的公信度和公众形象,并为组织宣传和辩护。

9. 审批、监测并改进组织的项目和服务,保证其符合使命的范围之内并取得预期的结果。

10. 支持首席执行官的工作并评估其工作。理事会要为最高执行长制定战略的(长期的)和年度的运作目标。做好监督工作,需要的时候提供协助(反馈、建议、鼓励等)。每年至少做一次正式的最高执行长的工作考核。

### (三) 理事会各负责人的职责

1. 理事长

根据我国的特定环境和条件,社会组织理事会的理事长一般由创办人或主要出资人出任。他/她作为理事一员,同时领导其他理事;对外是理事会的象征,是理事会的发言人。

——主持理事会会议;

——同外界领导人联络的主要联系人;

——对监督执行主任的工作负主要责任;

——激励并要求其他理事对理事会负相应责任。

2. 副理事长

——在理事长缺席时代理理事长的职能;

——理事长可能给其分配具体分管职能。

3. 理事会秘书

——管理和保管理事会档案;

——理事会开会时做记录或负责记录。

### (四)理事会和执行长的关系

在社会组织中,理事会制度的有效推行和贯彻,需要有一位优秀的执行长(或称秘书长、总干事、主任)。执行长是社会组织领导的核心人物,是行政主管和日常负责人,理事会的上述职能是否能够有效发挥,在很大程度上取决于执行长的作为。

执行长的主要职责包括以下七个方面:

——确保战略计划和财务计划的落实,并定期审核,每年进行更新;

——确保人力资源发展计划实施,通过理事会审核并每年进行更新;

——确保理事会,尤其是理事长保持对影响组织环境的认识上的更新;

——建立高效的有执行力的管理团队;

——确保所有必要的政策和程序能够得到发展,获得理事会的核准以及有效运用;

——促进公众对组织的理解,扮演组织的代言人;

——保持与利益相关者的良好沟通。

理事会和执行长的关系是影响理事会作用发挥的重要因素。在治理结构清晰的社会组织中,理事会与执行长的分工明确,分权清晰。通常,理事会行使治理职能,而执行长行使管理职能(见表3-2)。

表3-2 理事会和执行长的关系

| | 理事会 | 执行长 |
|---|---|---|
| 发展决策 | 决策 | 组织实施、执行理事会的各项决议 |
| 发展规划 | 审议 | 起草战略规划 |
| 工作计划 | 审议 | 拟定年度计划、预算 |
| 团　　队 | 支持 | 组建秘书处及执行团队 |

理事会是治理,不是管理。理事会应做好其职责范围内的事务,不要事无巨细地过度干涉管理层的事务,不要越过执行长直接指挥员工。理事听到员工的意见和建议时,首先需要与执行长协商,保证执行长有权管理社会组织的日常运作而不受干涉。

## 四、理事的职责

著名管理大师彼得·德鲁克指出:非营利组织的理事会如果管理得当,它将是一个巨大的资源。在一家社会组织中担任理事,既是一种荣誉,也是一种责任。理事会成员有四项职能:

——监管者(Governor):监管着这个组织机构,保证组织的使命、公信力和遵纪守法。

——捐助者(Sponsor):为机构筹集资金,要带头捐赠。

——大使(Ambassador):对外诠释组织的使命,保护组织,代表和维护组织的良好社会形象。

——顾问(Consultant):用自己的专业知识和专业技能为组织服务。

作为社会组织的理事,主要的职责在于确保组织在遵从使命和遵纪守法的前提下,能够持续发展下去,具体体现在以下十个方面:

——了解组织的使命、业务范围、服务内容和项目；

——参加理事和组织的相关活动；

——如果能力许可，个人向组织捐款；

——在你的影响范围内，做一名组织的代言人；

——参与理事会的讨论和决策，向管理部门和理事会贡献你的经验和专长；

——支持理事会的决定；

——不直接指导组织日常工作或干涉对员工的管理；

——遵守利益冲突和保密政策的相关规则；

——帮助理事会行使受托责任，例如审议机构年度财务报告；

——向理事会推荐能够为理事会和组织做出贡献的合适人选。

理事会需要对理事进行必要的培训，使理事明确自己的职责，更好地发挥作用。理事如果在社会组织不担任实职性的工作是不受薪的。

## 五、理事会成员的素质、构成、规模和任期

### (一) 理事个人应具备的素质

1. 能力：倾听、分析、思维清晰、创造性思考、团队合作能力。

2. 态度：愿意参加理事会和相关活动；在会议上能积极发表意见，参加讨论；对安排给自己的工作愿意承担责任并坚持完成；根据个人情况慷慨地向组织贡献自己的时间、精力和金钱；在社会上宣传该组织。

3. 如果不具备某些技能，愿意学习这些技能，学习更多关于组织业务领域的相关专业知识。

4. 具备以下素质：诚实、包容性、能了解并接受不同观点、友好、公正积极处理问题、耐心、开拓社区的技能、正直、有成熟的价值观、关心所在社会组织的发展。

## （二）理事的构成要多样化

为了使理事会有效发挥治理功能，社会组织在建立理事会和招募理事会成员时，要尽可能考虑理事会成员构成的多样化，招募具有不同专业技能和不同背景的理事。要避免招募的理事都是创办人的朋友，或者完全是意见一致的人。一般来说，一个理想的理事会应尽可能包括具有以下专业技能和背景的理事成员。

1. 财务知识/专长；
2. 筹款拓展能力；
3. 发展志愿人员的专长；
4. 商业上的才智、管理才能；
5. 与政府相关部门人员的联系；
6. 推广、公关和交流能力；
7. 政治见识、对于政府/立法机构/司法部门的了解；
8. 与该组织的业务领域相关的专业知识和经验（比如，医疗/健康事业、心理咨询等）；
9. 慈善公益和社会组织领域的知识/专长；
10. 创业精神；
11. 知名度。

## （三）理事会规模及任期

社会组织的规模大小和行业性质的不同，其理事会人数会有所差别，成员为5—25人，且为单数。一般而言，小规模的社会组织倾向于有一个联系紧密的小型理事会，其成员通常少于10人。规模较大的社会组织的理事可以多一点，具体人数：法律有规定的，按照法律规定办；法律没有规定的，根据有助于理事会有效决策和有效运作的原则决定。为防止理事会形同虚设，使理事能充分表达自己的意见，理事会的规模不宜过大。一项对美国214个非营利组织的调查显示，大多数有效理事会的规模为10—20人。

理事会的任期由章程规定，不同的组织规定的任期有所不同。通常每届任期最长不得超过 5 年，理事任期届满，可以连选连任。

## 六、高效社会组织理事会的原则和实践

中国的社会组织总体而言，还处于起步阶段，内部治理相对比较薄弱，缺乏较为成功的经验和案例。我们需要了解和学习国际上非营利组织理事会建设的经验。2005 年，美国"理事会资源（Board Source）"组织专家，经过深入研究，总结了"12 项打造非凡理事会的管理原则"。专家们一致认为，社会组织的理事会应该遵循以下原则，以提高有效性。

1. 建设性的伙伴关系：非凡的理事会与首席执行官建立建设性的伙伴关系，从而对组织进行治理，并认识到理事的有效性和首席执行官的有效性是相互依赖的。

2. 使命驱动：非凡的理事会塑造并支持使命，明确表达其引人注目的愿景，并确保决策和核心价值观一致。

3. 战略性思维：非凡的理事会分配时间来处理最重要的事务，并不断使用战略性思维来锤炼组织的方向。

4. 质询的文化氛围：非凡的理事会使质询的文化氛围、相互尊重和具有建设性的讨论制度化，从而带来合理的、共享的决策过程。

5. 独立思考：非凡的理事会应该能够独立思考。在做决策时，理事会成员把组织的利益置于其他一切利益之上。

6. 透明的风气：非凡的理事会通过确保捐助者、利益相关者和利益相关者的公众成员能够获得适当和准确的有关财务、操作和结果的信息，来促进透明的风气。

7. 遵守诚信：非凡的理事会通过建立适当的积极监督机制，来促进强有力的道德价值观和严格的服从。

8. 维持资源：非凡的理事会将雄才大略与财政支持、专业知识和有影

响力网络联系起来。

9. 结果导向：非凡的理事会是以结果为导向的。他们会确保组织朝实现使命的方向发展，并评估主要项目和服务的绩效。

10. 有计划的理事会实践：非凡的理事会有计划、有系统地组织，来完成必要的管理职责、支持组织优先事务。

11. 持续学习：非凡的理事会具有持续了解组织，评估其自身表现和评价其为组织带来的价值的品质。

12. 新生：非凡的理事会通过有计划地变更人员、经过深思熟虑的人才招聘和包容性使自身充满活力。

"12项打造非凡理事会的管理原则"是开发这些管理原则的杰出专家们的共识，也为中国社会组织如何建立高效理事会提供了很有价值的指导意见。由于这12项管理原则是一种对于实践经验的总结，中国社会组织要结合自身的实际情况加以运用，努力打造高效理事会，使其更好地发挥作用。

> **思考题**
>
> 1. 什么是治理？
> 2. 治理和管理有哪些区别？
> 3. 中国社会组织治理的主要挑战有哪些？
> 4. 有效治理的架构是怎样的？
> 5. 理事会的职责有哪些？
> 6. 理事的职责有哪些？
> 7. 你们机构理事会的规模和结构是否合理？是否需要调整？如何调整？

# 第四讲　如何做公益项目

　　项目是社会组织的产品和服务，项目对社会组织来说非常重要。满足需求、完成使命靠项目，筹资靠项目，培养机构、培育人靠项目。项目开发和实施的能力是社会组织最基本、最重要的一种能力。为了使大家更好地了解什么是项目、如何在需求调研的基础上开发项目、如何通过一个项目去筹资、如何有效地实施项目、如何通过一个项目不断地创新，和大家分享一个我们做过的项目——"万名农民工绿色网上行"。这个项目曾在 2010 年获得过"芯世界"公益创新奖的一等奖，2013 年被评为上海十大慈善品牌项目优秀奖。

## 一、以需求为导向精心设计项目

　　上海市慈善教育培训中心（以下简称"中心"）成立于 1995 年 1 月 13 日。做公益项目一定要跟机构的使命相一致。中心的使命是"知识扶贫，助人发展"，因此，我们非常关注社会弱势群体在教育方面的需求和问题。

上海有四五百万农民工，他们为城市的建设和发展做出了巨大贡献。但是，他们在教育方面的一些需求没有得到满足，精神文化生活也比较贫乏。我们也注意到有些农民工晚上没事干，去了黑网吧，也出现了一些社会问题，因此，我们就想到了要做"万名农民工绿色网上行"这样一个项目，让农民工有机会学电脑、学上网，提高他们的技能和素质，缩小"数字鸿沟"，让他们享受信息化带来的好处。

项目的受益人是18—50岁的、在上海工作的、有学习愿望的农民工。上海有几百万农民工，他们的需求很多，一个项目不可能满足他们很多的需求，这个项目只是满足他们学电脑、学上网的这种需求。这里要特别提醒的是：如果对一个很庞大的群体做项目的话，一般来说一个项目就解决一个问题，服务一类对象，满足一种需要，取得一个结果，千万不要面面俱到。

## 二、科学设定项目目标

项目和活动最大的区别就是项目一定要有目标，有成果，要给服务对象带来受益和改变。所以，做项目一定要有目标，目标就是项目的成果。我们在设计"万名农民工绿色网上行"这个项目时，确定了四个具体目标和相应的评估指标。

1. 培训1万名有学习需求及具备一定学习能力的来沪农民工，使其学会使用电脑和上网。评估指标：考核率达到100%。

2. 学员使用"公益卡"。我们给每位考试合格的学生发一张公益卡，凭这张卡他们可以一年免费上网。评估指标：公益卡的开卡率达到70%。

3. 学员使用了网络。评估指标：学员的平均上网时间3个月不少于3个小时。

4. 培训使学生受益。除了上面三个定量的目标之外，我们还希望通过培训能够使学员受益。评估指标：通过项目网站的总点击量和学员培训以后的小结来体现这个培训对他们的帮助和效果。

可以看到，如果一个项目有了非常明确、具体、可量化的目标，这个项目还没有做,但已经很清楚知道了项目的成果是什么。整个项目计划,所提供的服务和开展的活动,都要紧紧围绕项目目标来确定。

## 三、确定和获取实施项目的资源

做项目是要有资源的,资源有五种:人、财、物、时间、信息。时间和信息是两种非常重要的资源。在设计项目的时候就要了解和确定实施这个项目到底需要哪些资源并且要能够获取这些资源。大家想一想,要对 1 万名农民工培训电脑,如果在上海投资建一个电脑中心,这个可能行不通。一来投入较大;二来农民工分布在上海四面八方,如果路很远、不方便,即使免费,他们也不一定会来。所以,我们在设计这个项目的时候就考虑,能不能利用现有的社会资源来开展这个项目。我们在调研中发现,上海有一个资源是可以利用的,上海市政府为了推动上海成为智慧城市,在全市建立了 300 多家东方社区信息苑。这些社区信息苑的条件不错,有 100 多平方米,有 30—40 台电脑,可以在里面开展电脑培训和上网。更主要的是社区信息苑的分布非常好,遍布上海的四面八方,非常方便学员就近参加培训。我们在调研的时候还发现,社区信息苑过去只是对上海居民开放,农民工没有上海户口,不是它的服务对象。而现在上海家庭有电脑的越来越多,所以,也造成了有些社区信息苑的资源没有被充分利用。我们希望和东方社区信息苑合作,共同实施这个项目。

那么,如果东方社区信息苑参与这个项目,对它有哪些好处呢?第一,这是一个公益项目,可以提高东方社区信息苑的知名度、美誉度和社会影响力;第二,可以让东方社区信息苑的资源得到充分利用;第三,这个项目有一定的资金,他们的老师能得到学习和锻炼的机会,也可以适当增加一些收入。所以,我们和东方社区信息苑领导沟通后一拍即合,他们同意合作,共同实施这个公益项目。

开展项目要和别的机构合作,或者要从别人那里等到一些支持和资源,非常重要的一点就是一定要做到将心比心、换位思考。我们一定要了解合作伙伴有什么需求，只有了解和满足了他们的需求，才有可能得到他们的支持。

解决了场地之后还要解决资金，需要筹资。要想成功筹资，必须找到合适的资助方，也就是我们项目的服务领域和服务对象一定要和资助方所关注的领域和对象相一致。我们上海市慈善教育培训中心有一个非常重要的资助方就是汇丰银行，它们从1999年开始就支持我们的慈善教育。汇丰银行非常关注教育培训，关注对农民工的知识扶贫，我们这个项目完全符合汇丰的要求，而且是一个创新的项目，所以得到了汇丰的同意和支持。汇丰银行按照每个人78元的标准资助，1万人就是78万元，另外还按照8%的比例配给了6万元工作经费，这个项目汇丰给我们资助了84万元。

## 四、组建高效的项目团队

这个项目是由两家机构共同实施的，每家机构各出两个人组成了项目团队。我们机构是由我和项目部主任汤银兰老师，东方社区信息苑是由郝经理加上助手小陈，我们四个人组成了一个项目团队。

一个理想的团队有几个特点：

第一，要有合适的人组成，另外，这个项目团队可以是虚拟的。什么叫虚拟？虚拟就是它是一个团队，但不是正式的，我们的项目团队既不属于上海市慈善教育培训中心，又不属于东方社区信息苑。这种虚拟组织是组织创新的一种形式。它的好处是可以根据项目需要找到最合适的人；又很灵活，项目大，人多一点；项目小，人少一点；项目结束，团队就解散了。为什么我想给大家特别讲这一点呢？因为现在有些社会组织有了项目，就去招人，而且要招正式的员工。如有需要，可以这样做。问题是能不能招到合适的人，如果招到一个合适的人，万一这个项目结束后没有新项目的话，机构就有用人成本的压力。我的体会是，在招人的时候可以招专职的，也可以招退休后返聘的，也可以和其他机构的成员一起成立项目团队。

第二,要承诺为项目目标而奋斗。要找那些认同机构使命和价值观的伙伴作为项目团队的成员。

第三,团队成员要相互信任和尊重。这是充分发挥团队作用的重要保证,特别是和外部机构合作时,信任和尊重可以产生动力和凝聚力。

第四,要优势互补。这是团队成功的非常重要因素。德鲁克指出:为了满足需求,必须坚持两个原则:一是要充分发挥自身的优势,二是要充分发挥合作伙伴的优势。这两个原则对于社会组织来说非常重要。以"万名农民工绿色网上行"项目为例,我们机构的优势是能够开发项目,筹措资金,进行管理指导,但是缺师资、缺计算机、缺场地,光靠我们自己是没法开展这个项目的。东方社区信息苑的优势是有场地,有设备,有老师,有招生和培训能力,但没有资金。现在把双方的优势一整合,这个项目就做成功了。我在实践中总结了一个公式,就是1+1=成功。德鲁克关于发挥优势、满足需求的两个原则对社会组织非常重要,做项目时要充分发挥自身的优势,然后再找到一个合作伙伴,用他们的优势来弥补自己的弱势,这样1+1就成功了,对提高满足需求的能力很有帮助。

第五,团队成员要做到分工不分家。团队肯定有分工,没有分工就会职责不清。但是分工不能分家,大家都要对团队的业绩,对最终的结果负责。我们和东方社区信息苑建立了一个沟通机制,定期碰头、开会,发现问题,随时沟通,及时解决。

第六,团队成员要自我激励、庆祝胜利。

## 五、精心组织项目的实施

社会组织能拿到项目经费是一件很不容易、很开心的事情。但是,大家一定要认识到钱意味着责任,钱越多,责任越大。拿到钱以后,一定要精心组织项目的实施。这里讲的"精心"就是要认真、负责、细致、用心、一丝不苟。为什么我特别要加"精心"两个字?因为,现在有的社会组织申请项目资金的时候很起劲，很卖力，但是拿到钱以后松劲了，项目质量做得很差，效果不好。这点必须引起我们高度重视。

我们这个项目的周期是一年：从2008年8月到2009年7月，分成招生、培训、考核、后期服务四个阶段。我们举办了启动仪式，邀请了汇丰银行上海分行领导、市文明办领导、市信息办领导、市慈善基金会领导以及媒体记者参加，目的就是要宣传、要造势，使我们的项目能得到社会更多的关心和支持。

每个项目都有一定的风险，我们这个项目一个很大的风险就是学员流失。因为，农民工不稳定，今天在这里上班，明天可能换一个地方了。为了防止和减少学员的流失，我们采取了三个措施：第一，整个培训时间16个课时(两天)，短平快。但很灵活，可以集中两天，也可以两个一天或四个半天，学员通过考试就结束。第二，专门为农民工学员编写了一本教材，在教材上和学习包上印上汇丰的logo，进行必要的宣传。第三，每个班级安排一名班主任，加强服务和管理，减少学员流失。

东方信息社区苑负责招生、培训、考试，学生培训结束后就在计算机上考试，合格的就给颁发一张证书，证书上也印上汇丰的logo。我们给每个考试合格的学员发一张公益卡，学员凭公益卡一年之内免费上网，在公益卡上我们又印上汇丰的logo。我们还为这个项目专门建立了一个网站，学员可以利用这个网站学习知识，获取信息，同时也可进一步扩大项目的宣传力度。

整个项目实行信息化管理，从学员报名、学员信息管理、物料管理、考试以及最后的评估全部是在网上完成的。信息化管理不仅降低成本、提高效率，而且做到公平、公开、公正，信息真实可靠，没法造假。

## 六、做好项目评估

项目结束要做评估，评估的目的是考察当初设定的目标是否达成。如果一个项目没有明确的目标或者目标不合理、不科学，评估是没有意义的。

现在,在项目评估中存在的一个问题就是重事后的评估,而轻事前的评估。一个项目是不是好项目,有没有目标,目标是否合理,这些没有很好把关。结果造成一些不好的项目,没有目标的或目标不合理的项目也拿到了钱,但是最后做不下去,有的即使做了也达不到应有的效果。因此,制定项目计划时科学的确定项目目标非常重要。

"万名农民工绿色网上行"项目有四个具体目标,通过评估证明项目目标全部达到。第一,计划培训1万名学员学会电脑上网,实际上培训了11 620名学员,完成率达到116%,所以这个项目的性价比还是很高的,超出资助方的期望。第二,公益卡的开卡率计划是70%,实际上达到了100%,说明这张卡是学员需要的,有价值的,他们也使用了。第三,上网时间计划是3个月不少于3小时,实际上学员平均达到53.37小时。第四,从网站的浏览情况来看,总点击量达到1 597 198次,日均页面点击率是5 916,日均IP访问量是834,说明学员也利用了这个网站。第五,我们要求每个学员写一份小结,从小结里也看到了项目给学员带来的收益和变化。通过培训,有的学员找到了工作,有的增加了收入,有的学到了知识和技术,这些都是培训给学员带来的价值。给大家一个建议,做公益项目,只要服务对象有写字能力的,项目结束后最好请他写一份心得体会,这可以在一定程度上反映学员的收获和成果。

## 七、重视项目的创新

创新是为了更好地满足客户需求,提高客户的满意度。我们项目的创新主要体现在这几个方面。

1. 项目创新。这是我们自己自主开发的一个新的项目。

2. 项目实施方式的创新。项目不是由我们一家机构自己做,而是跟东方社区信息苑合作,整合资源,发挥各自优势来实施项目。

3. 组织创新。我们两家机构各出了两个人,成立了项目团队,以虚拟组织的形式具体负责项目的实施。

4. 资金来源渠道的创新。这个项目在汇丰银行资助了两期结束后，我们又向上海市慈善基金会申请经费。在上海市慈善基金会的资助下，从2014年到2020年又做了6年，使项目得以持续开展。

当时关心农民工正好是社会热点问题，媒体对项目进行了大量报道，扩大了项目的社会影响力。据不完全统计，有20多家媒体40多篇/次的报道；在谷歌上搜索"万名农民工绿色网上行"这个项目，有近10万个链接。

## 八、重视项目的可持续性

第一，项目的可持续性最重要的是一定要有需求。上海有几百万农民工，只培训了1万人，只要有经费，这个项目是可以持续下去的。

第二，我们有了团队和经验，可以继续实施这样的项目。

第三，从资金的角度，一方面可以继续向汇丰申请，也可以向其他关注农民工学电脑、用电脑的资助方提出申请。给大家一个提示，在写项目申请书中的"项目可持续性"时，只要写两句话：(1)这个项目还有很大的需求，可以继续开展下去。(2)我们可以继续提出申请经费，也可以向其他关注此项目的资助方提出申请。这两句话表明项目是可持续的。

第四，我们可以通过这个项目的成功模式，开发新的公益项目。通过大数据的统计，发现90%以上学员都在45岁以下，后来我们又开发了"新生代农民工绿色网上行"项目，把服务对象年龄降低到45岁以下，又向汇丰提出申请。汇丰同意继续资助，再培训1万人，从2012年1月1日到12月31日我们实施了"新生代农民工绿色网上行"项目。

但是汇丰也很明确地告诉我们，这期培训结束后不再资助这个项目了，希望我们能从其他渠道获得资金继续开展下去。为了继续得到汇丰的资助，就需要去开发新的项目。因此，在"新生代农民工绿色网上行"项目实施的过程中，我主动与汇丰进行沟通，了解他们对新项目的要求。正好2012

年 6 月汇丰银行慈善基金秘书长黄彬来到上海,在沟通中我了解到一个信息,国家银监会要求所有银行要对消费者进行金融教育,我就去了解汇丰银行是如何做的。我走进一家汇丰银行的分行,看见柜台上放着一些有关金融知识的小册子,但有没有人去拿,拿了以后看不看,看了以后效果如何,都不知道。于是,我们就开发"金融让生活更幸福"——万名进城务工人员金融教育项目。这个项目不但得到了汇丰的认可和 93.5 万元的资助,还得到了国家银监会消费者权益保护局和上海市银监局的肯定和支持。国家银监会消费者权益保护局是这个项目的指导单位,上海市银监局是项目的主办方之一,国家银监会消保局局长和上海市银监局局长亲自参加了项目的启动仪式。这样一个由社会组织开发的公益项目,变成了政府、企业、社会组织共同来实施的一个项目,大大提高了项目的社会影响力和知名度。

我们在成功实施"万名进城务工人员金融教育"项目的基础上,又先后开发和实施了"老年人金融教育"项目(2014 年、2015 年)、"青少年金融教育"项目(2016 年)、"大学生金融教育"项目(2017 年),分别得到了汇丰银行 114 万元、154 万元、120 万元和 125 万元的资助。

通过"万名农民工绿色网上行"项目的分享,大家可以看到,我在做这个项目以前没有钱、没有计算机、没有老师,什么都没有。但是,我有一个智慧的大脑,有创新和企业家精神。我能发现需求,能开发项目、能整合资源、能有效实施项目满足需求。我深刻体会到,做公益、做项目一定要有创新和企业家精神。做公益项目的逻辑和创业的逻辑一样,创业者的一个特点就是不受现有资源的限制,不是什么资源都准备好了才去创业的。创业者也是通过发现需求、通过整合利用资源达到满足需求的目的,企业家精神的实质就是把不可能变成可能。所以,做社会组织、做公益项目,同样需要创新和企业家精神。做项目的逻辑起点不是资金而是需求。

29 年的公益实践使我深深体会到:在 21 世纪,对任何组织和个人来说,一项极为重要的优势就是整合利用社会资源的能力。这种能力特别重要和宝贵。我们要树立"资源不求为我所有,但求为我所用"的新理念。一个社会组织的资源不仅在当地,而是在全国甚至全世界。市场无限大,看谁能力强,看谁本事大。

要把别人的资源为你所用,这就要求我们有使命、有公信力、有责任感、有很强的执行力,要能够进行有效的沟通,能够将心比心、换位思考,要能够做到合作多赢。因此,做公益项目的过程就是一个学习的过程、提升的过程、成长的过程、不断自我修炼的过程。

> **思考题**
>
> 1. 这一讲你学到的知识和重要观点有哪些?
> 2. 对你印象最深的是哪几点?
> 3. 对你和你的机构做公益项目有哪些启发和帮助?

# 第五讲　如何开发公益项目

## 一、公益项目的基本知识

### (一) 公益项目的含义

公益项目是指以社会效益为宗旨,一系列相互联系并相互作用的,为实现一个或几个特定目标的,有一定经费预算的,在特定的期限内完成的活动或工作。项目和活动最大的区别在于项目一定要有目标、有成果。为了实现目标,需要开展一系列的活动和服务。项目中有活动,但活动不是目的,活动是实现项目目标的手段。项目有预算、有一定的周期,项目目标要在这个周期内达成。

### (二) 公益项目的特点

公益项目有以下几个特点:
1. 非营利性、公益性。必须以社会效益为宗旨。
2. 有一个明确界定的目标。
3. 项目的执行、目标的达成要通过完成一系列相互关联的任务。项目中有活动,活动是达到项目目标的手段。

4. 有具体的时间计划。项目有一定的周期,一般是一年,也可以是几个月或几年。

5. 一次性。项目做得好,可以得到持续的资助;做不好,就会失去支持。

6. 组织的临时性和开放性。可以与外部的机构和人员合作,组建项目团队,采取虚拟组织的形式实施项目。

7. 不确定性。每个项目都会有风险,需要预估风险,制定应对风险的措施。

### (三) 公益项目的作用

项目对社会组织特别是对社会服务机构来讲非常重要。

第一,项目是完成组织使命的手段。上海市慈善教育培训中心 20 多年来就是通过实施一个又一个项目来落实"知识扶贫,助人发展"的使命的。

第二,项目是社会组织的产品和服务。一个企业如果没有好的产品是很难有竞争力的。同样一个社会组织没有好的项目,也很难有竞争力。

第三,项目是筹资的依据。没有好的项目很难筹到资金。现在有的社会组织表面上看是资金短缺,实际上是项目短缺。当然,项目短缺的背后是人才的短缺和能力的短缺。一个好的项目政府可以购买,社会可以捐赠,还可以有服务收入,对资金来源多元化非常有好处。

第四,项目是培养人、培养机构的有效载体。社会组织招人很难,人才光靠外部招聘难以解决,关键岗位的人和骨干需要自己培养。培育人的有效途径就是做有成果的项目。上海市慈善教育培训中心 20 多年来从小到大,不断发展,很重要的一点就是不断通过做有成果的项目培养一批稳定的中层骨干。

第五,树立党和政府的良好形象。通过项目做出成果,能够更好满足服务对象的需求,解决他们的问题,使他们有一种实实在在的获得感,他们一定会感谢党、感谢政府,有助于树立党和政府的良好形象。

上海市慈善教育培训中心成立以来坚持项目化运作,把项目当作龙头。机构有两句话:机构围着项目转,项目围着市场转。机构围着项目转,就是机构所有人都要为项目服务。直接做项目的人要为项目的服务对象(外部客户)服务,不是直接做项目的人(机构的领导、行政人员等)要为做项目的人(内部客户)服务。项目围着市场转,就是要根据需求的变化,通过不断创新,开发新的项目来满足变化的需求。

项目管理可以简单概括为四句话、32个字:了解需求,确定项目;目标导向,制定计划;获取资源,精心实施;过程监测,做好评估。

用图表示的话,项目管理有五个阶段(见图5-1)。

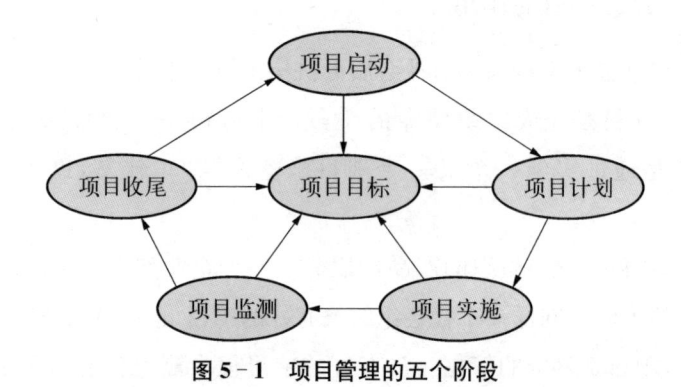

**图5-1 项目管理的五个阶段**

第一,项目启动阶段。通过需求调研产生项目的想法、创意。

第二,项目计划阶段。以目标导向制定项目计划。通过项目计划书和项目预算进行筹资,解决实施项目所需的资源。

第三,项目实施阶段。按照计划精心实施项目。

第四,项目监测阶段。在项目实施过程中做好项目监测,确保项目按照计划顺利实施。

第五,项目收尾阶段。项目结束后要做好项目的绩效评估和项目财务评估。完成项目的结题报告和财务决算报告。

请大家注意,项目管理的每个阶段都是围绕项目目标开展的。没有目标,项目就没有方向,没有成果。

## 二、以需求导向开发公益项目

### (一) 做项目就是做营销

需求导向是项目开发的核心。德鲁克在《非营利组织的管理》中讲到社会组织的营销战略时指出:"非营利组织需要市场知识,需要制定一个长期和短期目标的营销计划,需要承担起营销责任,需要严肃认真地满足客户需求。这不是说我们知道什么东西适合他们,而是要知道什么是他们认为有价值的东西,以及如何把这些东西送到客户手中。"德鲁克的这段话是我们开发公益项目的重要指导思想。有些社会组织好不容易开发了项目,也拿到了资金,但是在项目实施时却招不到人。也有的社会组织在做项目预算时要花钱买小奖品、小礼品。我问他们为什么买小奖品、小礼品,他们回答:没有小奖品、小礼品服务对象不来的。这里面存在一个问题:我们的项目是不是服务对象需要的?为什么如果没有小奖品、小礼品他们不愿意参加项目?这里面有两个非常重要的概念:一个是营销,一个是客户。做社会组织,开发项目,一定要有营销的概念、客户的概念。

什么是营销?营销不同于推销,营销跟推销的区别在于出发点不同。推销是从生产、从已有的产品、从我能做什么或我认为应该做什么出发,然后千方百计地把东西推销出去。营销是从需求出发,首先要了解客户的需求,然后根据客户需求,提供能满足客户需要的产品和服务。所以,营销和推销是两个不同的概念,两者的出发点完全不一样。现在很多社会组织是在做推销,而不是营销。

营销思维的本质是互利互惠和公平交易。比如,"万名农民工绿色网上行"这个项目,我们会做项目,但是没有资金,项目做不成。汇丰银行有钱,但它们不会做项目。汇丰给我们捐了 84 万元,使我们能实施这个项目,这就是互利互惠。同样,如果这个项目没有学员参加,项目就没有意义,机构也没有存在的价值。但是如果我们不做这个项目,学员也没有机会学电脑学上网。这个从学员需求出发的项目使学员学会了电脑和上网,受益了,我们机构因为实施了这个项目，体现了存在的价值，我们和学员也是互利互惠。

营销也是一种公平交易。"交易"是个中性词，捐赠也好、政府购买服务也好，实际是一种交易。交易什么东西？资助方和购买方是用钱和项目成果进行交易。汇丰银行为什么愿意捐给我们84万元，不是我们搞了多少活动，培训了多少人，而是要项目的成果，它是用84万元来买我们的成果的。因此，如果你希望别人捐赠或希望政府购买，一定要想清楚用什么成果跟他们交换。如果他们觉得我们拿出的东西不需要或者没有价值，是不会给我们资金的。

我们可以给营销下一个最简单的定义：寻找并满足需求。做公益项目，实际上就是在做营销。

德鲁克曾经讲过：企业的目的是创造客户。因为是创造客户，企业要有两个基本职能，第一是营销，第二是创新。我认为社会组织的目的也是创造客户，满足需求。社会组织同样要有营销和创新这两个基本职能。营销就是寻找并满足需求，做项目就是做营销。需求又是不断变化的，需要不断地创新，满足客户新的需求。社会组织同样需要营销和创新。

### （二）社会组织的三类客户

营销就是寻找并满足需求，满足谁的需求呢？当然是要满足客户的需求。那么谁是客户呢？很多人往往把客户仅仅理解为服务对象，这不够准确，我们对客户一定要有完整、准确的理解。

德鲁克指出："客户是指为了使组织得到结果必须让其满意的那些人。"比如，"万名农民工绿色网上行"项目要取的结果，要让哪些人满意？资助方汇丰银行要满意，合作伙伴东方社区信息苑要满意，服务对象学员要满意，机构的员工要满意，媒体要满意，这些都是我们的客户。

德鲁克还指出："客户是可以拒绝产品或服务的人。"大家千万不要以为有些公益项目是免费的，就一定会有人接受。如果这个项目他们不需要，或者认为没有价值，他们会拒绝的。有些公益项目之所以招不到人，原因就在这里。

社会组织和项目有三类客户：

第一类是主要客户。它是指通过组织的工作，通过我们的项目使其生活得以改善的人。主要客户还有两个同义词：服务对象、受益人，这都是同一个意思。

第二类是支持客户。它是指志愿者、会员、合作伙伴、资助方、政府、员工、社区、媒体和其他需要满足的人。

第三类是潜在客户。它是指需要某种服务，并渴望得到这种服务，但现在还没有成为服务对象的客户。比如，我们机构做再就业培训，以前的服务对象都是有上海户口的下岗失业人员。有一天，几个外来媳妇找到我们，也要求参加培训。外来媳妇就是嫁到上海的女性，大部分来自农村。由于上海户口政策很严，她们最长要15年才能拿到上海户口。很多外来媳妇到了上海没人管，缺乏技能，没有工作，家庭贫困。她们的诉求，表明她们也希望参加免费培训，实现就业。但由于没有上海户口，不能参加免费培训。

我们通过调研发现，上海的外来媳妇有12万—13万人，这是一个需要关注的弱势群体。在开市妇代会、市人代会时有代表写过提案，要求关心她们，解决她们的困难。2004年2月，我们通过对3个区6个街道3 000份问卷调查，开发并实施了"外来媳妇就业技能培训"项目，得到了上海市慈善基金会100万元的资助，我们做到60%以上的就业率。由于有促进就业的实际成果，我们又申请政府购买服务，得到了上海市劳动局的支持，他们共为项目买单1 000多万元。

潜在客户是项目创新的源泉，我们要把潜在客户的需求作为新项目的内容。

这三类客户对开发项目非常重要，现在的问题是很多人仅仅知道主要客户，而对支持客户、潜在客户不知道、不了解。所以，影响了项目的开发和实施。

1. 开发项目首先要正确确定主要客户

德鲁克指出："主要客户就是那些你的工作会直接改变他们生活的人。

要想让自己的工作更加有效，你就必须学会专注，这就意味着你要弄清楚谁是你的主要客户。总是为不同群体服务的组织通常会分散自己的精力，从而影响自己的表现。"正确确定主要客户就是要对服务对象进行细分，要加上必要的定语。

现在项目开发中普遍存在的一个问题就是主要客户太宽泛。比如，上海有一个助残项目，服务对象是街道的1 200名残障人士。我们知道残障人士有五类，他们的需求不一样，如果服务对象不加以区分，这个项目怎么做呢？当然如果满足1 200名服务对象的某一种共同需求，这是可以的。再比如，一个为老服务项目，它的主要客户是65岁以上的贫困的独居孤寡老人。这类老人中有的有生活自理能力，有的没有生活自理能力，他们的需求是不一样。所以，也必须细分。除非项目满足他们的共同需求。

凡是项目做得好的，有成效的，一定在项目开发设计时是对主要客户做了明确、清晰的界定。比如，上海有个叫"小笼包"的社会组织，是专门帮助聋哑人就业的。他们对主要客户是这样界定的：大学毕业的、学计算机的、有就业愿望的聋哑人。通过在聋哑人前面加上必要的定语，对主要客户做了细分，精准地界定了服务对象。我们做项目不是为了追求人数，而是要有成果。因为不是所有聋哑人都是可以就业的，如果他没有就业可能，再多的培训和服务实际是没有意义的。如果对主要客户不加细分，培训了50人，但一个都没有就业。做了细分后，只培训了20人，其中有10人就业了。从有效性角度，当然应该选择后者。所以，在开发项目时，一定要清楚地界定主要客户。一般来讲，一个项目就解决一个问题，确定一个主要客户，取得一个成果，主要客户千万不能太宽泛。社会组织的产品和服务同样需要专业化和差异化。

2. 开发项目也要了解和满足支持客户的需求

一个项目的成功离不开支持客户，不同的项目有不同的支持客户。如果不了解支持客户的需求，不能满足他们的需要，项目开展就会有困难，难以成功。我们在开发项目时，第一，要知道这个项目有哪些支持客户；第二，要和项目涉及的所有的支持客户接触沟通；第三，要满足他们合理的期望和需求;第四,要让项目实施人参与项目开发。做到这些是要投入时间和精力的。

3. 开发项目还要了解潜在客户

潜在客户的重要性在于:第一,是项目创新的重要源泉;第二,潜在客户的数量比主要客户多。数量多意味着需求大,需求大,项目就有可持续性。我们在上海不少项目都做了 10 来年,就是因为需求大。做公益项目要做到手上做一个,脑子里想一个,肚子里琢磨一个。这样,项目才能可持续发展。

### (三) 因地制宜,做好需求调研

以需求为导向开发项目,必须要做好需求调研。调研的方法有很多,比如访谈、观察、测试、关注社会热点问题、关注党和政府政策、座谈会,二手资料,等等。需求调研必须因地制宜,从实际出发,不要千篇一律。我们要根据不同的项目、不同的情况,采取合适的调研方法。

我做需求调研,主要常用两种方法。第一种方法就是关注社会的热点问题。一般来说社会热点问题也是一种紧迫的需要,比如农民工问题、社区失业青年就业问题、失独家庭问题、留守儿童问题,都有需求。而且热点问题也容易引起媒体的关注和报道。第二种方法是关注党和政府的政策。做有社会需求,又是党和政府关注的项目,比较容易得到政府政策和资金上的支持。做社会组织,做项目一定要关心国家大事,关心党和政府的政策。

不管用什么方法做需求调研,说到底都是要人去做。做社会组织,做项目,一定要做一个有心人。很多信息和资料要靠平时积极主动、用心用力去寻找、发现和积累。要保持一种"时刻准备,即刻行动"的状态,这样才能更好地开发项目。

### (四) 如何选择公益项目

正确选择项目是项目成功的重要前提。这里给大家介绍两种选择项目的方法。

第一种是 SWOT 分析法（见图 5-2）。

| 优势（Strengths） | 弱势（Weaknesses） |
|---|---|
| ——机构做这个项目超越其竞争对手的能力和条件 | ——机构做这个项目不如其竞争对手的能力和条件 |
| 机会（Opportunities） | 威胁（Threats） |
| ——环境对机构做这个项目的有利影响 | ——环境对机构做这个项目的不利影响 |

图 5-2 选择公益项目的 SWOT 分析法

S 是 strengths（优势）；W 是 weakness（劣势）；O 是 opportunities（机会）；T 是 threats（威胁）。SWOT 分析法就是我们做项目可行性分析时，需要从这四个方面分析。这要求既分析内部也分析外部，既分析主观也分析客观。实际上是个十字形，有四个象限。

一要分析优势（strengths）。所谓"优势"，是你的机构做这个项目有哪些比别的机构强及有优势的条件和能力。一个机构的优势有很多，比如资金、团队、关系网络、影响力、专业能力等。但优势不仅是有形的，还包括无形的。比如，认真负责、诚实可信、开拓创新、善于学习等。在今天，一个社会组织有清晰的使命和很强的公信力，也是一种重要的竞争优势，一种宝贵的无形资产。

二要分析弱势（weaknesses）。你做这个项目与其他对手相比，有哪些地方和条件不如竞争对手的。比如，缺乏经验、能力不足，等等。

需要指出的是，优势与弱势是机构内部的、主观的，是你自身可以掌控的东西。

三要分析机会（opportunities）。所谓"机会"是在外部的，指做这个项目有哪些有利的条件。机会最重要的是要有需求，没有需求就没有机会可言。当然机会还包括党和政府的政策、社会的大环境、认识的改变、技术的发展，等等。

四要分析威胁(threats)。即要分析做这个项目可能会遇到的威胁。做公益也是有竞争的,竞争就是威胁,别人做得比你好,政府为什么要买你的单?别人为什么给你捐赠?现在各种成本都在上涨,这也是一种威胁。如果你的机构资金短缺,财务状况不好,不能每年给员工加工资,员工积极性不高,项目也很难做好。

通过以上四个因素的分析可以看到,一个好的项目,优势一定要大于弱势,机会要大于威胁。如果是倒过来的话,这个项目是不合适、不可行的。因此,在项目开发时用 SWOT 方法进行分析,可以帮助我们规避风险,提高项目可行性。

第二种是我自己在实践中总结出来的,叫"三圈原则"(见图 5-3)。

我认为一个理想的公益项目必须同时符合三个条件,也就是三个圈要相交。

第一个条件是市场所需。项目一定要有需求,这就是需求导向。没有需求的项目,千万不要做。

第二个条件是机构所能。市场的需求有很多,但机构不是什么都能做的。机构一定要清楚自己的优势、长处是什么,能做什么。当然,机构如能充分整合利用社会资源满足需求,这也算有能力做的。

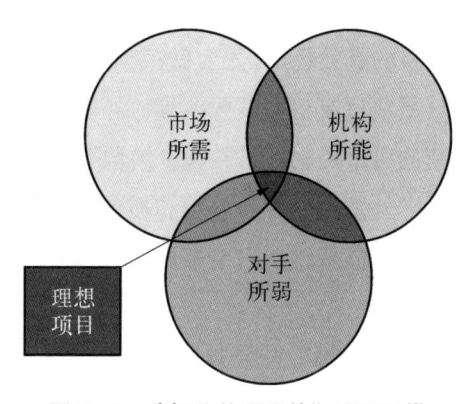

图 5-3 选择公益项目的"三圈原则"

第三个条件是对手所弱。社会上不是只有你一家社会组织,还有同行和对手。所以,我们还要了解对手所弱。市场调研,不但要了解客户需求,还要研究对手,要了解对手的弱点和缺陷,了解对手在满足需求方面有哪些做得还不够的地方。比如,有哪些地方做得不到位,客户还不满意的;哪些是客户需要,而对手有的不愿意做、有的没想到做或想做却做不到。如果你比对手做得好,能弥补对手的缺陷和不足,就有可能得到更多的机会和资源。

因此,一个好的项目应该同时符合这三个条件,它应该是这三个圈(市场所需、机构所能、对手所弱)相交的部分。如果有一条不符合,就不是一个好项目。

我这些年一直在宣传一个很重要的观点：无论是做社会组织还是做公益项目,做正确的事情比把事情做对更重要。这也是现在一个非常重要的理念：选择比努力更重要。

现在的问题是很多机构、很多人比较重视努力,不重视或忽视选择。当然,努力很重要,不努力项目做不好,也不会有成果。但是如果选择错了,项目设计不好,本身有问题,项目选择不当,再努力也不会有好的结果。有不少公益伙伴对我说,以前确实对选择重视不够,做项目时没有考虑过"为什么做(Why)",只考虑"怎么做(How)""做什么(What)"。所以要保证公益项目的有效性,首先要做正确的选择,要开发设计理想的公益项目。选好项目是项目成功的重要前提。正如德鲁克所说："过去的质量控制在工厂,而新的质量控制则是在设计阶段。"

开发项目需要发现和抓住机会,弥补对手的缺陷和不足也是一种机会。我们可以从以下六个方面弥补"对手所弱"来获得机会,提高项目和机构的竞争力。

1. 价格。做公益项目也要讲成本、讲性价比。同样做一个项目,一家机构要15万元,另一家机构13万元也能达到同样的效果,资助方很可能就选择后者。因此,以更加合理的价格来制定项目经费预算很重要,特别是政府购买服务在选择承接方时也要比价的。做项目的人要了解市场上各种成本和服务的价格水平。我们坚决反对搞低价竞争和亏本买卖(贴钱做项目),而是强调合理的价格。

2. 服务。我们不但要为客户提供优质服务、专业服务,还要努力给客户提供超值服务,即超过顾客期望值的服务。比如,你花了10块钱买东西,如果东西的实际价值低于10块钱,你吃亏了,不满意；价值等于10块钱,这是公平交易；价值超过10块钱,你不是喜出望外了吗？所以要想方设法为客户提供超值服务。

以做培训为例,很多老师培训之后就与学员拜拜了。但我做完培训后会把联系方式留给学员,他们如果有问题,需要指导和咨询,可以随时和我联系。一个老师培训结束就和学员再见了,另一个老师培训结束后还会给学员提供后续服务和指导咨询,你喜欢哪个老师?

为什么我能做到提供超值服务?这就是需求导向。因为学员参加培训,不仅是学知识,更需要把知识用于实践。但在知识转化、运用的过程中会遇到问题。我采取了"培训＋咨询"的服务模式,就可以更好地满足学员的需要。我做了20多年的公益项目和10多年的社会组织能力建设培训和咨询,我的每个项目和服务都有超值服务部分。

3. 质量。现在国内各行各业最大问题就是产品与服务的质量不好,顾客不满意。如果你的服务和项目的质量更好一点,多为客户带来一些价值,客户就会满意。现在有些做就业技能培训的机构短斤少两、质量不高,把培训当作盈利、赚钱的手段。我们机构的就业技能培训,严格保证质量,不仅让学员学到知识和技能,100%拿到证书,还能做到50%的就业率,学员很满意。

4. 技术。有些公益项目的质量和成果与技术有很大关系。比如,为残障人员提供康复服务,如果能采用一些有效手段和先进技术,会有更好的康复效果,就可以吸引更多需要康复的残障人员来接受我们的服务。比如,我现在做公益咨询,利用微信可以随时为有需要的人服务,做到便捷、及时、有效。

5. 便捷。要让服务对象非常方便地得到你的服务。比如,我们在上海做过"万名农民工绿色上网行"项目,对象是在上海工作的农民工,他们分布在上海的四面八方。如果仅在市区建一两个电脑房,路远的农民工因为不方便肯定不会来的。我们就利用遍布上海市的300个东方社区信息苑来培训学员,使学员很方便地就近参加培训。又比如,我们机构在上海30多所高校开展大学生创业教育,由于大部分高校在上海郊区,我们就采取"送教上门"的方法,把培训班办在学校内,方便学员参加培训。

6. 速度。在服务对象有需求的时候,第一时间满足他的需求。这就是项目的创新。

如果一个项目在这六个方面有某一方面做得很好,就会有机会。如果这六个方面都做到了,那机会就更大、更多了。

因此,无论机构也好,项目也好,个人也好,一定要打造自己的竞争优势和核心竞争力——不可替代性。如何打造? 我们一定要做客户非常需要,而你的对手有的不愿意做,有的没想到做,有的想做还做不到的事情。

要做到研究对手、弥补不足,第一,要有一颗全心全意为客户服务的心;第二,要有"需求导向、价值创造、成果体现"的服务理念;第三,要做"有心人",甘愿付出艰苦的努力。比如,我做能力建设培训,非常注意了解全国其他做培训的机构和老师开设了哪些课程,讲什么内容,还有哪些方面还没有满足学员的需求等。由于我能做到不断弥补别人的缺陷,努力满足学员需求,为他们带来价值,所以受到了学员的欢迎。只有在"满足需求、创造价值、体现成果"上比竞争对手做得更好,才能提高自己核心竞争力和满足需求的能力。

最后,我想特别提醒的是,在开发设计项目时先不要想怎么做、做什么。首先要认真思考并准确回答这样三个问题:

第一,项目要解决什么样的社会问题?

第二,项目的服务对象是谁?

第三,项目要满足服务对象什么需求,能给他们带来什么样的价值?

如果不能准确回答这三个问题的话,项目的目标就会出问题,具体计划就会缺乏针对性、有效性,项目很难有成效。我在评审和指导项目时,首先就看这三个问题。

现在普遍存在的问题是:第一,项目要解决的问题太多,或者根本不清楚要解决什么问题。第二,项目服务对象太宽泛,没有细分或者服务对象太多。第三,项目要满足什么样的需求不清楚,或者要满足的需求太多。结果项目目标不清,计划缺乏可操作性,做了也没有效果。

现在有一些得到资助、被专家评上优秀项目的项目也存在这些问题。我曾看到杂志上介绍过一个为残障人士开展就业创业培训的项目,得到政府 50 万元的资助,还被专家评为优秀项目。其实,这个项目是存在问题的。

因为就业和创业是两个不同的问题，服务对象不同，目标不同，提供的培训内容也不同，放在一个项目里，到底做就业培训还是创业培训？正确的做法是应该做两个不同的项目，一个是残障人士就业培训项目，另一个是残障人士创业培训项目。而且，这两个不同项目的服务对象还要细分。所以，大家千万不要认为拿到资金、评上奖的一定是好项目。

### 思考题

1. 什么是公益项目？有哪些特点？
2. 公益项目的作用有哪些？
3. 项目管理的4句话和5个阶段是什么？
4. 开发项目以什么为导向？什么是营销？营销思维的本质是什么？
5. 社会组织有哪两个基本职能？
6. 谁是客户？公益项目（社会组织）有哪三类客户？
7. 如何正确确定项目的主要客户？你们机构以前在确定主要客户时存在哪些问题？
8. 开发项目时如何做到了解和满足支持客户的需求？
9. 为什么要关注潜在客户？
10. 选择公益项目的"三圈"原则是什么？你的机构以前在选择公益项目时存在哪些问题？
11. 为什么选择比努力更重要？如何理解德鲁克讲的"过去的质量控制在工厂，现在的质量控制在设计阶段"？
12. 我们可以从哪六个方面弥补对手的缺陷而获得机会？

# 第六讲　如何制定项目计划书

## 一、以目标为导向制定计划

德鲁克指出:"每一家组织都必须定义自己的客户,了解他们的需求,制定出有意义的衡量标准,并且诚实坦白地判断自己是否实现了目标。"一个规范的公益项目计划,主要就是回答这样五个问题:

第一,项目要解决什么样的社会问题？即为什么要做这个项目。

第二,项目服务对象是谁？即项目是为谁做的。

第三,项目要满足客户什么样的需求？

第四,项目的目标是什么？如何来衡量？

第五,项目如何实施,即如何做,做什么？

大家可以发现,这五个问题的前三个问题,就是我在讲需求导向开发项目时提到的,即开发设计项目首先要认真思考和准确回答的三个问题。这五个问题是一个非常重要、非常有用的思维逻辑框架,五个问题的顺序不能颠倒、要素不能缺少。如果能够用这样的思维逻辑去制定项目计划,不但能够把项目做得更加有效,而且可以养成一种提高有效性的思维习惯。因为,这五个问题中最重要的是第四个问题,即项目的目标。但现在很多人在做项目的时候,往往首先考虑的是项目怎么做、做什么,也就是第五个问题。而对为什么做、为谁做、要满足客户什么需求、到底要什么样的结果,这些问题并没有很好地考虑,或者根本就没考虑过。而不考虑或不能准确回答前面四个问题,怎么做、做什么,肯定缺乏针对性和有效性。为什么现在许多项目成效甚微,甚至没有成效,就是忽视了对前面四个问题的正确回答。要制定科学合理的项目计划,必须要按照这样五个问题的逻辑来回答。

这五个问题对有效地运营管理一个社会组织也是同样适用的。德鲁克在《组织生存力》这本经典著作中提出了与组织存亡攸关的五个问题:(1)我们的使命是什么?(2)我们的客户是谁?(3)我们的客户重视什么?(4)我们追求的成果是什么?(5)我们的计划是什么?这五个问题和项目计划书要回答的五个问题是完全一致的。

在写项目计划书的时候,非常重要的一点就是要让资助方(购买方)清楚地看到成果。德鲁克非常明确地指出:"非营利组织是为成果而存在的。"在讲项目开发时我们提到了营销概念,营销思维的本质是互利互惠和公平交易,资助方也好,购买方也好,是用钱和项目的成果交换的。所以,我们必须要在项目计划书中让资助方、购买方清楚地看到成果。

遗憾的是,现在很多社会组织,很多做项目的公益伙伴的脑子里,没有成果的概念和意识,不知道什么是成果。这里给大家介绍一个非常有用的知识,叫作"项目产出的模型"(见图 6-1)。里面有四个非常重要的概念:投入、活动、产出、成果。这四个概念大家一定要搞清楚。

"投入"是指投在项目中或由项目消耗的资源,比如举办一个项目管理培训班,需要有人力、资金、物资的投入。

"活动"是指为了履行使命达到项目目标,对投入的使用情况,比如培训班搞了两天培训,一位老师讲了两个主题。

"产出"是指项目活动直接的产出,培训班有 50 个学员参加,发了 50 份

```
投入  →  活动  →  产出  →  成果
```

| 投入 | 活动 | 产出 | 成果 |
|---|---|---|---|
| 投在项目中或由项目消耗的资源 | 为了履行使命，项目对投入的使用情况 | 项目活动的直接产出 | 主要客户在参加项目活动期间或之后的收益（变化） |
| 例如：<br>• 资金<br>• 员工和员工时间<br>• 志愿者及其时间<br>• 设施<br>• 设备和用具 | 例如：<br>• 为无家可归者提供食物和居住地<br>• 就业培训<br>• 向公众传授有关儿童受虐待的征兆<br>• 辅导怀孕妇女<br>• 为青少年建立督导关系 | 例如：<br>• 课堂传授数量<br>• 辅导场次<br>• 教学材料分发次数<br>• 服务提供小时数<br>• 参与者服务次数 | 例如：<br>• 新知识<br>• 技能提高<br>• 态度或价值观改变<br>• 行为改正<br>• 身体状况改善<br>• 社会地位变化 |

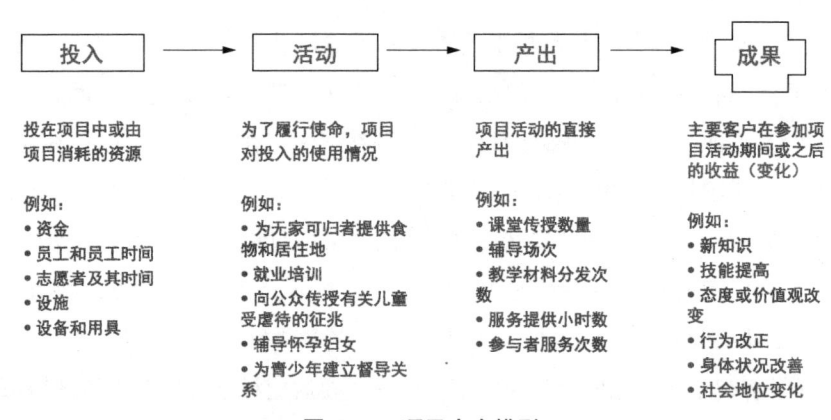

图 6-1 项目产出模型

资料来源：转引自美国联合募捐会。

教材，这称之为产出。

"成果"是指主要客户（服务对象）在参加了项目，或者接受了服务后给他带来的变化和受益。这种变化和受益可以是无形的，比如，学员在参加培训后，学到了项目管理的基本知识，提高了对项目化运作重要性的认识，掌握了写项目计划书的方法。比如，服务对象参加项目以后，转变了观念、调整了心态、增强了自信。这种变化和受益也可以是有形的，比如学员写出了一份项目计划书，比如，失业人员参加就业技能培训后实现了就业，吸毒人员经过帮教不吸毒了。不管是有形的还是无形的，成果一定是服务对象的变化和受益。这是制定项目计划时必须了解和掌握的四个重要概念。为什么我特别强调大家要掌握这四个概念，因为现在社会组织的项目计划书普遍存在把活动当成项目，把产出当作成果的情况。

"项目产出模型"是美国联合劝募会（联合之路）提供的一份资料，它是美国最大的非营利机构之一，每年募集的资金超过 40 亿美元。它自己不做项目，而是把钱资助给成千上万向它申请经费的非营利组织。它提供这样一份资料，要大家了解投入、活动、产出、成果这四个概念的含义，就是告诉向它申请资金的非营利组织，要想得到资助，必须要有成果。如果项目计划书里只有活动和产出，而没有成果，是得不到资助的。

现在中国的社会组织，包括社会组织发展相对起步较早的北京、上海和广东普遍存在的一个严重问题就是把活动当项目,把产出当成果,有的地方这种情况甚至高达80%—90%(这是我从每年参加评审和辅导的五六百份项目计划书中得到的数据)。大量的项目计划书里只有活动,只有产出,恰恰没有成果。这种现象不改变的话,后果很严重。第一,浪费资源。政府花了不少钱,但是,社会问题并没有得到很好的解决,服务对象没有收益或收益不多。第二,机构无法持续发展。机构没有做项目的能力、不会做正确的事情,一旦失去政府资助,无力从其他渠道获得资金,影响机构持续发展。第三,影响政府职能转移。机构没有能力或者能力得不到提高,政府加大购买社会组织服务,谁来承接?

因此,要特别提醒大家,做公益项目一定要有一种注重成果的心态。在做项目以前,先不要考虑这个项目怎么做、做什么,而是首先一定要想明白、搞清楚项目的成果到底是什么。只有知道了项目的成果是什么,才能做到在项目计划书里让资助方和购买方非常清楚地看到项目成果。

## 二、正确确定项目目标和评估指标

知道了什么是项目的成果,接下来,就要了解如何确定项目的目标和评估指标。项目成果实际上指的就是项目的目标,也就是做项目后到底要取得什么样的结果。

在写项目计划书时,首先要根据项目的服务对象的需求,确定若干个具体的目标,至少有一个,也可以是几个。同时,还要根据具体目标,确定衡量具体目标是否能达到的评估指标。

德鲁克指出:"任何组织的成果,都可以用定量和定性两种标准来衡量,这两种标准是相互交织,相互影响的。如果你想要了解一个组织是如何改变别人的生活以及改变别人生活的程度,那么就有必要了解这两个指标。"

德鲁克的这段话告诉我们,在制定目标、确定评估指标时,至少有一个是定量的。如果项目计划书里只有定性的目标，而没有定量的目标，说明这个目标是需要调整和优化的。现在有很多计划书在制定目标的时候，往往只有定性的而没有定量的。

一个好的项目目标有五个特点，即 SMART 原则。这是五个英文单词的第一个字母，也就是说好的项目目标必须符合这五个原则。SMART 的中文意思是聪明，就是说如果我们能制定一个好的项目目标，这是一件非常聪明的事情，这个项目就有了一半的成功的可能。

一个好的项目目标有五个特点：

第一，简单易懂。项目目标必须简单明了，不要写得空洞抽象，不要写一段话，要让人一看就很清楚知道到底要什么样的结果。比如，我们做再就业培训，有一个目标就是"促进学员就业"。

第二，结果可测。目标是可以衡量的，可以通过量化的指标来衡量目标是否达成。比如，我们用"达到 50％就业率"来证明"促进学员就业"目标的达成。

第三，力能所及。这个目标通过努力是可以达到的。比如，我们为什么确定达到 50％就业率而不是更高呢？因为 50％是我们能够做到的，太高的话，做不到没有意义，而且评估也通不过。

第四，符合利益。项目确定的目标，要符合所有利益相关者的期望。比如，这个项目如果是由资助方提供资助的，在确定目标时，就需要和资助方进行沟通，双方要就项目目标达成共识。如果目标只是自己做得到，但是利益相关者不认同，就会出现问题。资助方不认同，就不会资助；购买方不认同，就不会购买。所以，项目目标要符合所有利益相关者的期望。

第五，时间限制。项目是有期限的，项目目标要在项目规定的期限内完成。

知道了如何确定项目目标，还要了解如何制定项目的评估指标。项目目标是否达到，需要有一定的评估指标来衡量。评估指标是保证项目目标达成的重要措施。

这里介绍制定项目评估指标的三种常用方法：

一是结果认定法。所谓结果认定法，就是看项目实施后的直接结果。比如，一个再就业培训项目，目标是"促进学员就业"，我们就可以以就业率做评估指标，如设定就业率达到50%，这就是衡量"促进学员就业"的目标是否达到的一个评估指标。再比如，做一个对留守儿童安全教育的项目，我们设定一个目标"减少和避免安全事故的发生"，那么就可以用安全事故发生率做评估指标，如设定项目周期内安全事故发生率为零，以此衡量项目目标是否达成。

二是知晓度调查法。就是看服务对象参与项目，接受服务后学到了什么，知道了什么。这个方法一般适用于做教育、做宣传的项目。例如，反家暴的法制教育，我们的目标是服务对象了解预防家暴的方法以及发生家暴后维权方法，那么就可以用服务对象对如何预防家暴的方法以及发生家暴后维权方法的知晓度作为评估指标，来衡量目标是否达成。

三是前后对比法。即通过服务对象在参与项目、接受服务前后发生的变化来衡量项目目标的达成。比如说，做一个关爱农民工子女的项目，其中有一个目标是提高服务对象的自信心。我们可以用前后对比的方法，设定"90%的服务对象提高了自信心"来衡量项目的成果。具体做法就是通过前测和后测、服务对象的自我评价和老师、家长的反馈来了解服务对象自信心的变化状况。

我们可以根据不同的项目选择合适的评估指标。每个项目至少要有一个衡量项目目标是否达成的评估指标。

下面结合两个案例介绍如何正确制定项目的目标和评估指标。

第一个案例是"农民工乙型肝炎防治知识教育"项目。这是一家中外合资制药公司资助我们做的，要对5 000名农民工进行乙肝防治知识的教育。我们接受这个项目后就和资助方一起讨论项目的具体目标。经过讨论，我们确定了两个具体目标：(1) 学员了解乙肝病毒传播的主要途径和基本的自我保护方法；(2) 学员对乙肝防治知识的知晓度有所提高。针对两个具体目标，相应地确定了两个评估指标。第一个具体目标的评估指标是：90%的学员至少知道病毒传播的三个途径和有关自我保护的三种方法；第二个具体目标的评估指标是：学员培训后书面测试的成绩不低于70分。大家可以看到有了具体目标和评估指标，这个项目还没做，我们就已经很清楚地知道这个项目要的是什么样的结果。为了达到目标，选什么样的老师，讲什么内容，怎么讲，就有了方向。

项目培训时间是一天，一个班50个学员。他们上午来参加培训的时候，我们先叫他们做一张试卷，里面都是关于乙肝防治知识的内容。因为学员没参加过培训，相关知识知道的很少，分数很低。等到一天培训结束后，我们再给他们做同样一张试卷。通过培训他们学到了知识，分数就提高了，学员成绩的提高反映了他们的收益和变化。同时，在下午这张试卷里还有一道开放的题目：通过今天的培训你有哪些收获和体会？学员会把自己的收获、体会写出来。学员的收获、体会也是项目成果的一部分。

这里给大家提个建议，做项目时，对有书写能力的学员，有可能的话最好在项目结束后，请每个人写一份体会或小结。因为小结和体会能够反映他们参与项目以后的收益和变化，这也是项目的成果之一。

第二个案例是"外来媳妇就业技能培训"项目，项目的服务对象是上海20—45岁、有就业愿望的、家庭贫困的外来媳妇。这个项目有两个具体目标：(1)学员通过培训掌握一技之长，取得相关的技能证书；(2)采取切实措施，帮助学员实现就业。针对这两个具体目标，相应制定了两个评估指标。第一个目标的评估指标是：100%的学员通过考试取得市劳动局颁发的技能证书；第二个目标的评估指标是：学员的就业率达到50%。

项目有了具体目标和评估指标，要什么结果就很清楚了。我们在上海联合了15家培训机构一起来做这个项目。因为有了目标和评估指标，所以选择什么样的合作伙伴，开设什么样的培训专业，就有了非常明确的标准。当时，有一个合作机构的校长提出要开设会计上岗证培训，外来媳妇就业技能培训开这个专业合适不合适？如果没有目标和评估指标，搞会计上岗证培训是可以的，培训以后学员就业不就业也无所谓。但因为我们的项目有促进就业的目标，有50%就业率的评估指标，很显然开设这门课是不合适的。因为会计上岗证要求比较高，考试合格率很低，外来媳妇即使参加培训拿到证书，也不可能达到50%的就业率。由于这个项目不能达到50%就业率的目标，我们就断然拒绝了这个合作机构提出的开设会计上岗证培训的申请。我们选择的15家培训机构所开设的培训专业都是能达到50%以上就业率的。这个项目在2004年由上海慈善基金会资助100万元开始启动，由于达到了60%以上的就业率，我们又向上海市劳动局申请政府买单。因为项目有促进外来媳妇就业的实际成果，从2004年到2015年底，市人保局为这个项目买单超过1000万元，帮助了将近两万名家境贫困的外来媳妇实现了就业。

从上面两个案例中可以看到，正确地确定项目的目标和评估指标，对保证项目成果的达成是非常重要的。

对什么是成果，还要再强调一遍：成果一定是服务对象的受益和变化。所以，活动不是成果，人数不是成果，服务对象的满意度也不是成果。为什么满意度不是成果？因为满意度是一种主观的感受，并没有反映出服务对象的收益和变化。我们在对整个项目进行评估时，可以将服务对象的满意度作为评估指标之一，但满意度不是成果。

关于成果，还有三点要特别提示的。因为我发现有些学员通过培训知道了什么是成果，但在写项目计划书确定项目目标的时候，出现了把不属于成果的手段当成成果，写成了项目目标。比如，有一个专门为自闭症儿童服务的项目，在设定目标时，制定了这样三个目标：（1）帮助自闭症孩子提高生活自理能力；（2）使自闭症孩子家长通过培训掌握康复的基本知识和技能；（3）建立一支20人的能为自闭症孩子服务的志愿者队伍。

其实，这三个目标里只有第一个是目标，因为成果一定是体现在服务对象身上的。家长和志愿者，不是项目的服务对象，假设也对家长进行了培训，但家长没有掌握康复基本知识和技能；或者掌握了，但没有用到孩子身上，或者用到了孩子身上没有改变，这有意义吗？再比如，志愿者队伍建立了，如果志愿者不去服务，或者服务后没有让服务对象受益，这也是没有意义的。所以，培训家长和建立志愿者队伍都不是项目的成果，不是项目的目标，而是为了达到项目的目标所采取的手段和方法。据我了解，在写项目计划书时，这种把手段、方法当成了目标和成果的情况还是比较普遍的。

关于成果有三点特别提示：

第一，项目的成果是通过服务对象来体现的。以上面这个项目为例，项目成果只能体现在服务对象——自闭症的孩子身上。

第二，项目成果要用服务对象的变化和收益来反映。比如，要从自闭症孩子生活自理能力的提高来反映成果。

第三，衡量项目成果必须有一个可以量化的评估指标。比如，这个为自闭症儿童服务的项目，目标之一是提高服务对象的生活自理能力，为此可以设一个量化的评估指标：服务对象至少掌握四种基本生活技能，如会自己吃饭、会穿衣服、会洗脸、会穿鞋等，通过这样量化的指标来反映服务对象的生活自理能力的提高。

还有一点要提醒的是，现在有些社会组织往往以自己的项目能够获奖评优，或者被媒体报道，或者得到领导肯定作为成果。把获奖评优、媒体报道和领导肯定作为项目成果是一个误区！俗话说：外行看热闹，内行看门道。坦率地讲，现在有一些专家、评委并不很懂项目，结果把活动当项目，把产出当成果，使得有些存在缺陷的没有成果的项目获奖了。当然，项目能够获奖应该恭喜，但千万不能认为获奖的项目就一定是一个好项目。我发现有一些获奖的项目实际上不是项目，而是活动，没有成果，存在不少问题。如果因为获奖就自满了，可能会影响你去做真正有成果的项目。所以请大家不要满足于"我的项目获奖啦！""我的项目媒体报道了！"而是要真正专注于成果，专注于有效解决社会问题，使服务对象受益。

科学合理确定项目目标和评估指标非常重要，关系到项目的有效性。微软公司创始人比尔·盖茨成立了世界上最大的一家慈善基金会——盖茨·梅琳达基金会，他做公益特别强调有效性。2015年，比尔·盖茨在一封公开信里讲过这样一段话："要让慈善组织高效，首先要有明确的目标，还要有对达到目标各个步骤的实际效果的衡量指标。"所以，我们做项目一定要正确确定项目目标和评估指标，使项目真正让服务对象受益和改变。

和大家分享比尔·盖茨做公益项目的一个案例。大家知道盖茨·梅琳达基金会非常关注艾滋病的防治，在国内也有一些社会组织在做艾滋病的预防项目。我们国内组织的做法就是举办讲座，进行宣传。比如，在一个大的会场，组织了上百人进行预防艾滋病的宣讲，也做了海报，分发了预防艾滋病宣传资料。这样做有没有效果？可能会有一定效果。但如果参加预防艾滋病宣讲活动的这 100 多人当中，根本没有一个人会发生艾滋病的，那么我认为这种宣传就没有必要。

再来看看盖茨·梅琳达基金会是怎么做艾滋病预防项目的。他们不是简单地搞这种宣传活动，而是先找到艾滋病感染者，给他们吃药、治疗，同时采取切实措施，阻止艾滋病感染者病毒的传播。他们通过精准界定服务对象，采取有效的措施，防止艾滋病传染，从而达到降低艾滋病发病率的目的。这个例子可以引起我们思考：如何精准地确定服务对象，如何注重成果，如何有效地做公益项目。

我有一点体会，也是一个建议，写项目计划书的时候，先不要去填写计划书里的具体内容，因为前面讲了一份计划书的核心部分就是五个问题：第一，为什么做这个项目，解决什么问题？第二，为谁做，主要客户是谁？第三，项目要满足客户的什么需求？第四，项目的目标是什么，如何衡量？第五，项目的计划是什么，怎么做，做什么？现在很多人往往关注的是怎么做，做什么。但是如果服务对象不清楚，目标不清楚、不明确，怎么做，做什么，必定缺乏针对性和有效性。我的体会和建议是，先不要去想项目怎么做，先要想一想项目要什么结果以及如何衡量这个结果是否达到。

举个例子，现在各地有社会组织在做小学生课后照料的项目，有的称为"四点半课堂"。因为很多父母是双职工的小学生，放学以后无人照顾，容易发生安全事故，这是很大的社会问题，有需求。做这个项目前，先不要去想项目怎么做，做什么，应该首先想清楚做这个项目要有什么样的结果。我想做这个项目，肯定希望至少看到这样两个结果：第一，不发生安全事故；第二，学生能完成大部分作业。如何来衡量这个结果呢？针对第一个目标，不发生安全事故，可以设定一个评估指标：项目周期内安全事故发生率为零。针对第二个目标，学生完成大部分作业，可以设定一个评估指标：90％的学生完成75%左右的作业。我们可以看到，如果一个项目有了非常明确的目标和评估指标，项目还没有做，就已经看到结果了。结果明确了，怎么做，做什么，就有方向、有针对性了。大家想一想，家长把孩子送到"四点半课堂"，最关心的是什么？家长最关心的不是你怎么做、做什么，最关心的是结果。请大家一定要记住，客户永远是为"Why(结果)"买单的。家长看到孩子在"四点半课堂"里又安全，又能完成大部分作业，一定会放心地把孩子送去的。

明确了项目要实现的目标和评估指标，在回答项目计划书里最后的一个问题——如何做、做什么时就有方向，有针对性了。请大家注意，项目计划书里的"实施计划"部分有这样一段描述，什么叫实施计划？是为了满足需求，实现项目的目标，计划开展的活动和服务。我们在项目计划里肯定要设计各种各样的活动和服务，但所有的活动和服务，都要围绕着项目的目标来制定。

## 三、制定项目实施计划的基本要求

在制定项目实施计划时，有三点需要强调：

第一，实施计划安排的所有活动和服务，必须要紧紧围绕目标来设计，也就是说有助于项目目标实现的，把它放进去；与目标没有关系的，就不要放进去。

第二，实施计划一定要清晰、具体、详细。现在项目计划书普遍存在的一个问题是写得很粗，很笼统。比如，一个为老服务项目，其中一个服务内容就是要让老人学习健康知识。实施计划里就一句话，每个季度搞一次健康讲座。至于每一次讲座讲什么内容，讲多长时间，谁来讲，多少人参加，在哪里举办，这些都没有的。那么这个项目将来如何实施呢？如何保证能达到项目的目标呢？项目计划是一个实施计划，必须要写得清晰、具体、详细。所以，要把每季度一次健康讲座的具体时间、内容、讲课老师、参加人数、讲课地点等写得清清楚楚。只有写得清晰、具体、详细，才能很好地实施，资助方和购买方才能够清楚地看到这些活动和服务开展以后能不能保证目标的达成。计划清晰、具体、详细也有助于做好项目预算，不至于遗漏。

第三，制定实施计划一定要有可操作性。在制定计划时一定要考虑实施的问题，这也是项目计划中非常重要的一点。现在有些机构在写项目计划时，没有很好地考虑实施项目所需要的条件和资源是否具备，项目能否实施。他们是拿到钱后再去准备条件，再考虑实施问题。这就可能造成钱拿到了，项目却做不好或者做不下去的情况。例如，一个项目需要两个人，在制定项目计划的时候就要想好这两个人在哪里？是内部解决还是要去招人？能不能招得到？招来的人有没有能力做这个项目？而不是等钱拿到了再去考虑招人。如果事先不考虑实施的问题，拿到钱有可能人招不到，或招到的人没有能力做项目，这就会影响项目的顺利实施。再比如，有的项目需要和其他机构一起实施，那么在制定项目计划时就要想清楚与哪家机构合作，如何与它合作，需要事先与这家机构进行沟通，让它同意与你合作，而且有能力一起实现项目目标，这样拿到钱后才能很好地实施项目。如果事先不沟通，不落实，等拿到钱再去找合作伙伴，万一找不到，或者找到的合作伙伴没有能力，项目的实施就会受到影响。所以，在制定项目计划时，一定要考虑和落实实施项目所需要的各种条件和资源，使计划具有可操作性。

还有一点要强调的，就是写项目计划书必须要有实施人参与。现在有的社会组织的项目计划书是领导写的或项目负责人写的，申请到经费后就交给员工去实施。但是写项目计划书的人对项目实施过程中可能会遇到的问题和困难考虑不全，而真做的时候就会遇到一些问题和困难。这样的话，具体实施项目的人就会抱怨，甚至可能做不好这个项目。如果实施人参与制定项目计划，就可以更好地去考虑实施当中可能会遇到的问题和困难，使项目计划更加具有可操作性和可行性。制定项目计划是决策，决策的一个重要原则就是必须有实施人参与。而且实施人参与不参与，他的心态是不一样的。他不参与，是你要他做；而他参与了，是他要做，这对调动项目人员的积极性、主动性也有很大的好处。

每一个社会组织都希望能够可持续发展，如何才能做到呢？美国女童子军前首席执行官、德鲁克基金会创始人弗朗西斯·赫塞尔本女士指出："只有那些能够持续实现可衡量的成果的组织才能走向未来。"一个社会组织要做到可持续发展,必须要有可衡量的成果,而且要持续取得可衡量的成果。这也是制定公益项目计划时必须高度重视和体现成果的原因所在。

为帮助大家正确撰写一份项目计划书,这里我们提供一份规范的项目计划书的模板(见表6-1),指导大家如何正确填写。

**表6-1　公益项目计划书(模板)**

项目名称:

> 项目名称有两个关键词:"服务对象"和"做什么",要让资助方或购买方很清楚地知道项目的受益人和做什么。比如,"外来媳妇就业技能培训项目"。项目名称不要过分追求辞藻华丽或所谓新意,使人看得云里雾里,不知到底做什么。如果要用一个艺术化的词汇做项目名称,可以在这个词汇后面用破折号加上"服务对象"和"受益人"。比如,"阳光下展翅"——上海社区失业青年就业援助项目。

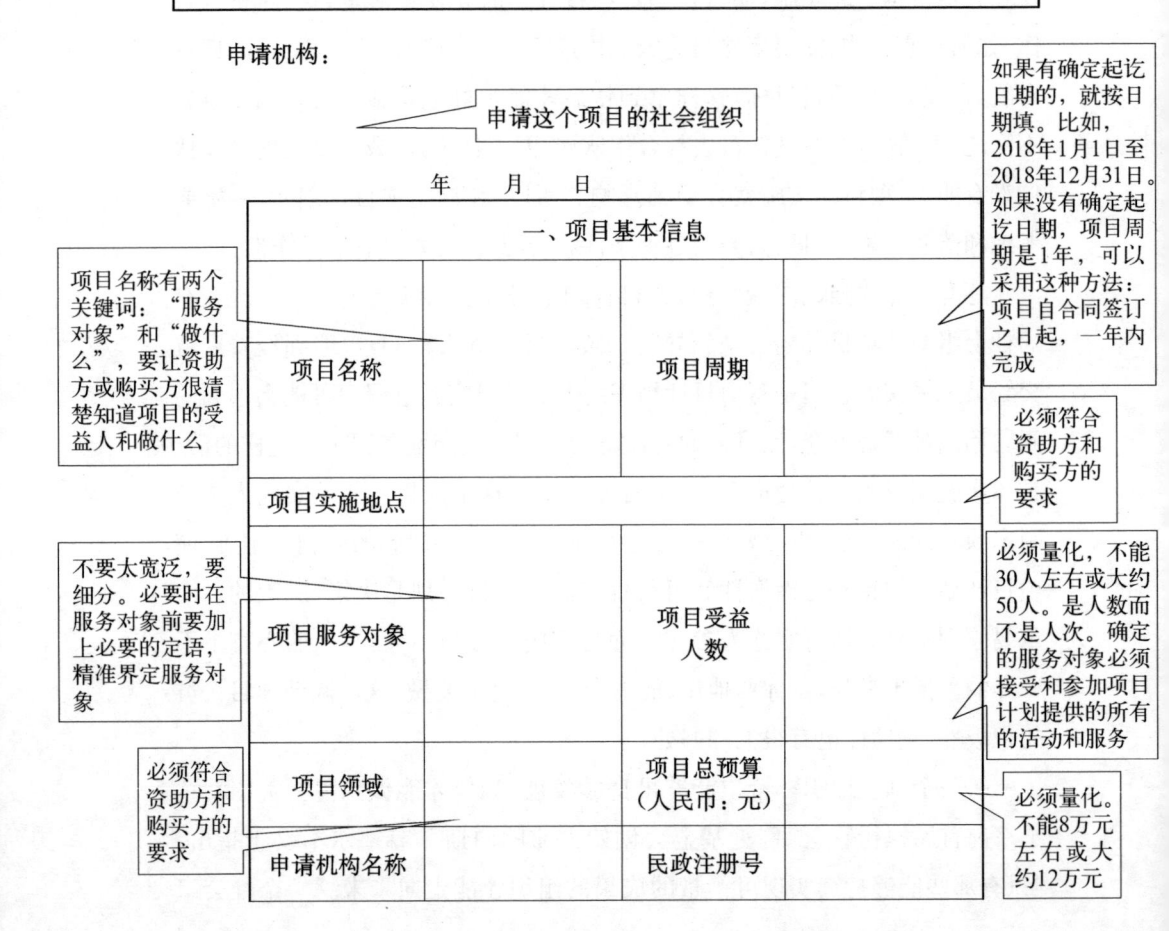

申请机构:　(申请这个项目的社会组织)

　　　　　年　　月　　日

### 一、项目基本信息

| 项目名称 | | 项目周期 | |
|---|---|---|---|
| 项目实施地点 | | | |
| 项目服务对象 | | 项目受益人数 | |
| 项目领域 | | 项目总预算(人民币:元) | |
| 申请机构名称 | | 民政注册号 | |

项目名称旁注:项目名称有两个关键词:"服务对象"和"做什么",要让资助方或购买方很清楚知道项目的受益人和做什么

项目周期旁注:如果有确定起讫日期的,就按日期填。比如,2018年1月1日至2018年12月31日。如果没有确定起讫日期,项目周期是1年,可以采用这种方法:项目自合同签订之日起,一年内完成

项目服务对象旁注:不要太宽泛,要细分。必要时在服务对象前要加上必要的定语,精准界定服务对象

项目受益人数旁注:必须量化,不能30人左右或大约50人。是人数而不是人次。确定的服务对象必须接受和参加项目计划提供的所有的活动和服务

项目领域旁注:必须符合资助方和购买方的要求

项目总预算旁注:必须量化。不能8万元左右或大约12万元

(续表)

| 项目概述(项目希望解决的社会问题、服务对象以及计划通过何种方式达到什么目标?) | 用最简单的语言回答五个问题：<br>1. 项目要解决什么社会问题？<br>2. 项目的服务对象是谁？<br>3. 项目要满足服务对象什么样的需求？<br>4. 项目目标是什么？如何衡量？<br>5. 项目如何做？做什么？<br>总之，使资助方和购买方很好了解这个项目 |
|---|---|

项目负责人信息

| 姓名及职务 | | 电子邮件 | |
|---|---|---|---|
| 办公电话 | | 手 机 | |
| 机构地址 | | | |

## 二、申请机构详细信息

1. 申请机构信息

| 机构基本情况 | | 用简明扼要的文字介绍机构的概况 |
|---|---|---|

| | 项目名称 | 起止时间 | 资助方 | 资助总额（元） | 备注 |
|---|---|---|---|---|---|
| 执行过的同类项目 | | | | | |
| | | | | | |
| | | | | | |

机构负责人信息

**(续表)**

| 姓名及职务 | | 联系电话 | | 是指这次项目的合作机构。有的时候，资助方或购买方要求提供申请机构和合作机构签订的合作协议的复印件，以确保合作关系的确立和项目顺利实施 |
|---|---|---|---|---|
| 电子邮箱 | | | | |
| 2. 主要合作机构信息 | | | | |
| 合作机构基本情况 | 成立时间、地点、业务范围、业绩记录（300字以内） | | | |
| 合作历史 | 合作时间、内容和方式（200字以内） | | | |
| 合作机构联系人信息 | | | | |
| 姓名及职务 | | 联系电话 | 电子邮箱 | |

### 三、项目详细信息

| 1. 项目背景 | | |
|---|---|---|
| 项目要解决的问题 | 项目要解决的社会问题是什么？问题产生的原因是什么？为什么有必要解决？ | 要清楚写明为什么要做这个项目，即项目要解决的社会问题。一般来说，一个项目就解决一个社会问题，不要面面俱到 |
| 服务对象描述 | 要求清晰界定本项目的受益人（服务对象）以及要满足他们什么样的需求，并提供其数量、基本特征等信息。 | 要清晰界定项目的服务对象，不要太宽泛。一般来说，一个项目就针对一个服务对象。要写出服务对象真实需求。不要写全国的、全省的、全市的或全区的需求，恰恰不写项目服务对象的需求 |
| 2. 项目方案 | | |
| | 项目实施后期望取得的具体成果，要求清晰、明确、可实现、可衡量。（100字以内） | |

第六讲 如何制定项目计划书  107

(续表)

| 项目目标 | 具体目标1 | | | 至少要有一个项目目标，也是项目的成果，即给服务对象带来的受益和改变。一个目标一句话。项目目标要要符合"SMART"原则。不要写得笼统、空洞、无法衡量 |
| --- | --- | --- | --- | --- |
| | 具体目标2 | | | |
| | 具体目标…… | | | |

衡量项目具体目标达成的评估指标（从哪些方面考察项目目标得以实现？主要为可量化的、具体的指标）

| | 对应具体目标的评估指标/关键词 | 实施后预计该指标达到的水平（可量化的、具体的） | 信息/资料来源（什么样的信息或资料能证明该指标得以实现？出处） |
| --- | --- | --- | --- |
| 目标1：这里填用什么做评估指标，要和目标对应。比如，"外来媳妇就业技能培训项目"的第一个目标是"让学员学会一技之长，取得相关技能证书"，评估指标可以是"考试合格率" | | 这里填评估指标达到的水平。比如，考试合格率为100% | 考试成绩或证书 |
| 目标2：比如，"外来媳妇就业技能培训项目"的第二个目标是"促进学员就业"，评估指标可以是"就业率" | | 就业率不低于50% | 劳动合同或工资收入 |

项目实施计划（为满足需求，实现项目目标，计划开展的活动和服务）

| 对应目标 | 活动（服务）名称 | 活动时间 | 活动内容、形式 | 参与人数 | 活动地点 | 备注 |
| --- | --- | --- | --- | --- | --- | --- |

1.要紧紧围绕项目目标来制定实施计划。对实现项目目标有关的活动或服务要写进去，和实现项目目标无关的活动和服务不要写进去。2.要清晰、具体。比如，一个为老服务项目，要为老人进行健康知识讲座，不能简单写"每季度为老人举办一次健康讲座"。必须详细写明讲座的时间、内容、讲多长时间、谁来讲、多少人参加、在什么地方讲。因为只有这样详细的计划，才能知道能否达到项目目标，才能准确地制定项目预算。3.计划里安排的活动或服务，必须由所有的服务对象参加。服务对象的出勤率必须到达80%以上。4.计划要有可操作性。在制定计划时要保证实施计划的各种资源和条件的落实。不能等到拿到了项目资金再考虑落实实施项目的资源和条件

(续表)

| | | | | | | | |
|---|---|---|---|---|---|---|---|
| 具体目标1 | 活动1 | | | | | | |
| | 活动2 | | | | | | |
| | 活动…… | | | | | | |
| 具体目标2 | 活动1 | | | | | | |
| | 活动2 | | | | | | |
| | 活动…… | | | | | | |
| 其他活动…… | 活动1 | | | | | | |
| | 活动2 | | | | | | |
| | 活动…… | | | | | | |
| 项目创新性 | 分析本项目与同类项目的区别及独特性 | | | | | | |
| 风险分析及应对预案 | 分析项目执行中可能遇到的风险及如何应对 | | | | | | |

项目创新性旁注：创新的目的是满足需求，提高服务对象的满意度。只要以新的、更好的方式满足需求，实现对服务对象有价值的目标，就是创新。可以是产品和服务的创新，可以是市场的创新，可以是生产方式的创新，可以是组织创新，可以是获得资源的新的来源，也可以是采取一种新的筹资模式

风险分析旁注：每一个项目都有一定的风险。要分析项目实施中可能遇到的风险以及应对风险的具体措施

**（续表）**

| 可持续性 | 分析本项目在资助期结束后持续运作的可能性 |
|---|---|

> 可持续性的基础是需求，有需求就有可持续性。可以写这样两句话：1.这个项目还有很大的需求。2.我们可以继续提出申请，也可以向关注这个项目的其他资助方（购买方）提出申请

### 3. 项目团队介绍

**项目负责人信息**

| 姓　名 | | 性　别 | | 年　龄 | |
|---|---|---|---|---|---|
| 职　务 | | 学历及专业 | | 专业资质 | |
| 实施同类项目的经历（200字以内） | | | | | |

**机构内部参与本项目的其他团队成员信息**

| 姓名及职务 | 性别 | 年龄 | 学历及专业 | 项目分工 | 联系电话 |
|---|---|---|---|---|---|
| | | | | | |
| | | | | | |
| …… | | | | | |

**外部支持团队信息**

| 姓名及职务 | 性别 | 年龄 | 学历及专业 | 专业资质 | 项目分工 |
|---|---|---|---|---|---|
| | | | | | |
| | | | | | |
| …… | | | | | |

| 项目沟通机制 | 项目团队将建立何种沟通机制以保证项目的实施 |
|---|---|

### 4. 项目经费预算（见项目预算 EXCEL 表）

> 项目经费预算可以写在项目计划书里，也可以单独写一份，和项目计划书一起递交

最后，在写项目计划书时有几点要特别提醒的：

（1）必须有会计和项目执行人参加。

（2）要做好充分准备，考虑可实施性。

（3）项目的服务对象和服务领域要符合出资方（购买方）的要求。

（4）要具备5个量化指标：受益人数要量化、实施时间和范围要量化、经费预算要量化、项目目标要量化、评估指标要量化。

（5）所有信息必须真实、准确。

（6）做到言简意赅，突出重点，不要出现错别字。要下功夫推敲用词，注意表达的有效性和正确性。

> **思考题**
>
> 1. 项目计划书的核心部分是回答哪五个问题？其中最重要的是第几个问题？为什么？
> 2. 什么是项目的成果？为什么要在计划书中体现成果？
> 3. 什么是项目的目标？一个好的项目目标有哪五个特点？你的机构以前在制定项目目标时存在哪些问题？
> 4. 确定项目评估指标有哪三种常用方法？
> 5. 制定项目实施计划的基本要求是什么？你的机构以前在制定项目实施计划时存在哪些问题？
> 6. 通过调研完成一份规范的项目计划书。

# 第七讲　公益项目的预算和财务管理

## 一、什么是经费预算

做公益项目是需要经费的,除了要写项目计划书,还要写项目经费预算。项目经费预算是项目计划重要的组成部分。项目的预算是一系列有目的的、有序的、在一定期限内待完成的、某些活动的财务计划。我们实施项目,要实现项目目标,需要开展一系列的活动和服务,而活动和服务的开展是需要经费的。为了保证项目的顺利进行,不但要制定项目的计划,还需要制定项目的财务计划。只有资金得到保证,项目才能够顺利地进行,所以财务计划对于整个项目的顺利实施是非常重要的。

项目的财务预算是用特定的货币来进行计算的。比如,我们开展一个项目需要 10 万元,这 10 万元,到底是人民币,还是美元,还是港币?不同货币的具体数额是不一样的。在项目的财务预算中,要用特定的货币来确定项目经费。一般情况下,都以人民币作为计价货币。但是有的公益项目的资助方可能是以外币来计价的。比如说，一个项目是以美元来计价，这就可能会碰到由于汇率的变动带来的风险。如果资助方以外币来作为计价货币的话，在制定项目预算时为防止汇率变动带来的风险，可以采取两种办法。

第一种办法，可以在签订合同的时候加一句话："汇率以合同签订之日的汇率计算。"比如，一个项目的预算是 10 万人民币，如果使用美元来做计价货币，就要算出 10 万元人民币折合多少美元。假如汇率是 1∶6.5，就用 10 万元除以 6.5 得出应该是多少美元。但是美元的汇率可能会有变化，为了防止汇率变化的风险，要在合同里面写明"汇率以合同签订之日的汇率计价"，比如，合同签订之日的汇率是 1∶6.5，那么将来就按照 1∶6.5 的汇率来支付资助款，这样可以保证实际得到的人民币正好是 10 万元。

第二种方法，可以在合同里面写这么一句话："如果汇率发生变化，差额部分由资助方弥补。"我曾经做过一个汇丰银行资助的项目，当时以港币作为计价货币，港币是与美元挂钩的，后来因为汇率的变化，按照港币计价的话实际上没有达到原来合同所规定的金额。但由于在合同里面约定："如果汇率发生变化，差额部分由资助方弥补。"最后这个项目缺口的 3 000 多元人民币是由资助方弥补的。

## 二、为什么要制定项目的预算

第一，保证实施项目所需资金的落实。有了预算就可以保证做项目的资金落实，可以使项目顺利实施。一般情况下，如果经费没有落实，不要盲目地去做项目。上海有家初创的社会组织缺乏资金，好不容易跟一家企业沟通后，这家企业同意资助 3 万元来做项目。但是没有签订合同，资金也没到位，他们就开始做了。等项目做到一半的时候，大概花了一半的钱，这家企业的领导发生了变化。新来的领导说这个项目没有签过合同，原来领导承诺的钱，他不同意给了。机构的负责人来找我，问我这个事情应该怎么办？我说这件事情你只能是感动上帝了！如果新来的那位领导真的不给钱的话,也没有错,因为双方没有签订合同。所以我的观点是,除非这个资助方是绝对有把握的,我们可以在没有拿到资金的情况下先做项目。一般情况下,一定是要签订合同,有了资金保证,再去做项目。

第二,避免经费滥用或者使用不当的情况发生。预算可以对财务行为进行必要的监督,保证资金使用的有效性。我们在做项目发生费用,需要报销,机构的财会人员就可以按照预算当中经费使用的用途和金额,进行控制和报销。这对于资金使用的安全性、有效性,能够起到很重要的保证作用。

第三,控制项目实际支出与预算之间的差额。社会组织一定要有公信力,公信力一个很重要的表现,就是要说到做到,项目预算跟实际支出应该是一致的。有了预算可以更好地保证实际支出和预算的一致性,这也能够很好地体现一个社会组织的公信力。

第四,确保项目的实施和资金使用的一致性,做到专款专用。专款专用是社会组织使用项目经费必须遵守的一个最重要、最基本的原则。有了详细的预算,有了具体的用途、具体的金额,这样在经费使用时就可以做到专款专用。

公益项目的预算是非常重要的,我们不但要重视项目计划书的撰写,也要重视公益项目预算的制定。

## 三、项目预算的内容

项目预算一般包含三个部分。

### (一) 业务活动费

业务活动费即开展项目活动或者提供服务所发生的费用。这部分是项目的直接成本,也就是在做项目的过程中发生的所有费用,包括人员的劳务费、志愿者补贴、培训费、场地费、宣传费、教材费等各种各样的费用。凡是跟做项目直接有关的费用，都要包括在里面。

在业务活动费中，一定要把直接管理和实施项目的人员的人工费算进去，因为做项目很大的一部分开支就是人工费。社会组织的从业人员跟公务员、教师、医生、护士等其他工作一样是一种职业，是需要成本的。假定一个项目人员今年的任务就是做这个项目，那么他的工资、奖金、津贴等各种费用肯定要包含在项目预算里面。如果没有这部分人工费预算的话，就无法承担他这一年所有的工资开销。因此，在做项目预算的时候，一定要把人工费计入业务活动费中。由于受"公益是免费的""公益没有成本"的错误观念影响，现在有些地方政府在购买服务时不给人工费或者管理费，这种做法是不对的。它无视了社会组织从业人员的劳动价值，会导致社会组织做假账。

计算人工费的原则就是如实计算。假如一个项目人员今年只做一个金额较大、需要一天8小时投入的项目，那么他的全部人工费都要计入这个项目的预算里。如果是几万元的小项目，就要根据项目人员每天在这个项目实际投入的时间，把一部分人工费计入这个项目的预算当中去，这就叫作合理分摊。假如一年做两个项目的话，要根据每天在这两个项目中实际投入的时间，确定在每个项目中应该有多少人工费。

志愿者从事志愿服务是无私的、无偿的、不计报酬的，志愿者不能有劳务费。但是志愿者在提供服务的时候也会发生一些成本，例如交通费、水费、餐费等，因此志愿者可以有适当的补贴，现在很多地方政府购买服务也认可志愿者补贴。例如，上海等地每个志愿者一天补贴50元，半天补贴30元。各地可以根据当地的实际情况确定志愿者补贴的标准。发放志愿者补贴要制作发放清单。比如，举办一次活动，有10个志愿者参加，每人补贴50元，我们要单独做一张志愿者补贴的发放清单，把这10个志愿者的名单和参加活动的时间、地点、内容以及补贴的标准做在这个表上，还要有每个志愿者的签名。这张补贴发放清单是可以作为报销凭证的。

一次活动或服务的志愿者人数要按照"必须、合理"的原则确定。

## (二) 管理费

管理费是指在实施项目过程中发生的管理费用。主要包括领导和行政管理人员费用及办公费、水电费、邮电费、物业管理费、差旅费、折旧费、修理费等费用。管理费是一种间接成本，主要是用于机构项目管理以及和项目没有直接关系人员的费用。比如，机构的领导、会计、出纳或行政管理人员，虽然不直接参与项目，但他们的工资奖金也需要有地方开支的。另外，机构还有办公费、水电费、邮电费、物业管理费、差旅费、折旧费、修理费等开支，所以管理费主要用于这些方面的支出。管理费原则上按照不超过业务活动费用总支出10％的标准编制报表。现在越来越多的地方在政府购买服务时都认可了管理费，有的地方管理费的比例已突破了10％的限制，比如现在上海市静安区政府购买服务的管理费可以不超过15％。大家一定要记住：一个机构如果没有项目人员的人工费，仅靠10％的管理费是无法生存的。项目人员的人工费一定要列入业务活动费。

## (三) 税费

税费是指为申报项目运营产生的营业税及附加。由于社会组织特别是社会服务机构如果没有免税资格的话是要交税的，在做预算的时候，要根据国家规定的税率编制报表税费。如果预算里不做税费的话，一个10万元经费的项目去掉税费，实际的经费就不到10万元了。所以，必须把税费做到预算里面。

必要的时候，项目预算还可以做一个费用，叫不可预见费。如果要做不可预见费，给大家一个建议：最好事先跟资助方或者购买方沟通一下，了解他们是否认可。如果他们不认可，就不要做。如果认可，不可预见费一般不要超过总经费的2％。

如果参加政府购买服务或者向资助方申请经费，对方有规范的项目预算表模板，就按照模板填写。如果没有的话，可以用书里的预算表模板（见表7-1），也可以按照预算的三大部分内容来做一个项目的预算。

表 7-1 项目预算

| | 活动内容 | 用 途 | 单位 | 单价 | 数量 | 说 明 | 金额 | 备注 |
|---|---|---|---|---|---|---|---|---|
| 分目标 1 | 1 | 1 | | | | | | |
| | | 2 | | | | | | |
| | 2 | 1 | | | | | | |
| | | 2 | | | | | | |
| | | 3 | | | | | | |
| 分目标 2 | 1 | 1 | | | | | | |
| | 2 | 1 | | | | | | |
| | | 2 | | | | | | |
| 活动费用小计 | | ¥ | | | | | | |
| 管理费（10%） | | ¥ | | | | | | |
| 税费（注） | | ¥ | | | | | | |
| 预算总额 | | ¥ | | | | | | |

注：根据国家规定的税率编制报表税费。

## 四、项目预算的基本要求

### （一）切合实际

所谓切合实际就是实事求是，要根据项目的实际需要做预算，不要弄虚作假。预算里的每一个数字、每一笔费用都要讲得出道理，能够经得起资助方、购买方或者专家的提问，能够得到他们的认可。比如，刚才讲的人工费，一个项目人员的人工费到底算多少？要根据他的工资和在这个项目中实际投入的时间来计算。比如，这个项目人员同时管三个项目，就不能把他的工资、奖金、津贴都算到一个项目经费里去，否则资助方肯定不认可的。应该要把他一年的工资、奖金、津贴合理地分摊到三个项目预算当中去。这就是切合实际。

有些费用的标准，如政策文件有规定的，就按照政策文件的规定办。

我们要做有心人，要了解开展项目所需的各种费用，如场地费、授课费、广告制作费、专家费等在当地的价格，包括其他机构做同样项目的费用情况。只有及时、准确地掌握各种费用的信息，心中有数，才能使项目预算做到切合实际。

### （二）清晰具体

在项目预算中每一笔开支都要写得清晰具体，用在什么地方、什么用途、多少数量、多少金额，都要写清楚，要避免打统账、打包的做法。比如，开展项目，搞一个启动仪式需要1万元，做预算时不能简单写启动仪式1万元。因为这1万块钱到底用在哪些方面，具体用多少钱都不清楚。所以，如果搞个启动仪式需要1万元的话，就要把这1万元的详细用途、数量、金额，如做背景板、海报、易拉宝、场地费、资料费、矿泉水等，每一笔开支清清楚楚地列出来，这就叫清晰具体。

### （三）预算要涵盖所有的活动

在制定项目计划的时候，我一再强调要具体、完整、详细，因为开展活动，提供服务都是需要经费的。如果计划做得很粗，该搞的活动和服务漏掉了，将来项目实施时就没有经费了。实际上预算跟项目计划里面的活动和服务是一一对应的。活动、服务写得越详细，做预算就越容易。这样也可以让资助方或者购买方很清楚地看到资金到底用在什么地方。

### （四）有没有其他资金的来源

有时候资助方、购买方希望做项目不是完全靠他们的资金，如果社会组织能够有些配套资金或者其他的资金一起投入项目里，得到资助或购买的可能性就更大。如有其他资金或者配套资金，也要列入预算，要写清楚这部分资金的具体用途。

比如，前面提到过的"万名农民工绿色网上行"项目，汇丰银行资助了

84万元。但我做的预算经费是96万元。因为计划中有一个内容是要为项目建一个网站。建网站是需要经费的,网站建好以后需要人来维护,也要发生经费。当时我在跟合作伙伴东方社区信息苑谈合作的时候就提出了建网站的要求。我说建网站是你们的优势,建网站的经费和网站维护人员的费用就由你们机构来承担吧,他们也答应了。所以,我把建网站的费用和维护人的费用12万元做进了预算,项目总预算是96万元。但是我向汇丰银行申请的经费是84万元。

### (五)要符合出资方或购买方对经费使用和财务管理的要求

不同的出资方或购买方对经费使用和财务管理的要求是不一样的,一定要按照他们的要求来做预算。比如,政府购买服务项目原则上不得用于购买固定资产,也不能直接给服务对象发钱发物品。那么在预算中就不能有购买固定资产或直接给服务对象发钱发物品的开支。如果购买方或资助方对金额有标准的,必须按照标准制定预算。比如,规定志愿者补贴一天50元,那么就不能超过这个标准。

这里给大家提一个建议,无论是接受捐赠还是政府购买,在项目签约后、实施前一定要请机构会计或财务负责人,向资助方或购买方要一份书面的经费使用和财务管理的规定。并且,要将书面的经费使用和财务管理的规定转发至所有的项目合作机构。

### (六)要做好审计的准备

公益项目结束后一般都要进行审计,有的是资助方自己审计,有的是委托第三方机构进行审计。因此,在做预算的时候,不但要考虑项目经费的使用要符合法律法规和财务规定,比如所有的支出都能有可以报销的正规发票和凭证,而且要通得过审计。

比如,做项目有时候需要用场地,会发生场地费,资助方或购买方也同意给场地费。但场地费发票是很难开的,如果开不出场地费的正规发票,即使预算中有场地费,财务人员也不会给你报销。如要在项目预算中列支场地费的话，就要保证是可以拿到场地费发票的。再比如，有一个机构申请项目经费时做了场地费，资助方也同意给场地费。由于这个项目是在一个社区实施的，社区的领导觉得项目不错，同意免费提供场地，但因为项目是在双休日搞的，领导提出要安排两个人员管理场地，每人发 100 元劳务费。这个机构想，原来场地费需要 800 元，现在两个管理人员的劳务费加起来才 200 元，可以啊，就给了劳务费。但这 200 元劳务费会计是不给报销的。因为预算当中写的是场地费，而现在报销是劳务费，跟预算不一致，所以会计肯定不给报销的，即使给报了，将来审计也通不过，因为审计一定是要严格按照预算进行审查的。碰到这个情况，有经验的会计就会给你一个建议，在写场地费的时候，如果将来有可能发生别人免费提供场地，而需要支付一定劳务费的情况，费用的用途就应该写场地费和管理人员劳务费。写了管理人员劳务费，有这个用途，就可以支出，会计可以给你报销，将来审计也通得过。有些社会组织以前在做预算时没想过类似的细节问题，以为反正有这笔经费了，想怎么用就怎么用。实际上不是那么回事。审计一定是严格按照预算中规定的用途和金额来审查的。

特别要提醒的是，做项目预算时一定要有会计参加。第一，会计可以从财务管理的角度来帮你把关，保证所有预算的经费符合财务的规定。第二，可以从审计的角度保证项目经费可以报销，而且审计能够通得过。

### （七）合作伙伴也要参与预算的制定

如果项目是跟合作伙伴共同实施并且要向合作伙伴支付费用的话，合作伙伴也要参与预算的制定。因为，合作伙伴做项目是要发生费用的，如果他不参与，你做预算费用太低了，他做不了这个项目，不跟你合作；费用太高，不符合实际，资助方可能不同意。所以，合作伙伴也要参与预算的制定是一个很重要的原则。比如，我们机构曾经做过一个汇丰银行资助的对贫困家庭的少年儿童进行艺术教育的项目。这个项目有四个合作伙伴，分别承担电声乐器、舞蹈、合唱和打鼓四种不同的艺术培训。这四种培训需要的课时和费用是不一样的，我们给每个合作伙伴规定了培训的人数、培训的要求和经费的上限,先要请这四家机构各做一个预算。然后我逐一审核预算是否合理。如果他的预算偏高了,我要跟他沟通,做必要的调整。我们要达成共识,让他觉得这个预算是合理的,能够接受的。否则,如果他不接受的话,是不会去做这个项目的。我跟这个四个机构沟通商量后,做出这四个机构都能够接受的合理的预算,然后我再统一汇总,进行平衡,报给汇丰银行一份合理的项目预算。所以,如果是跟合作伙伴一起合作开展项目并发生经费来往的,一定要请合作伙伴参与预算的制定。

最后提个建议,做项目计划和预算的时候,如有可能,要尽量了解资助方可以对项目资助的金额,以便我们根据其所资助的金额,合理确定项目的服务人数,科学制定项目预算。比如,2015年我们曾经做过一个汇丰银行资助的老年人金融教育项目,在做项目计划和预算的时候,我遇到一个问题,就是这个项目的服务人数应该定多少,因为人数的多少是跟经费有关系的。于是我主动与汇丰的项目经理进行沟通,了解汇丰对这个项目能够资助多少钱。当时她告诉我这个项目可以资助150万元,这下我心里就有底了。后来这个项目我申请的经费是154万元,得到了汇丰的批准。最后项目确定服务对象3万人,就是按照汇丰可以提供的资助额来定的。

## 五、项目财务管理的要求

(一) 要符合政府的法律法规以及资助方(购买方)对项目经费使用和财务管理的要求。

(二) 必须执行《民间非营利组织会计制度》,遵守组织内部的政策和财务制度。

(三) 项目的账务处理

1. 会计核算

项目实施机构须为项目设计专账独立核算,账目与机构其他费用开支

应明确区分。对发生的每笔收入、支出、费用、成本,应当在当月及时办理会计核算手续,不得积压和跨月。具体账务处理为:

(1) 收到项目款时,设立以科目为:提供服务收入—限定性收入—政府购买服务—×××项目收入的明细账。(政府购买服务的主体可以是政府部门、工会、共青团、妇联、残联等)

会计分录为:

借:银行存款

贷:提供服务收入—限定性收入—政府购买服务—×××项目

(2) 项目发生费用时,设立科目为:业务活动成本—限定性支出—×××项目费用专账。在该专账下设立业务活动经费、管理费用、税费、其他费用等明细账,在这些明细账中再根据创投申请的计划和预算以及实际执行内容归集分类,以多栏账形式进行核算。

会计分录为(例如,现金支付社工补贴):

借:业务活动成本—限定性支出—×××项目费用—业务活动经费—社工人员经费

贷:现金

(3) 项目实施中必须购入固定资产的,则只承担项目当年固定资产折旧费,并应加强固定资产的登记入账管理。

会计分录为:

借:固定资产

贷:银行存款

每月按规定提取折旧,会计分录为:

借:业务活动成本—×××项目费用—其他费用

贷:累计折旧

2. 编制项目收支报表

项目收支报表应在每月10日前上报资助方(购买方)。

3. 编制项目收支决算表

项目收支决算表应在公益项目全部完成的当月上报资助方(购买方)。

### (四) 项目的列支手续

1. 原始票据列支

原始票据的内容要素齐全,包括单位名称、经济业务内容、数量、单价和金额等要素。原始票据的列支应当有经办人、证明或验收人、批准人的签名等审批手续。严禁列支各类购物消费卡票据和业务内容"模糊"的票据。组织资产记录、原始凭证必须完好保存,不能被滥用或被意外损坏。

2. 物品购买列支

物品购买要附有明细购物清单。物品购买列支时,要注明具体活动项目用途,并有经办人、验收人、批准人签名列支的审批手续。物品要有专人登记管理,对于经常发生或数量金额较大的物品,要办理出入库手续,购入时要填写入库单,领用时要填写领用单。发票抬头须与机构名称完全一致。物资购买无正规发票不得入账报销,不得使用替票,财务审核一经发现将收回该笔资金。

3. 补贴发放列支

志愿者补贴、社工补贴、专家讲师的培训讲课费等的发放要制表造册,并有领取人、经办人和审核人的签名手续,附上签收人员身份证号及联系方式。项目专职人员已有专职补贴的不得再重复领取其他类人员补贴;专家讲师及社工不得再同一活动中重复领取志愿者补贴。列支时要附上活动项目的补贴等费用发放依据,包括专家和教师培训上课考勤登记表、志愿者上门服务记录单和受助人员的回馈记录单、主题活动举办小结记录或受益参加人员签到表等。

4. 重要或较大项目列支

符合项目预算及实际支出的场地租赁、车辆租赁、资料印刷、购买演出服等重要或较大业务经费支出,事先应签订规范化协议合同,明确双方权利、义务和费用,列支要附上协议合同。资金支付严禁现金交易。

### (五) 项目经费的日常管理

1. 核算管理

和资助方(购买方)签约的机构是项目核算的主体,与项目相关的各项收入和成本费用均应在机构统一核算反映。对确需合作机构共同实施的项目,要和合作机构签订合作协议,按照协议划拨经费。如果资助方(购买方)不同意直接给合作机构划拨经费的,签约机构不得将项目款直接拨付到合作机构,而应采用备用金制度,将合作机构发生的成本费用(包括发票、签收单等原始凭证)集中报送签约机构,经审核同意后,由签约机构列支、核算。

2. 预算执行管理

按项目建专账,资金应当坚持专款专用。在项目实施过程中,应严格按项目计划书和批准的项目预算执行。除下列原因外,不得随意变更或者终止项目预算。

(1) 项目在实施过程中,因计划不周或物价波动等原因,致使项目内容发生变化,必须进行项目预算调整的,签约机构应当事先向资助方(购买方)提出预算调整申请报告,并按其出具的批复意见进行调整。未经资助方(购买方)同意,不得擅自变更项目预算。

(2) 因不可抗力等原因,无法继续履行合同实施项目,应当向资助方(购买方)提出终止申请。经核实后,未履行合同的项目资金按原出资渠道全额退回。严禁擅自向他人转让服务项目。

> **思考题**
>
> 1. 什么是项目经费预算?为什么要制定项目经费预算?
> 2. 项目预算的主要内容有哪些?
> 3. 项目预算的基本要求有哪些?你的机构以前在制定项目预算时存在哪些问题?
> 4. 项目财务管理的基本要求有哪些?

# 第八讲　社会组织的筹资(上)

## 一、筹资是社会组织的一项核心工作

### (一) 社会组织资金来源的渠道

社会组织的创办和存在是为了有效地解决问题,让社会变得更加美好。社会组织要开展服务,要能够生存发展,是需要资金的。从运营的角度来看,社会组织资金的来源,不同于政府和企业。企业的资金是通过投资,通过提供产品和服务得到利润收益的。政府的资金,来自税收,来自纳税人。而社会组织的资金,是要靠自己去筹措,因此筹资对社会组织来讲非常重要。有人讲,成也资金,败也资金,我觉得这话讲得非常正确。所以,一个社会组织领导人,应该把50％以上的精力,都用在如何解决机构的资金问题上。作为机构的理事会,也要帮助机构解决资金的来源问题,还要做好对资金的监管,保证资金使用的规范性、有效性和安全性。

社会组织资金的来源主要有这样几个渠道:

第一,政府购买。从国外慈善公益事业和非营利组织发展的经验来看,政府购买是社会组织资金来源的一个非常重要的渠道。在美欧一些发达国家以及我国的香港、台湾地区,非营利组织40%—50%的资金来自政府购买。现在我国政府也加大了购买服务力度,社会组织要千方百计地从政府那里争取资金。

第二,社会捐赠。捐赠可以是个人的,可以是企业的,可以是基金会的,可以是国内的,可以是国外的,它都是属于社会捐赠。

第三,服务收入。社会组织是非营利的,对"非营利"要有一个正确的理解。非营利是指社会组织的性质,社会组织不是以营利为目的的,这也是社会组织和企业的最主要区别。但是,社会组织要提供服务,要正常地运作,是需要资金的。非营利不等于不能营利。营利不是目的,而是为了维持机构的生存发展,更好地达成使命。对有支付能力的服务对象,社会组织可以通过以合理的价格向他们提供所需要的项目和服务,获得服务的收入。在国外一些好的非营利组织,它们的服务收入要占到20%—30%,甚至更多。要想获得服务收入,实际上对社会组织提出了更高的要求。

第四,投资收入。为了使资金保值、增值,社会组织(主要是慈善组织)也可以投资,有投资的收入。2016年9月1日正式实施的《中华人民共和国慈善法》明确规定,慈善组织是可以进行投资的。当然对慈善组织的投资有具体的要求和规定,应当遵循合法、安全、有效的原则,投资取得的收益应当全部用于慈善目的;慈善组织的重大投资方案应当经决策机构组成人员2/3以上同意;政府资助的财产和捐赠协议约定不得投资的财产,不得用于投资。慈善组织的负责人和工作人员不得在慈善组织投资的企业兼职或者领取报酬。

此外,社会团体的会费、社会组织不动产的物业费等,也是社会组织资金的来源。

因此,作为一个社会组织,必须努力做到资金来源的多元化,这是每个社会组织健康、持续发展的重要保证。

## (二) 破除影响筹资的思想障碍

要做好筹资,首先要破除影响筹资的一些思想障碍。现在很多社会组织知道资金的重要性,也想做好筹资,但是由于认识上的一些误区,或者思想障碍影响他们开展筹资工作。

影响筹资的思想障碍,主要有两个方面。

第一,畏难情绪或者羞于要钱。有很多公益伙伴总觉得筹资很难,做起来很不容易。他做也没做,就有畏难情绪,感到害怕,甚至有点恐惧。有的人总觉得筹资好像是跟别人要钱,是乞求别人的恩赐,感到难为情,不好意思开口。还有的人不知道怎么跟别人沟通交流、怎样提出筹资的要求、怎样回答别人在筹资当中可能会提出的各种问题,心里感到没底。所以,有的伙伴尽管想筹资,但是迈不开步子,张不开口,没有行动。筹资是需要一些技巧和能力的,我们可以通过不断的学习、不断的实践、不断的积累,来增加这方面的经验。但要做好筹资,首先要打消畏难情绪,破除害怕的心理,不要把筹资误认为是向别人要钱,感到不好意思。

第二,害怕拒绝。这种想法在做筹资的人中间比较普遍。他们担心向资助者提出筹资要求,万一别人拒绝了,觉得没有面子,下不了台。实际上这种害怕拒绝的担心也是没有必要的。因为筹资是帮助捐赠者去实现他的意愿和价值,是帮助他把资金能够更好地用在出成果的地方,是替捐赠者完成他所不能够完成的事情,是互利互惠的。沃斯·乔治在《非营利组织理事会的无畏劝募》一书中是这样看待劝募遭拒的:"'不'可以代表不同的意思,不过正如那些成绩斐然的销售人员所一再重复的那样,'不'绝少是针对筹资人员本身的。'不'可能意味着不是现在、不是这个数额、不要用现金、不是为了这个项目,或者是要等到我(捐赠人)满意为止。当你担起了风险,向潜在的捐赠人提出劝募要求却遭到拒绝时,不要失望。不要觉得尴尬而草草结束会谈。相反,你要继续下去。要找出潜在捐赠人拒绝的原因到底是什么。如果志愿者不冒一下风险,犯一些错误,那么他们就永远不会有机会学习、成长。敬畏的代价太高了!它可以阻止你找到并赢得支持者。"所以,要想做好筹资,需要一颗平常心。即使遭到拒绝,也没什么了不起。有时候拒绝,也不等于说别人就不给你资助了。我们首先要勇于提出筹资的要求,以平常的心态来对待别人的拒绝,心态平衡也有助于做好筹资工作。在学习筹资的技巧、方法以前,首先要提高认识,增强信心,破除思想障碍,这样才能迈开脚步,张开嘴巴,做好筹资工作。

### (三) 筹资的基本步骤

无论是向个人筹资,或者是向基金会、企业筹资,一般来讲,都有这样六个步骤,即筹资的基本步骤。永亚公益咨询公司创办人卢咏在《公益筹款》一书中详细介绍了筹资的六个基本步骤(见图8-1)。

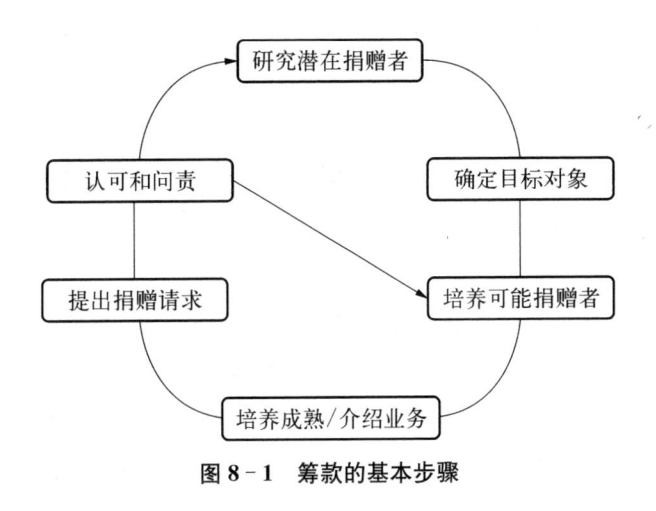

图8-1 筹款的基本步骤

第一个步骤是研究潜在捐赠者。我们需要通过调查研究掌握信息,来分析哪些人是有可能给我们捐款的,也就是要去研究潜在的资助者。

第二个步骤是确定目标对象。就是通过评估分析,在若干个潜在资助者当中确定最有可能给予捐赠的对象。哪一个是我们要重点去跟他沟通、联系,向他争取筹款的对象。

第三个步骤是培养可能捐赠者。确定对象以后,我们就要跟他沟通,要培养感情,跟他建立关系,使他将来有可能为我们机构进行捐款。

第四个步骤是培养成熟/介绍业务。我们跟目标客户建立了关系,有了感情以后,在条件成熟的时候就要向他介绍机构的业务和项目,让他们有所了解和知晓。

第五个步骤是提出捐赠请求。就是向可能的资助者提出资助的要求。提出要求的方法很多，可以通过电话、邮件、口头、网络平台提出，也可以通过一些专门的筹款活动来筹款。对于金额较大的资助，还是需要面对面的沟通，这种方法更为有效。一般来讲，在提出资助请求时，要准备和递交一份项目计划书（申请书）。

第六个步骤是对捐赠者的认可和问责。认可就是要对资助者的捐赠行为给予肯定和鼓励，要向他们表示感谢。问责是慈善公益一个核心的问题。所谓问责就是履行对捐赠人的承诺，也就是说要按照捐赠人的意愿来使用善款，这也是公信力的问题。认可和问责反过来又会影响到捐赠者会不会继续向我们资助。如果做好了认可和问责，就会增加捐赠者对我们的认可度和满意度，他就有可能持续给予捐赠。所以，认可和问责这个步骤在整个筹资中是非常重要的一个环节。但这也是目前社会组织普遍比较忽视和做得不够的地方。

通过以上筹资六个基本步骤的分析，可以看到筹资不是"一次性"的行为，而是一个循环往复的过程。当一位捐赠者向机构捐赠第一笔资金后，如果我们做好了认可和问责，有可能会持续捐赠，甚至成为大额捐赠者。筹资的流程也称为对潜在捐赠者的管理，在国外称为"移动的管理"。通过这样一种移动的管理，使我们的筹资工作可以顺利地进行。在这个过程当中，大家可以看到，筹资管理的核心就是要了解潜在的资助者，要与其建立关系、取得信任、增加感情，使他最后能够采取给我们捐赠的行动。

## 二、寻找和确定潜在的资助方

### （一）你需要知道什么

要想筹资，我们首先要寻找和确定潜在资助者。在寻找和确定潜在资助者的时候，需要了解以下一些信息：

第一，资助者的使命、远见、理想以及捐赠意向。也就是说我们要知道资助者对什么样的项目、什么样的服务对象感兴趣,要了解他的资助意愿和关注的领域。

第二,要了解资助者以前曾经资助过什么样的项目。如果我们的项目跟他以前资助过的项目一致的话,那么得到资助的可能性就会增加。

第三,要了解资助者的资助能力。如果我们提出的资助要求超过了他的能力,可能就不一定成功。

第四,要了解资助者对项目申请书的内容、格式以及时机的要求。资助方有规定的申请书模板和格式的,就按照要求填写。没有的话,可以按照规范的申请书模板填写。要在资助者规定的时间内递交项目申请书。

第五,要了解资助者决策的程序。不同的资助方的决策程序是不一样的,有的是要理事会讨论决定;有的是由专门的决策审批委员会讨论决定;也有的是机构的秘书长、主任就可以决定。因此我们就要了解资助者的决策程序。

第六,要了解在决定资助这个问题上谁是关键角色。比如,我们机构有一个非常重要的资助方就是汇丰银行,汇丰银行的资助是由汇丰银行慈善基金的董事会讨论决定的。但在董事会讨论以前,秘书长这个角色就非常重要,如果秘书长不同意你这个项目,不把这个项目提交给董事会的话,再好的项目也没有机会获得资助。因此,要想获得汇丰银行的资助,非常重要的就是要使项目能够得到秘书长的认可。所以,秘书长就是一个关键的角色。

第七,要了解什么时候开始跟资助方联系。一般来讲,一家基金会或者一个大中型企业的社会责任(CSR)部门,每年的资助计划一般在年底或年初就已经制定和落实了,你如果有好的项目在 8—9 月份提出申请,估计可能很难成功,因为他今年的资金已经安排完了。但是如果在年底的时候,在他正准备制定明年的资助计划的时候,提出一个好的项目申请,那么得到资助的可能性就非常大。

上面讲的这些信息,对我们如何去找到合适的潜在资助方是非常重要的。

### (二)了解资助者可以资助什么

1. 资金。作为社会组织当然最希望是得到资金的资助。但是我们要认识到资源不仅仅是资金,它包括人、财、物、时间、信息。

2. 物资。除了资金以外,也可以争取物资方面的资助。社会组织做项目,开展活动和服务时,也需要一些物资。资助者能够提供一些我们需要的物资也是不错的。

3. 服务。比如,一家会计事务所可以给社会组织提供免费的会计服务。一家IT的企业可以免费为社会组织提供建立网站和网站维护服务。这也是对社会组织的资助。

4. 设备。社会组织有时候是需要一些设备的,比如像电脑、投影仪、照相机、打印机等。如果资助方能够提供社会组织需要的设备,也是一种支持。

5. 场地。比如,在浙江杭州有一家做环保的社会组织——"绿色浙江",它的办公场地就是一家房产公司提供的,条件非常好。有的企业可以免费为社会组织提供培训、开会、活动的场地。提供场地实际上对社会组织来讲就省去了房租和场地费。

6. 人力支持。比如,现在有很多企业除了提供资金外,还可以为社会组织开展项目提供志愿者的服务。志愿者是社会组织实施项目、开展服务很需要的人力资源。有了志愿者这种宝贵的人力资源,实际上也可以节省开展项目的人力成本。

7. 房屋。比如,上海市慈善基金会曾经把在浦东的一栋属于基金会的房屋,无偿地提供给上海市癌症俱乐部作为他们办公场地和培训场地,这也是对社会组织的一种资助。

8. 其他。如知识产权、股权,等等。

所以,在争取资助前,要了解资助者可以提供什么样的资助。特别要提醒的是在资助的问题上,一定要克服"见钱不见人"的思想,不能仅仅盯住资金。比如,我有一个朋友从美国回来,他主动到一家儿童福利院去做志愿服务,应该讲是非常好的一件事情。但是这个儿童福利院的领导一听他就是来做志愿服务,而不是捐钱,脸色就变了,不是那么热情。后来,我的朋友就跟我讲,这个院长怎么是这样的态度啊？大家想想,如果对志愿者是这样一种比较冷淡的态度,即使他将来有条件能够捐钱的话,也不一定会给机构捐赠。所以,只要资助方能够给我们提供资助,不管是钱还是物资、服务、场地、人力资源,我们都应该表示欢迎和感谢。而且捐赠的基础是信任,建立了关系,有了信任,钱总是会有的。所以,做筹资千万不能"短视",不能急功近利。

### (三) 了解资助者可以资助多少

第一,要了解资助者在过去实际资助的金额。不同资助者的资助能力和资助金额是不一样的。如果了解了他过去实际资助的金额,这对我们合理确定申请资助的金额是很有好处的。比如,一个资助者过去资助的时候最多20万元,那么在申请资助的时候,一般来讲金额不要超过20万元。如果这个资助方一年总的资助金额不是很多,比如说就在100万元以内,那么你一个项目的金额就不能很高。如果你一个项目金额很高,可能得不到他的资助。了解他过去实际捐赠的金额,对我们正确确定申请资助的金额是有好处的。

第二,要了解资助者提供的资金是全部还是部分。因为有时候资助者希望社会组织能够自筹一些资金,如果自己能够解决一部分资金,这对获得资助是有好处的。

第三,要了解资助者资助时是不是需要有配套的资金。特别在政府购买服务的时候,有时候政府需要有配套的资金,比如现在政府搞公益创投,一个项目资助10万元,他希望你通过众筹再筹20%,即2万元。配套资金的目的是资助方希望社会组织不要吊死在一棵树上,要有能够从其他渠道获得资金的能力。

第四,要了解资金是如何拨付的。不管是资助者的资助还是政府购买服务,资金一般是分三次拨付的:合同签订以后,先拨付50%；项目中期评估结束以后,拨付 30%;还有 20% 的尾款,等到项目全部结束以后,经过评估、审计,再按照资金实际使用情况进行拨付。我们要了解资金拨付的办法。因为有的地方政府购买服务的时候,社会组织先要垫资做项目,等到项目结束后政府才根据成果拨付资金。现在上海市政府买单的就业培训就采取这种方式。比如,一个技能项目政府补贴 1 500 元,政府要求先把这个培训做完,等到学员考试合格、拿到证书后以后,它才对考试合格的学员按照标准给于相应的资助。在这种情况下,社会组织就要自己先垫资做培训。比如,一个班 40 名学员,每人 1 500 元人,那你就要就垫资 6 万元。如果没有 6 万元,这个项目做起来就会有问题。所以我们要了解资金拨付的办法,使我们在资金方面有所准备,以免发生因为资金不够而影响项目实施的情况。

### (四) 如何获得资助者的信息

要寻找和确定潜在的资助者需要了解和掌握很多信息,我们可以从哪些渠道获得有关资助者的信息呢?

第一,通过网络。现在互联网非常发达,资助方会利用互联网发布各种资助信息。很多有众筹资质的互联网平台也会经常发表一些众筹的信息,比如,2017 年腾讯公司搞过"9.9 众筹"。如果了解了这个信息,就可以利用这个网络平台进行众筹。

第二,通过媒体。媒体上会有大量关于资助者的一些信息,资助者资助过哪些项目、对什么样的项目感兴趣、捐赠的数额等信息都可以在媒体上找到。

第三,通过商业刊物。不少商业刊物会报道在做公益和履行社会责任方面表现出色的企业的事迹,也会刊登一些企业和个人捐款的排行榜,从中我们可以获得一些信息。

第四,可以通过一些关系网络,通过一些中间人。比如,我们机构跟汇丰银行有 10 多年的合作关系,如果你想向汇丰银行申请经费,就可以通过我们牵线,帮助你和汇丰建立联系。

第五,通过其他社会组织牵线。一般来讲,资助者对于好的公益项目是希望推广、复制的。比如,某社会组织实施了一个很好的项目,资助者也希望能够推广,如果这个项目在某地也有需求,而且某地的社会组织也有能力实施这个项目,那么就可以通过某社会组织向有关资助者提出申请,争取得到资助,把这个有需求的项目在当地实施。

第六,可以参加各种跟慈善公益项目和筹款有关的活动,比如论坛、研讨会、讲座、交流会、沙龙、培训,等等。通过这些活动,去发现和寻找潜在的资助方。

第七,可以通过理事会。因为理事会成员一个非常重要的职责就是要给机构带来资源。像我们机构有很多项目的筹款就通过理事会成员提供的线索,最后找到了合适的资助者。

第八,服务对象和志愿者也可以提供相关信息。服务对象从我们的项目中受益了,他们也会提供一些合适的潜在资助者。志愿者参与了组织的一些项目和活动,如果认同机构的使命、价值观和项目,也会利用自己的一些关系和渠道推荐一些合适的资助者。

总之,获得资助者信息的渠道和方式还是很多的。但是不管用什么样的方式,通过什么样的渠道,信息的获得都是要靠人去做的。做筹资的人一定要做一个有心人,因为这些信息和资料是要靠我们主动去获取的,主动对成功筹资是非常重要的。

### (五)影响资助的主要因素

这里我想提一个问题:如果你是一个资助者,愿意资助什么样的机构?因此,我们还要了解影响资助的主要因素。资助者是社会组织的重要支持客户,作为客户,资助者是有需求、有期望的。只有满足他们的需求,才能得到资助。伯尔基金会环境与能源项目经理陈冀在《公众为什么要捐钱给NGO?》(《青年环境评论》2012年第2期)一文中指出:"在一个自由竞争的环境中,让公众给NGO捐款的最重要条件,是这个机构有公众所认同的价值观、公众所信任的方法论和执行能力,同时还要有传播这些信息的传播能力;其次是规范、公开透明的财务制度;最后是便捷的捐款渠道和捐款后的跟进服务。"

影响资助的主要因素有这样几个方面：

第一，机构的公信力。在讲社会组织的公信力时，曾经强调过公信力和筹资有非常密切的关系。公信力决定有没有钱，使命决定有多少钱。捐赠的基础是信任，资助者非常关注的就是一个机构有没有很强的公信力。

第二，机构的使命是否清晰、明确。客户是为结果、为"Why（为什么）"买单的。很多资助方，特别是一些大的基金会在跟一家社会组织签订资助协议以前，为防范风险，要做一个尽职调查。我们机构曾经也接受过一家著名的基金会对我们的尽职调查。他们发来一份邮件，要我们回答20几个问题。第一个问题就是你们机构的使命是什么？如果机构没有使命，或者使命不清晰，他们就不给资助了。所以，要想得到资助，必须有清晰的使命。如果一个机构没有使命，或者使命不清晰，这也会影响资助者的资助。

第三，机构的能力和业绩。就是拿到资金后有没有能力把项目做好，能不能做出成果。机构过去在做项目，在开展慈善公益服务方面有哪些业绩、哪些成果，这也是资助者非常关注的。

第四，项目的服务对象和服务领域要跟资助者的意愿、目标相一致。不同的资助者所关注的服务对象和服务领域是不一样的。如果项目跟资助者所关注对象和领域相一致，得到资助的可能性就会更大。

第五，项目的可行性、创新性以及项目的成果。这也是资助方非常关注的问题。一般来讲，资助者都喜欢创新的、有成果的项目。因为资助者的资助，要的是成果，要看到资助给服务对象带来的变化和受益，而不仅仅是搞了多少活动，服务了多少人数。社会组织要有做出项目实际成果的执行力。

第六，预算合理，财务的公开透明和规范。如果一个机构的项目经费预算合理，性价比高，资金的使用规范、透明、公开，能够真正按照资助者的意愿去使用经费，这也有助于得到资助者的支持。

当然还有其他一些因素。比如，有的资助者希望能够有必要的宣传，以扩大其社会影响力。也有的资助者希望资助的项目能够为其员工提供一些可以参加志愿服务的机会，促进企业文化建设。如果能做到这一点，他可能更加愿意进行资助。

总之，要想得到资助者的资助，必须把资助者当作客户，必须了解他们的需求和愿望。只有他们的需求和愿望得到了满足，才会给予资助。

### （六）筹资还需要做什么

要做好筹资，必须要了解资助者的期望和需求，要了解影响资助的主要因素。我在实践当中感到，要找到潜在的资助方，还需要做很多工作。

第一，要筹款一定要主动提出。前面已经讲到了，我们做筹资不要不好意思，不要害怕拒绝，一定要主动。我经常讲一句话，主动不一定成功，但如果不主动，可能成功的机会更少。因此，一定要主动地提出。

第二，要多花一点时间跟资助者交流和沟通。筹款说到底是一种关系、是一种信任，要得到资助者的信任，需要花时间跟他进行交流和沟通，要了解他各种各样的需求和期望。一般来讲，先不要谈钱，先建立关系、培养感情，这对找到资助方，做好筹资，也是非常重要的。

第三，我们应该认识到，要找到潜在的资助方，要让他们最后给我们进行捐款，不是一蹴而就的，是需要花时间的，需要长期努力。因此，前面谈到要花时间跟资助者进行交流、沟通，培养感情，我认为这些工作都是不可缺少的。

第四，要让资助者能够及时了解项目的进展情况和项目的成果。有很多社会组织往往拿到钱以后忽视了跟资助者的沟通和交流，就是在项目结束以后，给资助者写一份项目结题报告。但实际上资助者是非常希望了解项目进展情况的，特别是项目实施以后有什么样的成果。这就需要我们能够及时地跟资助方进行沟通和反馈。比如，我们机构在筹资过程当中，非常注意主动创造条件，让资助者跟服务对象接触，了解项目的进展情况和项目的成果。因为让资助者更多地了解这些情况，有助于建立对我们的信任，能够使他们更加愿意给我们提供资助。

## 三、如何与潜在的资助者建立关系

第一,要做一个有心人,要主动获取相关的信息。前面提到"主动"这两字对做好筹资非常重要。几年前,我应邀参加过一个企业家举办的一个活动,是为到上海参加夏令营的广西师范大学的贫困女大学生举行一个欢送晚宴。那天晚上坐在我旁边的是一家外语培训机构的校长,一位30多岁的年轻人。在跟他交流中,我发现这个校长很热心慈善公益,也参与过一些慈善公益活动。当时我向他介绍了我们机构和正在做的社会组织能力建设培训,以及能力建设的重要性。我的介绍引起了他的兴趣,因为他们也是搞教育的,而我们做能力建设,都是授人以渔,因此,这个话题引起了他的兴趣。当时我主动给了他名片,也要了他的名片。他跟我讲,徐老师,我回去考虑考虑。第二天,我又主动打电话跟进,问他是否有兴趣资助我们的项目。他说徐老师你来一次,我到了他的办公室,详细介绍了我们的项目。最后,这位校长同意资助7万元用于社会组织能力建设的培训。如果当时我不是主动地去提出这样的要求,这件事情一定不会成功。

第二,在跟资助方会面以前,要多了解一些相关的信息,这样见面的时候就会显得自然大方,沟通也就更加容易了。比如,我们机构在2004年准备从北京光华慈善基金会引进美国全球创业指导基金会(NFTE)创业培训课程,我和光华的董事长邵明路先生约好利用他到上海出差的机会见面商讨项目合作事宜。我和邵先生没见过面,但事先通过一些关系了解到邵先生原来是一个北京知青,"文化大革命"中曾经在陕北插队落户。我是一个上海知青,"文化大革命"中我是到黑龙江生产建设兵团上山下乡的。当我和邵先生在上海见面时,我先没有跟他谈项目合作事情,而是先跟他聊知青的经历和上山下乡的情况。结果,我们俩一下子就产生了共鸣,谈得很投机。感情融洽,有了信任,谈项目合作就有了基础,我们很快达成了合作的意向。

第三,资助方通常喜欢创新又可行的项目。因此,在申请资助时,要尽可能拿出一些创新的、既有社会需求又有成果的项目,增加资助者对我们项目的兴趣,得到资助的可能性也会大大提高。比如,1999年以来我们先后向汇丰银行申请过11个公益项目,之所以能够全部得到资助,其中一个重要原因就是这些项目全部是创新的项目。

第四,跟资助者在沟通时,可以尽量通过熟悉的人与其建立联系,这样可以减少一些陌生感。我们在跟资助者联系时,可以找一些熟人,他既了解我们也了解资助方,通过他的牵线搭桥,便于我们跟资助者建立联系。

另外,跟资助者沟通的方式也非常重要。沟通方式很多,可以面谈,可以打电话,可以发微信,也可以发邮件。在实际生活当中,资助者所喜欢的沟通方式不一样。有的人喜欢直接面谈,有的人喜欢发邮件,也有的人可能喜欢打电话。所以,要了解资助者对沟通方式的不同要求,要尽量采用他们喜欢、感到合适的沟通方式。

第五,跟资助方建立联系,需要有耐心和恒心。做筹款实际上就是一种沟通,而沟通是需要花时间的。有的时候不是谈一次就能赢得别人的理解和信任,就能成功的。因此,我们要多花点时间,要有耐心,即使在资助方拒绝的情况下,也不要轻言放弃。有耐心和恒心是跟资助者建立关系的重要前提。

## 四、筹资中的沟通与文化

### (一) 不同的沟通与文化

筹资实际上就是沟通,就是建立一种关系。不同的人有不同的沟通特点、沟通文化。根据人们在沟通方面的不同特点,可以分为高情境文化的人和低情境文化的人。这里讲的高情境文化和低情境文化,并没有好坏之分,只不过反映了不同的沟通特点。

高情境文化的人和低情境文化的人在沟通方面有以下一些不同点。

第一,高情境文化的人把工作放在各种关系的背景中来考虑。比如,我们中国人就比较注重和讲究各种关系,没有关系,找关系;有了关系,没关系,我们比较注重的是关系。低情境文化的人把工作和各种关系是分开来考虑的,关系是关系,工作是工作。比如,我跟汇丰银行可持续发展部门的负责人和项目官员的关系非常好,但是在申请经费的时候,他们照样会严格按照汇丰申请经费的这套流程来做,并不因为关系好,工作就可以马马虎虎了。

第二,高情境文化的人更喜欢的是间接的信息。比如,中国人有时候比较喜欢打听小道消息。但低情境文化的人喜欢直接的信息的沟通。在跟他们打交道时候,他们希望你非常坦率地进行交流沟通,不要拐弯抹角的。

第三,高情境文化的人等意见一致以后再做决定,有的事情讨论讨论,最后讨论了半天也没有结果。而低情境文化的人个人就可以做出决定。比如,有些项目官员职位不一定很高,但他有权决定是否同意捐款。

第四,高情境的人重视非语言的沟通,有的时候握握手、拍拍肩就 OK 了,甚至喝一次酒一个合同就谈妥了。低情境文化的人重视语言而不是非语言的暗示,他们需要通过语言直接明了的一种表示。

第五,高情境文化的人把沉默是当作沟通的一部分,有时候在交流当中,他可能一言不发,保持沉默。低情境文化的人认为沉默是不舒服的,他不喜欢保持沉默,希望有一个明确的态度。

第六,高情境文化的人强调整体情况而不是细节。这一点在很多社会组织写项目申请书时表现得特别明显,很多项目申请书的实施计划写得很粗,很笼统。比如,一份为老年人提供健康服务的项目申请书,计划里就只有"每个季度为老人举办一次健康讲座"一句话。至于讲什么内容?谁来讲?讲多长时间?多少人来听?在哪里讲?都没有。低情境文化的人注意事实和细节,他要把很多具体细节了解得清清楚楚。比如,前面提到的"万名农民工绿色网上行"项目,当时汇丰银行提出了十几个问题,甚至会提出1万名学员到哪里去招生,他们对这些细节都要了解得清清楚楚。

第七,高情境文化的人使用抽象的或象征性的语言。很多社会组织在写项目计划书的时候,特别是写项目目标时,常常是一种口号式的空洞的语言,写得很笼统,很抽象。低情境文化的人使用清晰而明确的语言。比如,写项目目标一定要清晰、具体、可以衡量。

第八,高情境文化的人认为规则是可以改变的。有的社会组织拿到资金以后,没有经过资助者的同意,擅自变更项目内容或者资金使用的途径。低情境文化的人认为必须遵守规则制度。合同签订以后,就必须严格按照合同履行。如果需要改变,必须提出申请,要得到同意以后才可以改变。

通过对不同沟通文化的人的分析可以看到,高情境文化的人跟低情境文化的人在沟通方面还是有很大区别的。大家想一想,一般来讲作为资助方,属于高情境文化的人多还是低情境文化的人多?我在实践中发现,大部分资助方是属于低情境文化的人。所以,我们要了解他们的沟通文化,要按照他们的沟通习惯跟他们进行沟通,只有这样才能更好地跟他们建立关系,赢得他们的信任。

### (二)沟通的过程

前面讲了不同的沟通文化、沟通习惯,特别提到了很多资助方都是属于低情境文化的人。我们只有了解了他们的沟通文化、沟通习惯,才能更好地跟他们进行沟通,建立关系。有很多做筹资的人往往希望沟通一次就能成功,最好提出要求以后,资助者马上能够答应并采取行动。实际上这个想法不太现实,要想成功筹资,光讲一次是不够的。

下面给大家看一幅图,里面有四个概念:知晓、理解、态度、行动。这四个概念实际上是资助者采取资助行动的四个阶段、四个过程(见图8-2)。

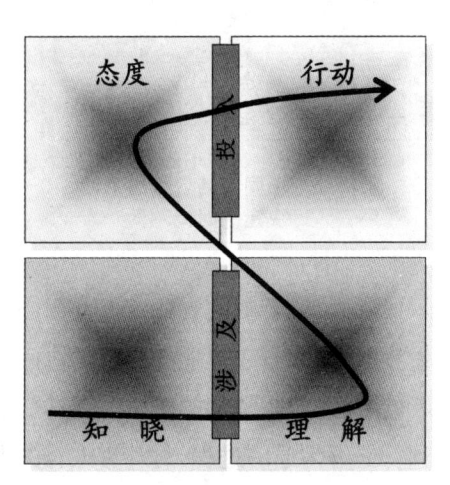

图8-2 资助者采取资助行动的四个阶段

第一,知晓。资助者首先要知道一些基本信息。比如,这是什么项目,为什么要做这个项目,项目服务对象是谁,项目有什么样的结果,机构是否有公信力，有没有执行力，等等。他需要知道这些信息。

第二，理解。知道相关信息以后资助者就会理解，这个项目非常重要，很有意义，会给服务对象带来受益和改变，值得资助。

第三，态度。理解了以后资助者就会有个态度——同意资助。由于是第一次合作，根据项目计划书和预算先资助10万元。

第四，行动。有了同意资助的态度，最后资助者采取了行动，开了10万元的支票资助这个项目。

大家可以看到，资助者捐款10万元是要经过这样四个不同阶段的。有的筹款人往往希望最好讲一次，捐赠者就马上行动，实际上，一般来讲是不可能的。因为资助者采取行动，必须经过知晓、理解、态度和行动这样四个阶段。从知晓到采取行动的过程，有时候时间可能长一点，有时候时间可能短一点。比如，资助者第一次跟一个机构打交道，可能需要花点时间来了解这个机构，了解机构的能力，了解资助的项目，时间就要长一点。如果资助方跟一家机构已经有比较长时间的合作了，大家彼此都很熟悉、很了解了，这个时间可能就短一点。总之，不管时间长短，资助者要做出捐款的决定，一定会有这样四个阶段（见图8-3）。

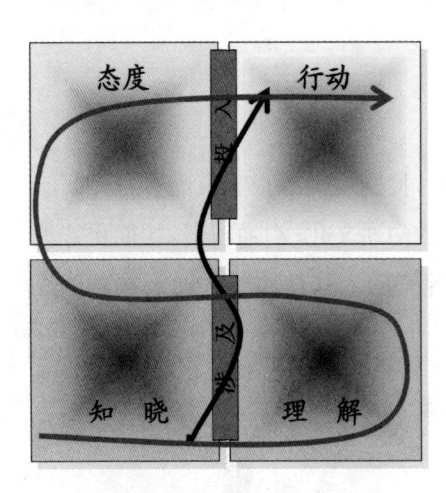

图8-3 不同资助者做出资助决定的时间不同

所以，做筹资的人一定要有耐心，要让资助者有时间去思考，去理解，去做判断。同时，还要能在很短的时间内讲清楚申请资助的理由，能引起资助者的兴趣，产生资助的愿望，最后同意资助。

了解沟通的过程，对筹资人努力做好自己的工作，更有效地去跟资助者沟通，争取得到资助，是很有帮助的。我们千万不能急于求成，期望一次成功。

## 五、不同资助者的共同之处

和资助者建立关系,要有耐心,要有恒心,不要期盼一次就成功。我们还要知道不同的资助者有哪些共同之处。了解这些共同之处,也有助于我们更好地和资助者建立关系,得到资助。

第一,各资助机构都是人来运营的,因此他们各自的兴趣、性格、爱好必须得到充分的尊重。每个人的特点、爱好、性格是不一样的,我们要有一种包容的心态。要接纳和包容资助者的不同兴趣、性格、特点,不要强加于人。这对跟他们建立关系是很有好处的。

第二,项目官员是看门人,必须尊重他们,注意不要绕过他们。因为中国人有时办事情,喜欢找领导、找上级,希望借助领导和上级的权力和影响力办成事情。但是在做筹资的时候,千万不要采用这种简单的方法。在一些大的基金会,或者企业CSR部门,项目官员还是有一定权力的。如果在他对项目还有不同看法时,绕过他直接找领导,或者借助领导的影响迫使他同意对项目资助,实际上是对项目官员的一种不尊重,他会感到不高兴、不满意。因此,如果和项目官员发生分歧和矛盾,还是需要跟他本人直接沟通交流。解铃还须系铃人,千万不要绕过他们。

第三,最后期限可能有灵活性,但也可能没有,要接受资助者的决定。向资助者申请资助,一般是有时间限制的,我们必须要按照资助者规定的最后期限递交申请。如果觉得时间太紧,可以跟资助者商量是否可以延长。资助者同意延长,就延长;如果不同意,就要严格按照规定的期限提交申请。

第四,如果项目官员愿意,在写建议书时尽量向他咨询。这点非常重要。这样做的好处:一是听取项目官员的意见,向他们咨询,表示对他们的尊重和重视。二是向他们咨询,听取意见,有助于得到更多信息,特别是了解他们对项目的要求。这样可以使项目计划能更符合资助者的要求,增加得到资助的机会和可能性。比如,我向汇丰银行申请经费,在写项目计划书前都会主动和汇丰的项目经理沟通,了解需求,听取意见。有时我还会把项目计划书的方案发给他们，征求他们的意见。这对最后递交的项目计划书能符合汇丰的要求，最终得到资助非常有好处。另外，我们还要尽量了解资助者可以资助多少金额，这有助于项目预算做得更合理。

第五，如果项目申请遭到拒绝，可以向资助者询问申请书被拒绝的原因，以便以后写申请书能更加符合资助者的要求。也可以探询一下是否可以提交另外一份项目申请书或者请他们把这个项目推荐给熟悉的可能对这个项目有兴趣的资助者，以增加得到资助的机会。

> **思考题**
>
> 1. 社会组织资金来源的主要渠道有哪些？
> 2. 筹资有哪六个基本步骤？认可和问责这个步骤为什么非常重要？
> 3. 筹资时我们需要了解资助方的哪些信息？
> 4. 影响资助的主要因素有哪些？
> 5. 低情境人和高情境人在沟通方面有哪些不同点？
> 6. 资助方采取资助行动要经过哪四个阶段？

# 第九讲　社会组织的筹资(下)

## 一、做一个优秀的筹款人

### (一) 筹款人的五大重要原则

筹款工作是要靠人做的,要做好筹款,实际上对筹款人的素质、能力、专业提出了很高的要求。筹款这项工作在中国还是刚刚起步,我们需要借鉴国际上的成功经验,帮助我们做好筹款工作。这里给大家介绍《国际筹款伦理守则》,里面提到了筹款人的五大重要原则,这也是我们做好筹款必须遵守的。

1. 诚实。筹款人在任何时候都要诚实、真实,这样才能保障公众信任,筹款人和受益人才不会受到误导。

2. 尊重。筹款人在任何时候都要尊重职业和组织的尊严,也要尊重捐款人和受益人的尊严。

3. 公正。筹款人需要公开行动,尊重他们对公众信任所承担的责任,需要公开所有实际或者潜在的利益冲突,并避免出现任何个人和专业失当的行为。

4. 同理心。筹款人需要以同理心向目标推进，并鼓励他人以同样专业的标准及约定来开展工作，筹款人必须尊重个人隐私、自由选择权和多元化。

5. 透明。筹款人需撰写清晰的工作报告，以精准和容易理解的方式说明捐款的管理、分配、成本以及支出。

中国所有社会组织做筹款的人都必须遵守这五条原则，只有这样才能做好筹款工作。

### （二）一个优秀的筹资人应具备的特征

1. 使命感和自律。我们不是为自己筹款，是为履行机构使命筹款的。所以，机构要有使命，做筹款的人也要有一种使命感，要做到自律。这种使命感是可以感动、影响资助者的，很多时候资助者是认同机构的使命才愿意捐款的。

2. 自信。自信是做筹款的人一个非常重要的特点，也是做好筹款的重要条件。筹款不是一次成功的，筹款过程中也会碰到各种矛盾、挫折，甚至遭到拒绝。因此必须自信，自信就是要相信自己，对自己有信心。自信可以转化为一种动力、一种影响力，有助于赢得资助方的信任，做好筹款。一个人没有自信的话，就输掉了一半，也很难赢得别人的信任。

3. 理解能力。要有同理心，要将心比心，换位思考；要了解和满足捐赠方的需求。如果资助方暂时没有资助，我们也不能一味地抱怨和责怪，要站在捐款人的立场上想一想他有哪些需求，哪些期待，我们是否能满足他的需求。只有做到将心比心，换位思考，才能更好地赢得资助方对我们的理解和信任，最后给我们捐款。

4. 责任感。一个优秀的筹款人一定要有强烈的责任感和问责意识。因为钱意味着责任，钱越多，责任越大。只有有了责任感，才能真正按照捐赠人的意愿来使用捐款，才能让捐款真正产生实际的成果。这样才能够更好地赢得资助方的信任，才有可能源源不断地从资助方那里得到更多的资金和支持。实际上责任感不仅是一种好的品格，也是在做筹资时一种非常重要的竞争优势和无形资产。

5. 积极主动,保持一颗平常心。我们要主动、主动、再主动,要主动地提出捐款的要求,不要不好意思。在筹款中碰到一些矛盾、挫折,甚至遭到拒绝时,要有一种平常的心态,不要灰心,不要沮丧,更不要对自己失去信心。

6. 诚信。现在中国社会组织的一个痛点就是公信力偏弱。如果一个筹款人讲诚信,有良好的信誉,就能够更好地赢得资助者的信任。这也是一种重要的竞争优势和无形资产。

7. 执行力。我们必须言行一致、说到做到,必须严肃认真地履行承诺,做出成果。现在有些筹款人在筹款的时候讲得非常好,但钱拿到了以后项目做得不尽如人意,甚至质量很差,问题很多,使资助者失去信任。我们必须有很强的执行力,真正做出成果,赢得资助方的信任。

8. 执着。就是要坚持不懈,不轻言放弃。因为我们是为了实现机构的使命,为了更好地满足服务对象需求而去筹资的,筹资是非常光荣的一件事情。我们要坚持,不要轻易放弃,我们需要用这种执着的精神,去影响、感染资助方。

筹资就是做人,要做好筹资,一个筹资人必须加强自我修炼,不断提高自身素质。

### (三) 筹资是机构每一个人共同的事情

这里跟大家分享一个非常重要的观点:筹资不仅仅是机构少数人的事情,而是机构每一个人共同的事情。机构的每一个利益相关者,特别是员工、志愿者、受益者都有责任并且会直接影响到机构的筹资工作,不管他们是否直接面对捐赠者,他们的一言一行都会影响机构的形象和我们的效率以及能否成功筹资。这个观点非常重要。大家知道筹资工作主要是由机构领导人或者筹资人去做的,但是一个机构能不能筹措到资金,资助者愿意不愿意捐款,除了领导人和具体筹资人员要做好工作以外,跟机构每个人的言行都是有关系的。前面谈到,捐赠是一种交换,资助者是拿钱和项目成果交换的。项目的成果是由服务对象的改变和受益体现的,只有服务对象改变了，受益了，有了成果，资助方才愿意资助。如果没有员工的努力工作，没有服务对象的支持、配合，项目很难取得成果。所以，我们要做好服务对象的工作。比如，我们机构做所有项目都要搞一个启动仪式，要让服务对象知道为什么要做这个项目，项目经费是谁出的，项目做了以后要有什么成果，还要对他们提出一些要求。因为只有服务对象知道了，重视了，才会保证出勤，接受服务，配合我们一起做出成果。比如，我们的就业培训项目要达到50%就业率，如果没有服务对象的配合，他们不去就业，这个50%的就业率的指标是完不成的。反过来，只有得到他们的配合和支持，实现了50%的就业率，我们才有可能继续得到资助方的捐款。

机构里有些工作人员，可能不直接从事筹款工作，但是他们的言行对机构的形象也会有很大的影响。比如，机构里面接电话的人，语气亲切、态度和蔼，别人对这个机构就会有好的印象。再举一个例子，我曾经为上海一家专门做自闭症服务的机构主持过一次战略规划会议，我要求机构所有的员工都参加。会议结束前，我请参加会议的每个员工谈一点体会，其中有一位40多岁从外地农村到上海的女同志，在这个机构里做卫生工作。她说："参加了今天的会议，我知道了自己工作做得好不好会直接影响机构的工作和筹资。"她讲得很实在，因为她把卫生搞好了，整个学校非常整洁干净，环境很美，家长就愿意把孩子送过来，资助方也会对机构有一个好印象。所以，一个普普通通的清洁工，也会影响到机构的筹款工作。社会组织的每一个成员都要用自己的良好言行，为机构树立良好的形象，促进机构的筹资工作。

## 二、常见的筹资形式

对社会组织来说，筹资是一项较为复杂的、专业的活动，需要制定切实可行的计划、采取合适的策略、具备能干的团队或人员，这些都是筹资前必须做好的准备工作。成功筹资要让合适的人，在合适的时机，以合适的方式，向合适的可能捐赠者，为合适的公益目标，提出合适的捐赠请求。这是做好筹资应当遵循的"六大合适"原则。

筹资的方式有很多种,现对一些主要的、常用的方式做一介绍。

### (一) 组织、举办筹款活动

这是社会组织募集资金的常用方法。筹款活动的形式丰富多彩,包括(1) 社交活动。如捐赠物品拍卖会、义卖会、展览会、慈善晚宴、沙龙、周年庆典活动等。比如,上海市慈善基金会每年在春节前要搞"蓝天下的挚爱"大型慈善活动,其中有一个项目叫"千店义卖活动",所有参加这个活动的商家会把每天销售额的1‰捐给上海市慈善基金会。这是基金会坚持多年的一种专项的筹款活动。(2) 文艺演出活动。如慈善音乐会、舞会、文艺晚会、时装表演、电影首映式。比如,爱的分贝基金会组织由中央电视台著名主持人参加的朗诵会,为聋哑儿童筹款。(3) 体育活动。如慈善慢跑、篮球、足球、乒乓球、羽毛球、自行车、游泳、趣味运动会等。

### (二) 企业冠名

随着企业社会责任意识的增强,现在越来越多的企业愿意做公益,社会组织开展项目和活动可以用企业冠名来向企业筹资。

### (三) 名人效应

可以利用社会上一些明星或者一些有影响力的人物来帮助我们筹款。比如,上海市慈善基金会和上海东方卫视合作过一个项目叫"闪电星感动"。有一个家庭贫困、患先天性心脏病的孩子,需要15万元动手术。节目组邀请来一位电影明星,这位明星用一支钢笔,通过不断的物物交换,最后筹到了15万元手术费。节目组拍摄了物物交换的全过程,并在电视台播出,起到了很好的传播慈善文化的作用。

### (四) 设立专项基金

没有公募资格的社会组织,可以在有公募资格的基金会或者慈善组织下面设立一个专项基金。这个专项基金可以按照捐赠人的意愿使用经费。除了可以接受特定资助方的捐赠外,它也可以向社会公开募集资金,扩大专项基金的来源。

### (五) 网络筹资

随着互联网和信息技术的快速发展,利用数字传媒工具进行宣传、筹款,已成为很多社会组织的一种新型筹资方式。具体来讲,可利用的筹资工具主要有:(1) 互联网。利用民政部批准的网络捐赠平台发布社会组织的项目信息和筹资宣传广告,可实现在线实时募集资金。(2) 电子邮件。即向筹款对象发送电子邮件,请求对方捐款。(3) 微信和短信。(4) 数字和纸质传媒。通过在电台、电视台播放公益广告、宣传片以及在报纸杂志上发布筹款信息、刊登项目故事,争取社会公众给社会组织捐款。

### (六) 政府购买

这也是一种非常重要的筹资方法,因为政府购买服务是社会组织资金来源的一个重要渠道。现在政府一再强调要加大购买服务的力度,要优先向社会组织倾斜,而且购买服务的力度越来越大,这对社会组织是一个利好的消息。比如,上海市静安区2018年政府购买服务资金超过1亿元,一个街道购买服务的资金超过五六百万元。现在政府购买服务的主体除了政府部门,还有工会、共青团、妇联、残联等群团组织。社会组织可以通过项目申请购买服务的资金。

### (七) 个人劝募

主要利用亲戚、朋友、熟人等私人关系,通过沟通交流、表达需求、请求帮助,说服潜在资助方进行捐款。

总之,筹资的方式是多种多样的,每个社会组织要根据机构的实际情况,根据服务对象、服务领域、筹资需求采取合适的筹资方式。资金来源要多渠道,筹资的方式也可以多元化。有一点要特别提醒的,就是按照《中华人民共和国慈善法》有关规定,不具有公开募捐资格的组织或者个人基于慈善目的,不能单独公开筹款。但可以与具有公开募捐资格的慈善组织合作,由该慈善组织开展公开募捐并管理募得的款物。

做过筹资的人都有这样的体会,采取的筹资方式不同,筹资的效果也会有所不同。美国印第安纳大学筹款学院有一份关于"筹款有效性的阶梯"的资料(见图9-1),按有效性程度,列出了九种筹资方式。它的有效程度自下而上递增。

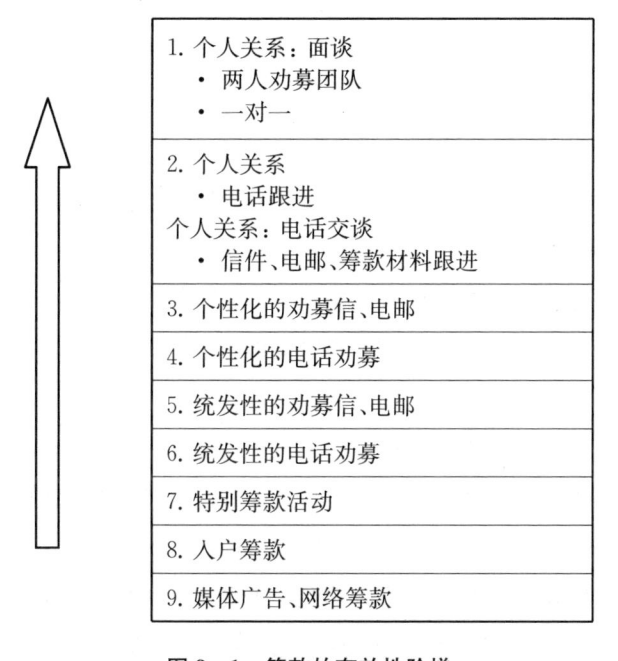

1. 个人关系：面谈
  · 两人劝募团队
  · 一对一
2. 个人关系
  · 电话跟进
  个人关系：电话交谈
  · 信件、电邮、筹款材料跟进
3. 个性化的劝募信、电邮
4. 个性化的电话劝募
5. 统发性的劝募信、电邮
6. 统发性的电话劝募
7. 特别筹款活动
8. 入户筹款
9. 媒体广告、网络筹款

**图9-1　筹款的有效性阶梯**

从这份资料当中就可以看到,国外的筹款方式也很多,有一对一的、写信的、打电话的、搞专门活动的、通过网络的、通过邮件的,形式很多。但是我们可以看到筹款时所要求的金额越高,筹资方式就越依赖于个人关系。通过个人关系与可能的资助者面谈是最为有效的筹资方式。如果我们真的要做一些大额筹款,就需要一对一的面谈。因为资金数额比较大,只有通过一对一的沟通、交流,才能让资助方有机会更好地了解和掌握他所需要的信息,使他能够采取捐款的行动。每个社会组织要从自己机构的实际出发,选择合适的筹资方式。

## 三、获得资助以后应该做什么

获得资助以后应该做好对捐赠者的认可和问责,这是筹资当中非常重要的一项工作。这项工作做好了,有助于我们得到持续的资助,包括扩大捐赠人队伍。但这也是现在社会组织筹资时容易忽视或者做得还不够的地方。

获得资助以后,我们应该做到以下几点:

第一,要跟资助方签订协议。只有签订协议,资助关系才能够正式确定。以前出现过这种情况,有的资助者只有口头承诺,后来由于情况发生变化,承诺无法兑现。如果没有书面协议,资助者承诺的捐赠不能落实,会给社会组织带来麻烦和困难。所以,如果资助者表示同意资助,一定要签订正式的捐赠协议。

第二,要履行对捐赠人的承诺。这是社会组织公信力的重要表现。我们在签订协议前一定要想清楚承诺的事项能否做到。如果做不到,就不要随意写进协议里,写进去了必须坚决按照协议来履行。

第三,要对资助者表示感谢。这是一种态度,一种诚意,是对资助者的尊重和认可。表示感谢的方式很多,口头的、书面的、打电话、发邮件都可以,但是一定要有心存感谢的态度。如果是大额的捐款或者是第一次得到捐赠,最好由机构的主要负责人当面向资助者表示感谢。

第四,要把捐款用到实处。要尊重捐赠人的意愿,按照他的意愿来使用捐款,千万不能擅自变更用途。

第五,要精心组织项目的实施。这里讲的精心,就是要做到认真负责、一丝不苟,这样才能够保证项目的质量。

第六,要及时跟资助者进行沟通、反馈。有的社会组织往往是等到项目结束后才给资助者写一个报告,这个做法不妥当。资助者非常希望了解项目的进展情况,特别是希望看到项目实施以后的成果。所以,我们要主动保持跟资助者的联系、沟通,及时反馈项目的进展情况和项目成果。

第七,要邀请资助者参加和项目有关的活动,跟服务对象接触,进行实地考察,参与项目的评估。这对资助者更好地了解项目的实施情况和项目成果是非常有好处的。比如,我们在做汇丰银行资助的公益项目时,每次都邀请汇丰有关领导或者项目官员参加项目启动仪式和相关活动,到现场跟学员接触,请学员谈参加项目以后的体会、收获,请用人单位谈汇丰资助的学员在企业的表现。汇丰看到资助的项目能顺利实施并且很有成效,感到非常满意,很愿意持续提供资助。

第八,要对资助者进行必要的宣传。虽然很多资助者捐款,不是为了出名,为了宣传,但我们还是应该千方百计地做好必要的宣传工作。这不仅仅是宣传资助者一个机构、一个企业,更主要的是弘扬他们的慈行善举和社会责任感,这对调动资助者的积极性,激励他们持续捐赠是很有好处的。

## 四、从项目筹资到资金发展战略

筹资是从具体的项目开始的,但是一个机构的筹资不能仅仅满足于项目筹资,需要从项目筹资往资金发展转变,实施资金发展战略。德鲁克在《非营利组织的管理》这本经典著作中非常明确地提出:一个社会组织需要有清晰的使命,同时也需要有三大战略。第一,营销战略。我前面讲的做项目就是做营销。第二,创新战略。因为需求是在不断变化的,只有通过不断创新,才能更好地满足客户的需求。第三,资金发展战略。通过资金发展战略扩大捐赠者,发展能长期给机构捐赠的捐赠团体。资金发展战略对社会组织的领导人来讲是特别重要的。

下面介绍一下德鲁克关于资金发展战略以及如何做好资金发展的思想。

## （一）清晰明确的使命和公信力

德鲁克指出：资金发展的前提就是清晰明确的使命和公信力。清晰的使命可以让不熟悉组织的人了解组织存在的理由和目的及组织目前的工作。资助者之所以会给一个社会组织捐款，一定是认同这个机构的使命。如果一个机构没有使命或者使命不清晰，必定会影响到筹资。人们是因为使命的认同而给于捐款。要做好资金的发展，社会组织一定要有清晰的使命，通过使命去吸引资助方，去争取资助方对机构资助。同时，在筹款的过程当中，时刻不能偏离使命，这就是说我们不能为筹款而筹款。因为资金对社会组织来讲，不是目的，而是手段。有了资金可以帮助社会组织更好地去完成使命，更好地为服务对象服务。这就要求在筹款的过程中，一定要符合机构的使命，如果说这个项目和资金跟机构的使命不符合，我们就要果断地说"不"，而不能轻易接受，这是做好资金发展非常重要的一点。德鲁克告诫我们："永远不要为金钱而放弃自己的使命。如果你眼前突然冒出一些可能与组织使命相悖的机遇，记住一定要学会放弃，否则你就会出卖自己的灵魂。"

诚信是社会组织筹资的基础，具有诚信形象和良好社会声誉的组织才能够得到包括受益人、资助者及合作伙伴和公众的认可。越来越多的社会组织已经意识到培养公信力的重要性，并从公信力培养的过程中获益。

捐赠前，每一位捐赠者都会对所希望捐赠的社会组织做一定的了解，在信任的基础上，才能放心地给予。同样，在捐赠后，捐赠者也都希望和所捐赠的社会组织保持联系，确保自己的捐赠落到实处。捐赠者不会只是因为社会组织有需求而捐赠；他们之所以捐赠，是因为组织能够满足他们自身的需求。反之，如果非营利组织自身缺乏良好的运作和管理机制，则很难让捐赠方对组织建立积极的信任关系。例如，内部规章制度缺乏或者不完善，缺乏合理的治理结构，缺乏具有专业技能的员工，资金管理不规范甚至是滥用资金，以及缺乏公众知名度所带来的种种问题都会影响筹资的可能性。

关于使命和公信力对筹资的重要性，我反复和大家强调一个观点：公信力决定有没有钱,使命决定有多少钱。现在中国有一些社会组织表面上看是缺钱,而背后是缺少使命和公信力。使命和公信力是筹资中的"道"。做好筹资和资金发展必须"道""术"结合,不能重"术"轻"道",不能只讲"术",不讲"道"。没有"道",再好的"术"也难以发挥作用,甚至可能产生不良的后果。

### (二)把资助者当作客户

我们要制定有效的战略去了解资助者,要把资助者当作客户。做社会组织、做筹资必须有客户的概念。资助者是社会组织重要的支持客户,既然是客户,我们必须要了解他们的需求。只有了解和满足资助方的需求,他们才能够给我们捐款。在跟资助方接触沟通的过程中,在筹款的过程中,不要简单地说"我需要你的帮助,需要你们的支持"。因为这样讲,好像是社会组织单方面争取资助者帮助。我们应该说:"这是你需要的,这些是通过你的帮助所取得的成果,这是我们为你做的事情。"前面讲过,捐赠是一种互利互惠的行为,不是单方面的恩赐。资助者给我们捐款,可以让我们去完成他自己做不了的事情,帮助他们实现自己的愿望,取得他们期待的成果。所以,要抱着互利互惠的心态做筹资。这样,有助于社会组织和资助者建立平等、互尊、互利互惠的良好关系,也有助于更好地赢得资助者的信任,从而得到他们的资助。比如,前面提到的"万名农民工绿色网上行"项目,汇丰银行尽管有资金,但做不了这个项目。汇丰给我们捐赠84万元,我们就可以做他们想做的事情,让他们的资金产生最大的社会效果。所以,我们筹资时一定要有互利互惠的心态,要想资助者之想,急资助者之急,做好为资助者的服务,满足他们的需求,做出他们期待的成果。

### (三)把筹资改为资金发展

筹资和资金发展是两个不同的概念。现在国内各种培训讲得比较多的是筹资,筹资一般理解就是化缘,去争取资金。因为社会组织需要资金,要通过筹资,通过化缘来获得资金。资金发展的概念跟筹资是不一样的,它不是单纯为了项目需要筹措资金。资金发展是指要创建那些支持组织的活动并认为组织值得捐赠,而且愿意并长期持续给组织进行捐赠的捐赠团体。资金发展不同于一次性的筹资,是要培育和发展长期给组织捐赠的捐赠团体。筹资是短期的,是战术;资金发展是长期的,是战略。

社会组织要做到资金来源多元化和稳定性,需要通过项目筹资,把一次性的筹资转化为资金发展。这就要求机构领导人在认识上要有一个大的转变。要树立资金发展的理念,要把资金发展作为机构的战略和一项极为重要的工作。只有这样,才能通过具体的项目筹资,积极培育长期捐赠者,主动扩大捐赠团体。这对保证社会组织资金来源的多元化和稳定性是非常有好处的。

**(四) 理事会是资金发展的第一责任人**

做好资金发展必须充分发挥理事会的作用,资金发展的第一责任人是机构的理事会。社会组织的理事会有十项职责,其中有一项非常重要的职责就是要保证机构资金的落实和资金使用的规范、安全、透明。做好资金发展,必须要发挥理事会的作用。理事会成员在资金发展中的职责主要有如下三个方面。

第一,要带头捐赠,树立榜样。在国外,很多非营利组织,特别是基金会的理事会,很多理事本身就是机构的重要捐赠人。社会组织理事会的成员应该带头为组织捐款,树立榜样。

第二,要在机构中保证资金使用的规范性、有效性和安全性。这是问责的问题,也是公信力的问题,需要理事会加强对资金使用的有效监管。

第三,理事会的成员要积极主动地帮助机构建立广泛的捐赠网络,要发挥理事在人际关系和社会资源方面的优势,千方百计为组织开拓筹资的渠道,争取更多的资金来源。有时候理事会成员不一定自己捐款,但可以利用其社会关系和社会资源开拓筹资渠道,努力做好劝募工作,给机构带来资金。

上海市慈善教育培训中心 20 多年来十分重视资金发展,比较成功的一点就是能够充分发挥理事会的作用。比如,培训中心 2005 年做了一个"阳光下展翅"的项目,帮助上海社区 25 岁以下、家庭贫困、只有初中文化程度的失业青年就业。这个项目开始是汇丰银行资助的,服务了 800 名受益人。但是第一期项目结束以后,汇丰银行就不再资助了。为了把这个有需求的项目能够持续开展下去,培训中心就请机构的理事长夏秀蓉(她曾担任过上海市教委副主任,时任上海市慈善基金会副理事长)跟上海市教委联系,最后市教委同意通过购买服务的方式对这个项目进行支持。2006—2014 年,市教委为这个项目买单 3 000 多万元。这个项目之所以能够持续、顺利地实施 10 多年,并且获得了"中华慈善事业特殊贡献奖",一个关键因素就是理事会成员发挥作用,帮助解决了资金问题。所以,社会组织在做好资金发展的工作中,必须充分发挥理事会的作用。这也是理事会的一项重要职责。

### (五)建立长期捐赠团体

资金发展的最终目标是建立长期的捐赠团体。这个捐赠团体就是能够长期、稳定地给机构提供资助的资助者。

如何建立长期的捐赠团体呢?

第一,要跟他们建立长期的合作关系,让他们觉得对机构的资助,对项目的资助是很值得的。我们需要通过项目的成果,使他们愿意捐赠,而且在捐赠以后能够把这种合作关系持续保持下去。所以,资金发展首先是从项目筹资开始,在项目筹资的基础上,找到合适的资助者,通过我们的努力,把它发展成为能够长期给机构提供资助的资助团体。

第二,在做好资金发展的过程当中,一定要跟资助者共同成长。要提高资助者对我们机构使命的认同,要充分肯定资助者对我们机构的贡献,让他看到他的资助对机构的发展,给服务对象带来的改变和收益,对社会带来的价值。这需要我们进行长期的努力,而不是短期的行为就可以解决的。比如,我们培训中心在跟汇丰银行合作的过程当中,就非常重视跟汇丰银行的交流、沟通和信息反馈。通过精心实施汇丰银行资助的每一个公益项目,使他们看到项目的成果,看到机构的公信力和执行力,看到项目的社会影响力,这对汇丰银行愿意长期资助我们起到了非常好的作用。所以,社会组织如果能够做到从项目筹资向资金发展的战略转变,对机构资金来源的多元化和稳定性是非常有好处的。我们一定要认真学习、努力实践德鲁克关于资金发展战略的重要思想,促进机构的健康持续发展。

## 五、筹资总结

为了做好筹资,一个社会组织需要努力做到以下几点。

第一,要有清晰的使命和明确的劝募目标。

第二,要和资助方建立长期的关系,并且促使他们加强对我们组织的支持。

第三,要通过市场研究,了解资助方这个重要的支持客户和合作伙伴的需求。同时,要努力满足他们的合理需求。

第四,要关心、善待和培育资助者。

第五,要根据资助方的能力提出资助要求。如果提出太高的要求,或者是资助方能力所不能及的话也很难达到资助的目的。

第六,要建立和发展校友网络。校友网络是德鲁克在资金发展战略中提出的一个非常重要的概念,美国很多私立大学的资金一个非常重要的来源就是校友的捐赠。建立和发展校友网络就是要求我们重视服务对象的作用和价值,要通过我们的工作使服务对象从受助者能够变成对机构进行捐助的捐赠者。比如,我们上海市慈善教育培训中心十多年来筹措大量资金对贫困大学生开展免费创业培训,帮助了很多学员成功创业。我们就发动成功创业的学员捐款,在2015年成立了上海市慈善教育培训中心创业基金,通过建立创业基金来帮助其他需要接受创业培训和创业指导的贫困大学生。这就是建立和发展校友网络的价值。

第七,要及时向资助方做好信息的反馈和成果的分享。

第八,要建立强有力的理事会(董事会)。要充分发挥理事会(董事会)

在筹资和资金发展当中的重要作用。

第九,要加强对员工和志愿者的培训。因为筹资是机构每一个人的工作。

第十,要建立和发展自己的核心竞争力。社会组织只有有了自身优势和核心竞争力,才能更好更多地得到资助方的信任和资助。

第十一,要有专业的良好的沟通能力。这对做好与资助者的沟通、交流并建立和维持关系是非常重要的。

第十二,要精心组织项目的实施,做好项目的管理和规范的运作,注重项目的成果。

第十三,要认真做好项目的财务管理,做到规范、公开、透明、合法。严格按照资助者意愿和要求使用经费。

第十四,要有选择地接受捐赠。接受的捐款要与机构的使命相一致。

要做好筹资,必须不断提高自身素质、提高专业能力和专业水平,必须加强学习。除了学习筹资方面的知识外,也需要学习别人成功的经验。

最后,跟大家分享著名的筹款专家金·克莱恩的宝贵经验。他结合自己多年做筹款的实践和体会,提出了做好筹款的八个建议。

第一,要主动出击。

第二,收到善款后应该立刻书面致谢。

第三,捐助者不是自动提款机。

第四,多数的捐助者是普通大众,而非富人。所以,在捐款的过程中,不能只是眼睛盯住少数富人或者有钱的基金会,要面向普通大众。

第五,资助者有说"不"的权利。

第六,优秀的筹资人应该自信,保持心态平和,并相信人性的本善。

第七,筹措资金是一种交换。资助者通过资助项目来实现他们自己不能够独立完成的工作。这一点特别重要。要从资助者那里得到资金,我们一定要想一想拿什么东西跟他们交换。如果我们的东西不是他们需要的或者他们认为没有价值,他们是不会捐助的。这就需要我们了解资助者的需求,做到互利互惠、公平交易。

第八,筹资的四个步骤:计划—计划—再计划—实施计划。这就告诉我们,做好筹资需要精心策划,做好充分准备,这样才能提高筹资的成功率。

八条建议里的很多内容,在前面我们也都提到过。这也说明做好筹资,是有一些共同的规律的。希望大家努力学习,掌握筹资的方法和技巧,提高筹资的能力,把筹资工作做得更有成效。

> **思考题**
>
> 1. 筹款人的五大重要原则是什么?
> 2. 为什么说筹资是机构每个人共同的事情?
> 3. 常见的筹资形式有哪些?
> 4. 获得资助以后应该做什么?
> 5. 什么是资金发展?为什么要从筹资向资金发展转变?
> 6. 如何做好机构的资金发展战略?

# 第十讲 社会组织的创新(上)

## 一、什么是创新

### (一) 创新需要破除的认识误区

创新现在是一个非常热门的话题,各种媒体不断在报道创新。怎么认识创新,社会组织怎么创新,要想成功创新,首先要破除对创新的一些认识误区。

第一个误区,把创新与聪明的创意或者发明混为一谈。比如,现在有很多公益创业大赛、商业创业大赛。但实际上,很多创业大赛,很多商业计划书,它仅仅是一个想法、一个点子。很多想法、点子尽管听起来很动人,但是它没有去做,没法做,或者做了也没有结果。所以,想法、点子、创意不是创新,创新一定是一种实践和行动,一定要有结果。不能转化为行动和结果的创意和点子都是没有意义的。

第二个误区,把创新仅仅理解为企业的创新、科技的创新。从媒体的宣传中可以看到,现在讲创新比较多的是企业创新、技术创新。事实上除了企业创新、科技创新,创新还包括非常重要的社会创新,社会组织是社会创新的重要主体。

第三个误区,把创新看成是仅仅企业需要创新。把创新看成是开创一种新的生意,或者一个新的事业,这叫作创新。实际上,创新不仅仅是开创一种生意,不仅仅是开拓一个新的领域,社会组织同样需要创新。

第四个误区,认为创新非常高大上,只有文化水平很高的人、聪明的人才能创新,自己是个普通人,学历也不高,水平也不行,创新和我无关,我不能创新。实际上,创新不是天赋,创新和年龄、学历、水平没有直接关系,创新是平凡人的事情,创新需要踏踏实实地干,每个人都可以创新。

上述这些误区、这些错误的认识会影响创新,所以必须首先在思想上破除误区。要想创新,很重要的一点就是必须正确地认识和理解创新。

### (二) 德鲁克关于创新的主要观点

著名管理大师彼得·德鲁克1985年专门撰写了《创新和企业家精神》这本经典著作。20多年前,我学习德鲁克就是从这本书开始的。我和大家分享一下德鲁克关于创新的主要观点。

1. 什么是创新,德鲁克没有专门下过定义,他对创新有不同的表述。

第一,德鲁克曾经这样解释创新:"创新活动赋予资源一种新的能力,使它能创造财富。"按照这样一个观点,比如,以前大家对慈善的理解就是给钱给物,授人以鱼。1995年1月,上海市慈善基金会和上海第二工业大学联合成立了上海市慈善教育培训中心,通过知识扶贫、就业技能培训帮助下岗失业人员实现再就业,从这个意义上来讲,慈善教育就是创新。因为原来下岗失业的人员是社会弱势群体,是需要帮助的。但是通过慈善教育,他们实现了就业,由社会的包袱变成创造财富的劳动者。所以,慈善教育就是创新。

第二,德鲁克指出:"创新就是改变产品服务,为客户提供价值和满意度。"创新的重要标志就是一定给客户带来价值,提高他们的满意度。从这个意义上来讲,我们在工作实践当中一些小小的改变和改善,只要能够给客户带来价值,它就是创新。比如,现在买东西有一种支付方式叫作分期付款,分期付款不是银行发明的,是美国一家生产农机具的公司发明的。因为在美国，农民的耕地面积很大，靠人工收割，工作量又大又辛苦。有一家生产农机具的公司专门生产了收割机。收割机可以提高生产率，降低劳动强度，但是收割机是要花钱去买的。因为收割机的价格比较高，一次性付款很多农民买不起。所以，这家公司就发明了分期付款的方式，农民第一次只要付很少的钱，就可以把收割机开回家去用了。这样一种支付方式小小的改变，由原来的一次性付款变成了分期付款，它使农民能以未来的收入支付收割机的费用，既给客户带来了价值，提高了客户的满意度，同时也给企业带来了新的商机，这就是创新。

第三，德鲁克指出："创新是企业家特殊工具，他们凭借创新将变化当作是开创另一番事业或服务的大好机会。"这里讲的企业家不仅仅是商业企业家，也包括公益创业者。比如，我们国家过去是没有政府购买服务的，现在有了政府购买服务；过去政府购买服务力度不大的，现在力度越来越大。这是一种变化，也是创新的机会。现在很多承办政府购买服务的支持型社会组织就是抓住了政府购买服务这样一个变化带来的机会应运而生。上海市慈善教育培训中心就是抓住了国有企业改革后出现了大量下岗失业人员需要再就业这样的变化而成立的。

第四，德鲁克指出："创新不是发明，它是一个经济学或者社会学的术语，而非技术术语。"为什么不能把创意、发明、点子当作创新，因为发明、点子不一定有行动和结果。全世界的专利真正能够变成实践、产生商业价值的只有10%—15%。所以创新一定要有行动，要有结果。

第五，德鲁克对创新还有一个非常重要的观点："创新就是有计划的放弃。"因为一个组织的资源是有限的，只有有计划地放弃，即放弃自己不擅长的、没有优势的、不能满足需求、没有成果的事情，才能把有限资源用于那些能够满足需求、能给客户带来价值、产生成果的地方。

以上是德鲁克对什么是创新的一些重要的基本观点，给我们耳目一新的感觉。

如果要给创新下一个定义，我认为《企业型非营利组织》这本著作中这个定义还是比较贴切的。它把创新定义为："建立新的、更好的方式，以达到有价值的目标。"在理解创新的定义时,要注意三点:第一,目标。创新一定要有目标,要有成果。第二,有价值。这个目标要有价值,这个价值是对客户而言的,对客户一定要有价值。当然对客户有价值,也会给创新者带来价值。第三,这种有价值的目标是以新的、更好的方式达到的。新的、更好的方式没有限制,创新的方式是多种多样的,它不局限于某一种,只要有新的、更好的方式来达到有价值的目标,都是属于创新。创新无极限。所以,我觉得这个定义比较准确完整地表达了什么是创新。

2. 德鲁克强调社会的每一个部门,包括政府、企业和社会组织,都需要创新。这个观点非常重要,我们为什么要讲社会组织的创新,因为社会组织和其他组织一样,只有创新才能保持高度的灵活性和自我更新的能力。德鲁克还指出:"每一个组织的核心优势都不一样,可以说它是每个组织的个性,但是每个组织,不管是商业组织还是社会组织,都需要有核心的优势,那就是创新。所有机构的管理者要把创新与企业家精神作为组织和自己工作中的一种正常的、不间断的日常行为和实践。"

3. 德鲁克强调社会创新的作用。现在讲创新比较多的是讲企业创新、技术创新。当然,企业创新、技术创新非常重要,但是德鲁克认为,社会创新的作用和意义和技术创新是相当的。他指出:"我们进入了创新时代,但创新并不局限于高科技甚或一般的技术领域。事实上,社会创新也许比科技发明更重要,产生更为深远的影响。"

大家知道,我们国家经过 40 多年的改革开放,发生了翻天覆地的变化,中国现在已经是世界上第二大经济体。为什么会有这样巨大的变化,我认为非常重要的一个原因就是,30 多年前我国提出了社会主义市场经济理论和现代企业制度的概念。社会主义市场经济理论和现代企业制度的概念就是社会创新。没有社会主义市场经济理论和现代企业制度的概念,没有社会创新,不可能有经济建设的巨大成就,不可能有今天这样翻天覆地的变化。党的十八届三中全会提出了建立"现代社会组织体制"和实现"国家治理体系和治理能力现代化",这是具有深远历史意义的社会创新,其重要性绝不亚于 30 多年前提出的社会主义市场经济理论和现代企业制度的概念,并将随着时间的推移日益显现。

在讲到社会创新时,德鲁克特别提到了在今天这样一个创业型社会当中,有两个大量需要社会创新的领域,也就是社会创新的机遇。

第一,制定政策以安置剩余劳动力,就是解决就业问题。中国的基本国情之一就是人口众多,就业压力始终存在。在中国只要是做促进就业的工作的,就有做不完的事情。20世纪90年代是解决"40、50"就业问题,21世纪初要解决"20、30"就业问题,后来又有农民工、农民工子女的就业,现在又出现了大学生的就业矛盾。党的十九大报告中指出:"就业是最大的民生。要坚持就业优先战略和积极就业政策,实现更高质量和更充分就业",要"提供全方位公共就业服务,促进高校毕业生等青年群体、农民工多渠道就业创业"。我们去做促进就业创业的工作,就是一个很好的社会创新的机会和来源。

第二,有组织、有系统地放弃已经过时的公共政策和公共服务机构,这也是我们社会创新的重要领域和来源。比如,前面给大家讲的政府购买服务就是对已经过时的公共政策的一种调整。过去我国的公共服务是由政府自己直接提供的,政府既是服务生产者又是服务监督者。现在政府转变职能,调整政策,大力推动购买服务。通过发挥市场机制作用,把政府直接向社会公众提供的一部分公共服务事项,按照一定的方式和程序,交由具备条件的社会力量承担,并由政府根据服务数量和质量向其支付费用。政府变成了服务购买者和监督者,这就是社会创新,可以提高资金使用的有效性,更好地满足社会需求,促进政府转变职能。再比如,现在很多地方的政府把政府投资建造的过去由政府直接管理的老年人日间照料中心、生活服务中心、文化活动中心等公共设施,通过购买服务交给社会组织运营管理,以提高其服务效能,这也是社会创新。社会组织如果能够主动去承接政府购买服务,承接政府投资建立的公共设施的运营管理,这就是一个很好的机会。因此,社会组织一定要充分认识社会创新的作用,要主动寻找和把握社会创新的机会。

4. 德鲁克提出了衡量创新成败的标准。现在创新中存在为了创新而创新，为了政绩而创新，为了满足领导需求、为了完成任务而创新。所以，有的时候创新流于形式，没有效果，浪费资源，服务对象不满意。德鲁克非常明确地指出：衡量创新成败的标准就是能否为客户创造价值。这就告诉我们，必须把满足需求、为客户创造价值作为创新的出发点和归宿。任何创新如果不能满足客户需求，不能为客户带来价值，都是没有意义的，也不会成功。在美国有一家铱星公司，它的业务是给外国发射卫星。这家公司投资100多亿美元，技术是世界一流的，但是，这家公司最后破产了。有人不明白这家公司技术是一流的，是很创新的，为什么会破产。因为它的技术开发投入了大量资金，要靠服务收入收回投资，因此它的服务价格很高。由于价格太高，客户买不起、用不起，最后这样一家技术一流的创新公司破产了。所以，创新必须从客户需求出发，要把满足需求、提高客户的满意度作为衡量创新成败的标准。这也是成功创新非常重要的条件。

5. 德鲁克指出，创新是可以作为一门科学去传授和学习的。创新可以作为一门学科展示给大众，可以供人学习，也可以实地运作。企业家应当有目的地寻找创新的来源，寻找预示成功创新的机遇的变化和征兆，他们还应懂得并应用成功创新的原则。所以，不要把创新看得高不可攀。我们可以通过学习，全面了解什么是创新、为什么要创新、从哪些方面创新、如何去发现创新的机会、如何坚持创新的原则，做到成功创新，从而提高机构的创新能力。

## 二、社会组织为什么要创新

德鲁克在《非营利组织的管理》这本经典著作中指出："非营利组织向来不缺少好的创意，缺的是将这些创意转化为实际成果的意愿和能力，这就需要一种创新战略。"目前，中国不少社会组织确实缺少将好的创意转化为实际成果的意愿和能力。

德鲁克告诉我们，社会组织不仅需要确定使命，还要有三大战略，即营销战略、资金发展战略和创新战略。社会组织主要是通过实施各种项目来满足社会需求,解决社会问题的。做项目必须从需求出发,做项目实际就是在做营销,所以社会组织要有营销战略。但是服务对象需求是在变化的,为了满足不断变化的需求,社会组织必须不断创新,这就需要创新战略。德鲁克曾经讲过,企业的目的是创造客户。因为是创造客户,企业有两个基本的职能,一个是营销,一个是创新。我认为这段话同样适用于社会组织,社会组织同样需要这两大职能。营销是满足客户今天的需求,不会营销,社会组织就活得很艰辛,甚至活不下去;创新是满足新的变化的需求,不会创新,社会组织很难持续发展。

### (一)"S 曲线"理论

这里给大家介绍一下管理大师汉迪提出的著名的"S 曲线"理论。任何事物都有一个生命周期,产品也一样,都要经历一个诞生、发展、成熟,然后慢慢走向衰退、死亡的过程。这个事物发展的生命周期就像一条 S 曲线。从这个 S 曲线图上我们可以看到,有些组织往往会在 B 点,就是这个组织开始走下坡路的时候开始重视,要采取措施,防止组织走下坡路(见图 10-1)。

但是,由于事物发展的规律决定了一个组织到了一定的时候,衰退是不可避免的。尽管可以采取一些措施,延缓组织的衰退,但是规律决定了衰退是必然的(见图 10-2、图 10-3)。

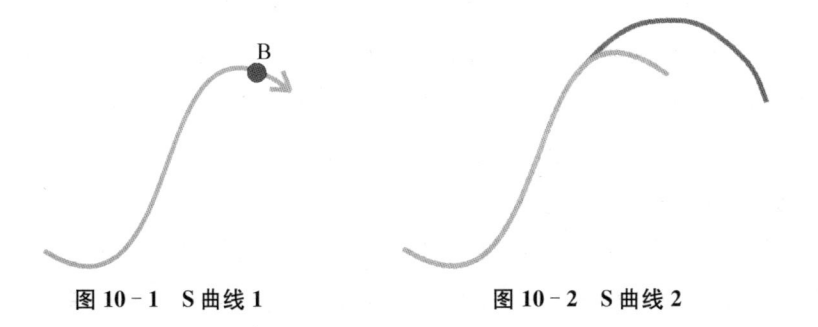

图 10-1  S 曲线 1    图 10-2  S 曲线 2

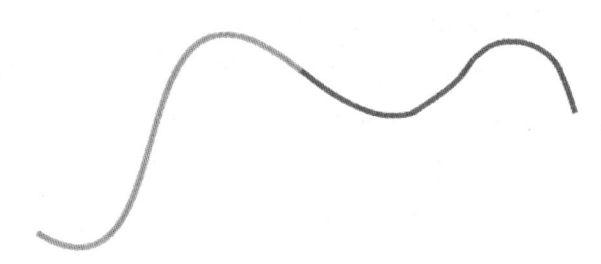

图 10-3 S 曲线 3

为了防止组织的衰退,使组织可持续发展,需要一个新的思路。我们要在组织发展过程中,在上升期间,找到一个 A 点,这个 A 点就是下一个 S 曲线的起跳点。如果我们能够找到 A 点,即下一个 S 曲线的起跳点,就能够保持组织的持续发展(见图 10-4)。

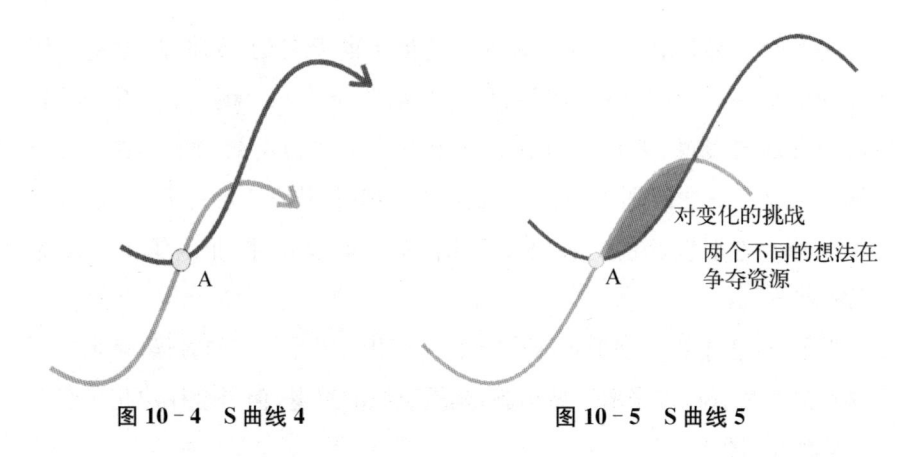

图 10-4 S 曲线 4    图 10-5 S 曲线 5

对变化的挑战
两个不同的想法在争夺资源

但是,一个机构的资源是有限的,眼前有很多事情要做,很多任务需要去完成。能不能找到这个 A 点,能不能为下一个 S 曲线的起跳投入资源,这里面就涉及两种思想的竞争(见图 10-5)。前面提到"创新就是有计划的放弃",只有放弃没有需求的、没有优势的、没有成果的东西,才能集中资源投入到下一个 S 曲线的起跳上。

对社会组织来讲,最大的挑战之一就是变化,我们要有居安思危、居危思危的意识。在机构比较顺利的时候、发展的时候、上升的时候,就要主动找到下一个 S 曲线的起跳点,要为创新投入必要的资源。如果我们能够不断地寻找到一个机构、一个项目的下一个 S 曲线的起跳点，就能保证机构的可持续发展。

以电脑为例，开始是体积像个房子一样大的大型电脑，后来出现了小型电脑，出现了台式电脑，再后来又有了笔记本电脑，到今天的掌上电脑、手机电脑（见图 10-6）。

大家看一看，就是这样不断创新，保持了计算机这个产品更好地满足需求，不断发展。在这个过程中，有的生产计算机的企业没有抓住机会，死掉了，但是，也有很多新的企业抓住了机会，发展了。

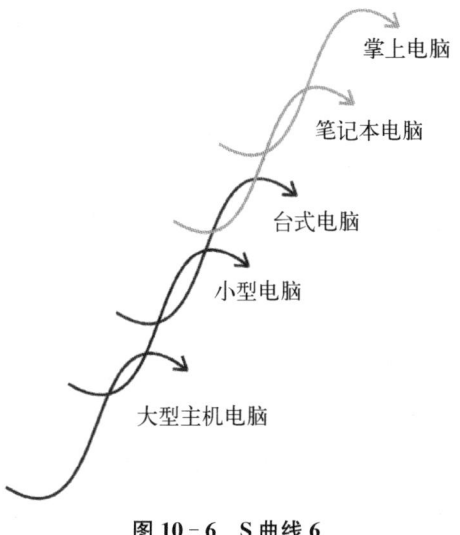

图 10-6　S 曲线 6

S 曲线的理论告诉我们，一个组织必须在机构的发展过程中，主动找到下一个 S 曲线的起跳点，并为创新投入资源。大量的事实证明，一个企业或组织即使过去很成功、很辉煌，如果不能做到创新，同样可能会面临风险，甚至会走向衰亡。每一个社会组织的从业人员，特别是机构的负责人，一定要思考这样一个问题：我的机构有没有找到下一个 S 曲线的起跳点，我们的下一个 S 曲线的起跳点在哪儿（见图 10-7）。因为只有找到了这样一个起跳点，机构才能更好地可持续发展。

通过 S 曲线理论的分析，可以看到一个成功的社会组织，一个要想持续发展的社会组织，必须要不断创新。

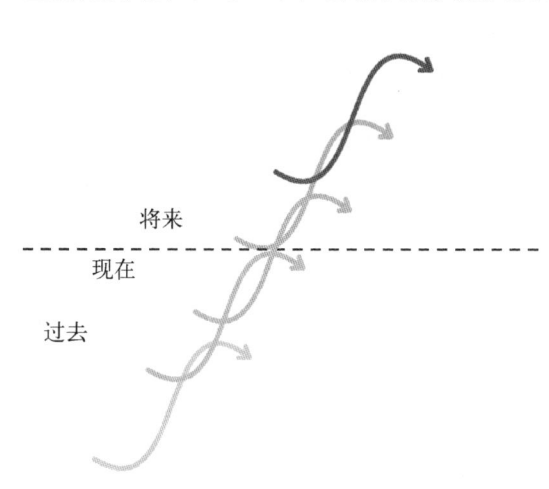

图 10-7　S 曲线 7

### (二) 社会组织创新的重要性

1. 创新可以更好地满足客户的需要，实现组织的使命。就拿我们机构来讲，开始是做"40、50"人员再就业培训，随着时间的推移，"40、50"人员再就业培训的需求逐渐减少，直至消失。如果不创新，机构就没有事情可做，也没有存在的必要了。但是我们坚持创新，主动寻找就业方面出现的新问题、新变化，根据新的需求先后开发和实施了针对上海社区失业青年、农民工、外来媳妇、农民工子女等不同对象的再就业培训项目。同时，又在就业培训的基础上开展了创业培训，从而保证了机构的可持续发展。所以，创新可以更好地满足客户的需求，实现组织的使命。

2. 创新可以拓宽资金来源的渠道。一个社会组织特别是社会服务机构的资金来源主要是三个方面：第一，政府购买；第二，社会捐赠；第三，服务收入。一般来说，不管是资助方还是购买方，不可能只是资助一个项目，社会组织必须根据需求开发新的项目。如果一个组织有很强的创新能力，就能不断开发项目，就有可能不断得到资助方和购买方的资助和购买，这对资金来源的稳定性是很有好处的。比如，我们机构有个非常重要的资助方——汇丰银行，他们从1999年就开始资助我们的慈善教育培训，到2022年底，汇丰银行对我们机构的资助超过了3 500万元。一家企业和一家社会组织合作时间之长，资助金额之多，在内地也是很少见的。但是在和汇丰合作的23年当中，我们先后给汇丰做了11个公益项目。正是由于我们的项目不断创新，能够得到资助方的认可，汇丰才会持续地资助我们。社会组织要想得到更多的资源，必须不断创新。

3. 创新可以使社会组织保持活力和持续发展。德鲁克指出："不进行创新是现有组织衰弱的最大原因。"今天每个组织面临的最大挑战之一就是变化。社会组织也会有竞争。随着社会组织的不断发展，数量越来越多，从整个行业来讲，是一件好事情。但是对一个社会组织来说，客观上也带来了新的竞争、新的挑战。德鲁克指出："预测未来的最好办法就是创造未来。"社会组织只有不断创新，不断地拓宽市场和服务领域，不断获得更多的资源，才能够保持组织的活力和可持续发展。

## 三、社会组织如何创新

社会组织的创新有六种情况,可以从下面六个方面做起。

### (一)开发新产品或改造老产品

这就要求社会组织能够做到项目创新和服务创新。大家知道,一个企业是通过产品和服务来满足客户需求的。同样,社会组织也需要通过项目和服务来满足服务对象的需求。由于服务对象是不断变化的,需求也是不断变化的,因此我们必须做到项目创新、服务创新,只有这样才能更好地满足客户需求。拿我们机构来讲,开始主要做就业技能培训,帮助了很多下岗失业人员、社区失业青年、农民工,通过培训实现就业。后来我们发现有些学员还想创业,就业技能培训已不能满足他们的需求,于是我们又开发了创业培训,创业培训就是项目的创新。在开展创业培训中,我们根据大学生和中专、技校、职校学生的不同需求,又分别做了针对中专、技校、职校学生的"上海青年创业夏令营"和针对大学生的"大学生创业培训"两个项目。后来,我们又开发了承接政府购买服务,托管大学生创业园区项目。2017年,我们又开发了公益创业培训项目。经过10多年的努力,我们的创业培训项目已成为上海最具公益性的、成效最明显的创业培训品牌项目。

产品创新可以是原创的,也可以是模仿创新。比如,我们可以引进一些已经成熟的、在本地也有需求的项目或服务。所以,社会组织可以通过公益项目的开发和服务方面的不断创新,更好地满足需求。

### (二)开发一个新的市场

这就是市场创新,这方面社会组织也是可以大有作为的。比如,我们的创业培训项目,开始主要是针对下岗失业人员,后来我们用这个项目为农民工服务、为外来媳妇服务、为高校里面的贫困大学生服务。他们是不同的群体,但都有接受创业培训的需求。通过市场的创新、市场的拓宽,使创业培训项目能够满足更多想创业人的需求。市场创新除了拓宽服务对象以外,还包括地域上的拓宽。比如,我们的创业培训项目原来在上海做,后来我们把这个项目做到新疆、重庆、昆山、张家港,这就是市场创新。所以,我们通过市场创新可以不断扩大服务能力,更好地满足社会需求。

### (三)采用一种新的生产方式

具体来讲,作为一个社会组织,如何做项目,如何提供服务,这里就涉及生产方式问题。现在很多机构往往一个项目全部都是自己做,这是一种生产方式,但是有些项目也可以和合作伙伴一起来做,可以发挥各自的优势,更好地满足需求,这就是生产方式创新。比如,我们机构在 2008 年做过的"万名农民工绿色网上行"项目,帮助农民工学电脑、学计算机,人数是 1 万人。如果这个项目完全靠我们一个机构做,是很难实施的。就算投资建一个计算机房或者电脑中心,路很远的学员也是不会来参加培训的。所以,我们用创新的方法,和上海东方社区信息苑合作,共同实施项目,充分利用它们分布在全市 300 多家东方社区信息苑的场地、电脑和师资。通过合作,把他们的资源充分利用起来,既方便了学员就近参加培训,也解决了实施项目所需要的场地、设备、师资等问题,这就是一种生产方式创新。一个组织的资源和能力是有限的,为了更好地满足需求,在做项目和提供服务时可以在充分发挥自身优势的同时,寻找合适的合作伙伴,用它的优势弥补自身的不足,这可以大大提高满足需求的能力,这也是一种创新。

### (四)导入新的资源来源

资源有人、财、物、时间、信息五种,社会组织可以用新的方法获得需要的资源。比如,益修学院是一家为公益人士提供网络课程的学院,他们邀请我讲了 8 门课。我不是益修学院的老师,但我这个资源是可以为益修学院所用。益修学院可以成为一个轻资产的机构,可以根据课程需要在全国找到最合适的老师,把更多更好的课程奉献给学员。社会组织现在普遍存在人员不足,招人难,留人难,要解决这个问题,需要创新和拓宽招人的思路。我认为,退休人员是社会组织可以利用的重要的宝贵的人力资源,我们可以根据工作需要招一些退休人员。这样做有四个好处:第一,解决人员不足问题;第二,能做好事情;第三,以老带新;第四,降低用工成本。另外,志愿者也是我们可以利用的一种宝贵资源。现在很多社会组织往往把人仅仅局限在签订劳动合同的全职人员上。因此我有个观点,我们要把社会上有经验、有能力、愿意到社会组织工作的退休人员,包括做过社区工作的、社会工作的、教育工作的、群众工作的退休同志当作非常宝贵的资源。他们可以成为我们机构和项目团队的成员。这是组织创新很重要的一个方面。

讲到资源,一般会理解为人、财、物,当然,人、财、物是非常重要的资源。但是我们讲资源除了人、财、物,还有两个非常重要的资源:时间和信息。如果社会组织能够多渠道、多形式整合利用社会资源,这对满足需求是非常有帮助的。

### (五)实行一种新的组织形式

这就是组织创新。组织创新的一种形式就是虚拟组织。虚拟组织是指临时把人员召集起来,以利用特定的机遇,待目标完成后即行解散的一种临时组织,也称为网络型组织。比如,我们机构和上海东方社区信息苑合作实施的"万名农民工绿色网上行"项目,就是组织创新。我们两家机构分别出了两个人成立了一个项目团队,这是一个实实在在的项目团队,但它既不属于上海市慈善教育培训中心,又不属于上海东方社区信息苑,这就是一种虚拟组织。这种虚拟组织可以做到人才共享,好处是:第一,可以根据项目需要,找到最合适的人。第二,很灵活。团队人数可多可少,项目结束,团队也解散了。第三,可以降低成本。现在很多社会组织有了项目后就去招人,而且要招专职人员。这就可能产生两个问题:第一,能不能招到需要的专职人员?招来的人有没有能力做这个项目?第二,如果项目结束后没有新的项目,招来的人怎么安排。所以,通过虚拟组织这样一种创新,对有效地找到合适的人,组建项目团队,降低成本是很有好处的。特别是在当今互联网时代,信息化为组织创新创造了更多的可能性。

### (六)发展新的筹资模式

就是用新的方式筹集资金。资金是社会组织生存发展的重要条件,现在社会组织普遍面临资金短缺的问题。在筹资方式上,除了可以用传统的方式外,利用互联网进行筹资,就是一种创新。特别是对于初创的、民间的社会组织,有时候向基金会、向企业申请经费是比较困难的,但可以通过互联网众筹解决资金。很多社会组织通过参加腾讯"9.9公益"的众筹获得了项目资金。现在政府不断加大向社会组织购买服务的力度,这对社会组织拓宽资金来源渠道是一个很好的机会。我们可以开发党和政府的政策所关注的、有社会需求的项目,争取政府购买,这也是筹资模式的一种创新。

社会组织的资金来源除了政府购买、社会捐赠以外,还可以有服务收入。我们可以根据社会的需要开发一些能够满足有支付能力的服务对象所需要的项目和服务,这有助于拓宽资金来源的渠道,也是一种创新。

社会组织创新的内容和方式有很多,每一个机构都要思考一下,这六个方面的创新哪些做到了,哪些还没有做到,今后如何去创新。创新并不难,就是日常的一项工作,每个机构、每个人都是可以做的。如果一个社会组织在这六个方面都做到了,机构的创新能力一定会大大提高,机构的活力会大大增强,可持续发展就有了保证。

### 思考题

1. 德鲁克关于创新的主要观点有哪些?
2. 什么是创新?社会组织为什么要创新?
3. S曲线理论对你和你的机构有哪些启示?
4. 社会组织创新有哪六种情况?你的机构做到了哪些?

# 第十一讲　社会组织的创新(下)

## 一、社会组织创新的来源

著名管理大师彼得·德鲁克在《创新和企业家精神》这部著作里提到创新有七个来源。根据社会组织的情况,我把它概括为五个来源:问题、意外事件、不协调、变化以及新知识新技术。

### (一) 问题

这里讲的问题是社会上还没有满足的各种需求。社会组织的创立和存在都是为了解决某一方面的社会问题,要把社会上还没有解决的各种社会问题作为创新的来源。比如,上海市慈善教育培训中心的成立就是社会上就业难这个问题提供了创新的机会。今天中国有大量社会问题需要去解决,这就可以成为我们创新的来源。

问题有两类:第一类就是自己碰到的问题。比如,现在内地做自闭症儿童服务的机构,它的创办人几乎都是自闭症孩子的家长。因为社会上没有政府办的为自闭症儿童服务的机构，为了解决自己孩子的问题，考虑到社会上还有其他很多同样的孩子需要接受这种服务，家长就创办了这种为自闭症儿童服务的机构。第二类问题就是别人所碰到的还没有满足的需求，这也可以成为我们创新的源泉。比如，我国的独生子女政策造成了目前的"失独家庭"问题。不少失去独生子女的老人身陷巨大的悲伤之中，有的失去了生活的信心，非常需要心理慰藉和精神关爱。于是，有了专门为"失独家庭"服务的社会组织。现在社会上各种为老、助残、帮困、扶贫、环保、青少年服务机构，就是为了满足各类群体的需求而创办的。

党的十九大报告指出：中国社会的主要矛盾已经转化为人民日益增长的美好生活需求和不平衡不充分的发展之间的矛盾。解决这个主要矛盾，带来很多创新的机会。社会组织在就业、扶贫、救灾、养老、医疗、教育、科技、文体、环保等所有的公共服务领域大有作为。德鲁克也指出："我们社会的各种需要——世界上 2/3 的贫穷地区在社会和经济方面迅速发展的需要、大城市中的各种需要、环境方面的各种需要、教育和卫生保健方面的各种需要——这些都是企业和企业的管理人员在社会创新方面的各种机会，是企业家未来所面临的各种机会，从而对管理知识、技能和绩效提出了新的挑战和要求。"中国要全面建成小康社会，还有很多社会问题需要解决；旧的问题解决了，新的问题又会产生。因此，我们要关注社会问题，要关注那些没有满足的需求。

给大家推荐一本书，是印度著名经济学家普拉哈拉德写的，书名叫《金字塔底层的财富》。这本书里面有一个非常重要的观点：要把穷人的问题当作创新的机会。里面有一个"斋普尔足"的案例。在印度有几十万下肢残缺的人，绝大部分生活在贫困之中。由于失去了部分肢体，无法工作，通常整个家庭都会遭受沉重的打击。他们需要安装假肢，但是市场上一个假肢的开销要几千美元，很多穷人根本承担不起这么高的开支。由著名雕塑家拉姆·钱德拉创办的"斋普尔足"生产了一种用橡胶和木头做原料的假肢，价格只有 30 美元。下肢残缺的人安装了这种假肢后能够在不平坦的路面上行走、跑步、骑自行车、下地干活，而且每位病人只用 1 天时间就能装配到合适的假肢,使他们恢复工作、独立生活。从 1975 年到 2003 年,"斋普尔足"为 23 万多名印度贫困的下肢残缺的人安装了假肢。

### (二) 意外事件

意外事件有两类:一类就是意外成功。意外成功是一项成功创新的来源。美国有一个非常著名的非营利组织——"大学巅峰",它的创办人是哈佛大学神学院的一位名叫 J.B.史莱姆的研究生。他在做招生工作的过程当中,发现在美国有很多贫困家庭的高中毕业生,因为不会写自我推荐信,不会填写志愿,而失去了进入大学特别是重点大学的机会。史莱姆的思想是主张教育公平,因此他就做了一个实验。他亲自为 5 个贫困家庭的高中毕业生进行辅导,教他们怎么填写志愿,怎么写自我推荐信,结果这 5 个孩子都考上了很好的学校。后来他又把这个实验扩大规模,发动他的亲朋好友来为更多的贫困家庭的高中生提供这种服务,也取得了很好的效果。后来他自己成立了一个机构,专门做这件事情,还开发了一套为高中毕业学生填写志愿和申请书的课程,在美国很多政府学校都购买他的课程。史莱姆就是从为 5 个贫困家庭的高中毕业生辅导,帮助他们成功地考上了大学,由这小小的意外成功开始,最后把它发展成一个全国性的非营利组织,来推动教育的公平。意外成功是来源意外事件的一种情况。

意外事件还有一类就是比预期好或者不如预期的情况,它也可以成为创新的源泉。这里我给大家分享一个孟加拉国尤努斯教授创办格莱珉银行的案例。尤努斯是孟加拉国一位大学教授,非常关注农村问题。他在当地农村调研的时候,发现农民非常贫困,特别是农村妇女特别贫困。有很多妇女为了维持生计,就用竹子做了一些工艺品进行销售,但是因为穷,她们连买竹子原料的钱都要通过高利贷才能获得。因此她们很大一部分劳动所得都被高利贷主剥削去了。于是,尤努斯教授做了一个实验,他拿出 27 美元借给 42 个贫困的农村妇女,让她们可以有钱去买原材料来生产竹制品,以免除高利贷的盘剥。结果,想不到这 42 个农村妇女因为有了这笔钱,她们改变了生活状况,而且,她们都按时归还了借款。因此,尤努斯教授看到了穷人也有贷款的需求，但是他们没有抵押物，无法从现有的银行获得贷款。于是他成立了一家专门为贫困人群提供贷款的银行——格莱珉银行。格莱珉银行的98%的客户是妇女，贷款者超过600万人，贷款额度超过100亿美元。尤努斯创办的格莱珉银行的还贷率达到了98%，打破了很多人认为穷人是不讲信用的这种偏见。所以，这个例子就是意外事件中的比预期结果好，最后成为社会创新的重要源泉。

### (三) 不协调

比如，中国有个社会组织叫作"多背一公斤"。"多背一公斤"项目，起源于项目负责人看到了很多农村和边远贫困地区的孩子缺乏教育的机会，缺少教材、书籍和学习用品。他就发动到农村和贫困地区旅行的人，在背包里多放一些书籍、教材和学习用品，来帮助那里的孩子有接受教育和学习的机会，这就在一定程度上解决了我们经济发展过程当中城乡的不协调、城乡教育资源不均等的矛盾。再比如，经过改革开放，中国老百姓的口袋鼓起来了，但是科学素养很低，经常发生上当受骗的情况。"果壳时间"推出了一个科普讲座项目，邀请著名科学家通过讲座普及科学常识，收到了很好的效果。

### (四) 变化

讲到变化，我们必须关注以下几个方面的变化。

第一，关注政策变化。党和政府的政策是社会组织创新非常重要的源泉和机会。比如，我从2015年以来，先后在昆山、重庆、长春和上海成立了四家以"卓越"命名的支持型社会组织。这四家支持型社会组织之所以能够成立并且都发展得不错，就是抓住了政府加大购买服务的力度及大力培育和扶持社会组织发展的政策带来的机会，主动承接了政府购买服务，积极从政府那里争取资金，为机构的发展奠定了基础。再比如，党的二十大报告提出要实现共同富裕，要重点解决老百姓"急难愁盼"的问题。这就需要动员全社会的力量，社会组织可以在这方面发挥积极作用。所以，我们要十分关注党和政府政策的变化带来的创新机会。在中国做社会组织,一定要关心国家大事,关心政治和政策。当前,我们一定要认真学习和贯彻落实党的二十大精神,关注新时代给社会组织创新带来的新机遇。

第二,关注人口结构的变化。大家知道,今天我们中国老龄化问题非常严重,在为老服务领域有大量的需求,可以开发更多的项目和服务,这是创新的机会。随着大量农民工进城,又出现了城市中的农民工和农民工子女问题,在满足农民工和农民工子女的需求,为他们服务方面,也有大量创新和服务的机会。

第三,关注认识的变化。比如,现在有个非常流行的词,叫"群"。"群"实际上是一个新的理论,就是政府、企业和社会组织要密切合作,发挥各自优势,共同来解决社会问题。党的十九大报告提出:要创新社会治理,社会治理重心要下移。这给社会组织更好地发挥在社会治理中的作用带来很多创新的机会。现在中国有一个令人可喜的变化,越来越多的企业开始重视社会责任,愿意从事慈善公益事业。很多企业认识到,履行企业的社会责任是企业可持续发展的战略选择。企业社会责任意识的增强,也是我们创新的一个机会。如果社会组织能够主动跟政府、企业加强联系和合作,就有可能得到更多资源和支持。现在很多社会组织和企业合作,实施公益项目,就是抓住了这样一个创新的机会。

第四,关注城市化的加速带来的变化。大家知道,城市化的过程当中出现了很多问题,很多需求。比如,现在比较突出的一个问题就是留守儿童问题,留守儿童的教育问题、安全问题、防止性侵问题、心理问题等都有待解决。现在有很多社会组织都在提供和开展关爱留守儿童方面的服务,这就是城市化进程当中问题的变化带来的机会。

第五,关注全球化带来的变化。这就是讲,我们可以从世界上获取更多的机会和资源来进行社会创新。同时,随着中国经济实力的增强和"一带一路"建设的实施,中国的社会组织也要走出去,在世界上发挥应有的作用。

变化带来的创新机会,对社会组织非常重要。我们一定要善于发现变化,寻找变化,把变化当作机会。德鲁克对此有一段非常经典的论述,他把创业者定义为"那些能够寻找变化并积极反应,把它当作机会充分利用起来的人"。所以,社会组织为什么需要创新和企业家精神,就是为了更好地主动寻找变化,利用变化,把变化当作创新的机会。

### (五) 新知识和新技术

《凤凰周刊》记者邓飞从 2011 年以来先后发起了"免费午餐""大病医保""暖流计划""儿童防侵""会飞的盒子""拾穗行动""微博打拐"七个关爱乡村儿童公益项目,利用互联网获得捐款超过 4.5 亿元,使全国 100 多万贫困儿童受益。上海聚善助残公益发展中心的"善淘网",是我们国内第一家在线慈善商店。它主要收集社会上库存的服装和物品,通过整理、销售,筹集善款,用于慈善公益事业。同时,这个项目也为残障人士提供了就业机会。这个项目能够成功实施,很重要的也是利用了互联网技术。另外,我们在筹资的时候讲到众筹,也是因为技术的进步给我们带来的筹资渠道创新的机会。比如,公益宝是国家民政部指定的全国首批公开募捐平台之一,平台根据国内公益慈善市场需求,实现在线募捐/一起捐/配捐,在开通自主微基金等功能基础上,试点联合医疗救助,试点活动募捐,并不断尝试创新,成功推出了冠名基金、益路有你和公益宝慈善医疗众筹项目。

## 二、社会组织创新的原则

社会组织创新的原则讲的是创新应该做什么、不应该做什么以及创新成功的条件。坚持这些原则可以提高社会组织创新的成功率。应该做什么是我们必须要做的,不应该做什么是最好不要做的。还有我们要知道成功创新有哪些条件。

创新的原则是德鲁克在《创新和企业家精神》这部著作中提出来的,我们要很好地坚持这些原则,推动社会组织创新。

### （一）创新应该做什么

1. 要界定外部的需要。要知道谁是客户，要知道他们需要什么、想要什么以及他们期待什么。这就是说创新一定要从客户需求出发。现在有的公益项目为什么效果不好，或者有些项目没有服务对象来参与，主要问题就是这些项目对服务对象的真实需求并不了解。因此我们必须要迈开双脚，走向社会，走到服务对象当中，了解他们的需求，根据需求开展项目。我们绝不能为创新而创新，为政绩而创新。到底应该做什么项目，提供什么服务，不能够拍脑袋、想当然。创新必须坚持以需求为导向。

2. 要主动寻找变化，把变化当作潜在的机会，而不是威胁。比如，我们机构在1998年就开始做创业培训，是上海是最早的。很多人经常会问我，你怎么1998年就想到搞创业培训。我跟大家讲，这就需要主动寻找变化，把变化当作机会。因为我在1998年搞再就业培训的时候，曾经看到过联合国教科文组织的一份研究报告。报告中有一句话："21世纪从全世界范围来讲，50％的大学生和中专生要走自主创业之路。"这句话传递了一个信息，告诉我们21世纪要想创业的人越来越多。这是一种变化。大家想一想，创业的人越来越多，他们有培训的需求，有创业指导和咨询的需求。1998年的时候，社会上还没有做创业培训和创业服务的机构，那么我们来做这件事情，这不就是一个机会吗？但是，这种变化、这种机会是要靠你主动去发现、主动去抓住的。因此，我经常讲主动不一定成功，但是，不主动，成功可能性更小。

再比如，我们机构现在为很多地方的民政局做公益创投的指导和顾问工作。前面和大家讲过公益创投现在是政府购买服务非常重要的方式，我们机构为什么会做这件事情呢？因为我们机构原来主要做技能培训，做创业培训，但是我们很关注政策的变化。我们在2008年就注意到了政府要购买服务，而且要加大力度。2008年，上海开始搞公益创投，我当时就担任了上海市民政局政府购买服务评审专家委员会的委员，参与了上海的公益创投和政府购买服务，因此我积累了很多经验。因为我注意到党的十八届三中全会提出了"政府要加大购买服务的力度",意识到未来越来越多的地方政府一定要搞购买服务。我们主动抓住了这样一个变化带来的机会,领先一步。现在我们机构在太仓、重庆、连云港、湖州、长春、沈阳等地,为很多的政府部门和基金会提供公益创投服务,做得很有成效。

3. 创新应该是简单专一,就是要专注。现在有些社会组织存在一个问题,就是服务领域和服务对象太宽泛,什么都做。比如,有的社工机构,为老也做、助残也做、青少年也做、帮困也做,做得很杂、很泛。大家知道,一个机构的资源是有限的,要想创新出成果,就必须专注,一定要把有限的资源用到能够出成果的地方。否则资源和精力分散,做的不专注,很难有成果。比如,我们机构20多年来,只做慈善教育培训和创业培训,因为很专注,所以我们能够在自己擅长领域当中不断发现需求,不断获得创新的机会。因此社会组织要想成功创新,必须专注。不要面面俱到,什么都做。

4. 一定要从小事做起,从不起眼的地方做起。刚才讲了,有很多创新都是从意外的成功、小小的成功中发现机会的。如果能够把一件小事、一个小的项目做好,将来它可以给你带来更多机会,更大的市场。像我们机构做大学生创业培训,就是从在上海海事大学办一个40名学员的班开始的。后来逐步向其他高校拓展,到目前已发展到全市30多所高校,培训学员6 000多人。"天下难事,必作于易;天下大事,必作于细。"所以,在创新的问题上,也一定要从小事做起,从小的成功发展到更大的成功。

### (二)创新不应该做什么

下面再来谈一谈创新不应该做什么,也就是我们要避免的。

1. 不要忽视验证创意和试行阶段,从创意直接跳到全面的运行。创新一定要搞试点,不要一开始就搞很大的规模,追求很多的人数。因为创新是有风险的,创新不一定会成功。如果一开始规模很大,人数很多,需要的资源就很大,你未必能够具备。而且,万一失败的话,风险和成本也比较大。如果我们先从小的试点开始,比如由几十个人或一个班先试一试,这样需要的资源比较少,容易做到。而且,即使它暂时没有成功,风险也比较小。

我们机构2005年做过一个"阳光下展翅"——上海社区失业青年就业援助计划项目，对象是上海25岁以下、家庭贫困、只有初中文化程度的失业青年，通过一年半的学习，让学员拿到一张中专学历文凭，再学两门技能。这个项目的目标是达到70%的就业率。考虑到这个项目难度大，要求高，所以，开始我们就搞试点，只招了100名学生进行培训。由于我们精心组织实施，项目取得了很好的效果，达到了75%以上的就业率。通过试点，有了经验，我们再逐步扩大培训规模，从而使这个项目稳步发展，取得了成功。

2. 不要自以为是。因为创新最大的障碍之一就是经验主义、因循守旧，就是过去的成功。有的人认为自己过去做得很好，很成功，有经验，因此，自以为是、固步自封，往往会走老路、办老事。但是，情况在变化，形势在变化，如果你照搬照抄过去成功的经验，可能会导致失败。过去有句话讲，失败是成功之母，现在这句话要倒过来讲，成功是失败之母。因此，任何机构、任何个人，哪怕过去非常成功，也不能墨守成规，自以为是。我们必须要从实际出发，要不断创新。

3. 不要分散注意力。这就是前面讲的要专注。有些社会组织，尤其是一些初创的社会组织和志愿服务组织，本身资源、力量就有限，但什么都想做，结果什么都做不好。但是如果做到专注，能够将资源集中用于能够产生成果的地方，这对提高成功率是很有好处的。所以，在创新的时候，特别是对服务对象，一定要细分，一定要专注，只有精准地定位，才能使我们项目的成果、目标、服务的内容更加符合客户需求，才能取得预期的成效。

4. 不要认为只有一个正确的创新方法。创新非常重要的一个原则就是实事求是，从实际出发。我们可以模仿创新，但绝不能照搬照抄。因为各个机构的情况不一样，各地的政策环境、经济发展水平、社会需求、资源条件是不一样的。因此，创新必须因地制宜，从实际出发，特别是在学习别人的经验时，绝不能照抄照搬。要做到学全国之长，学世界之长，创自己之新。这就是说要从实际出发，根据自己机构的特点、优势、长处，根据服务对象的需求，根据本地的实际情况采取正确的创新方法。

### (三) 成功创新的三个条件

1. 创新必须付出艰苦的努力。前面讲过创新不仅仅是想法和点子，创新一定要行动，而且行动要有结果。创新是做以前没有做过的事情，有难度，有挑战，有风险。因此，要想成功创新，必须付出艰苦的劳动。现在，有些社会组织往往喜欢做一些容易做的事情，容易拿到钱的事情，而对这个事情有没有成果，它没有很好地考虑，或者根本不重视。因此，我们要想成功创新，一定要克服懒汉思想和投机取巧的心理，必须要有吃苦的准备，必须要有付出。轻轻松松，舒舒服服，是不可能成功创新的。

2. 创新一定要从组织的优势和长处出发。这点非常重要。因为每个机构的优势、长处是不一样的，只有发挥优势才能取得成功。这是成功创新非常重要的条件。就拿我们机构来讲，成立 20 多年来，我们的项目在不断变化，开始做再就业培训，后来做创业培训，以后又做能力建设培训，我们的服务领域在拓宽，我们的市场在拓展。但是有一点非常清楚，我们始终是沿着机构的优势的延长线在发展。所以，每个机构要非常清楚自身的优点和长处是什么，一定要从优势、长处出发进行创新。不能别人做什么，我也做什么，不能赶时髦，不能跟风和盲从。

3. 创新必须要专注于客户需求。这是德鲁克非常强调的一个观点。因为创新不是为了创新而创新，创新一定要满足需求，给客户带来价值。这就要求社会组织的领导人也好，做项目的人也好，必须主动、及时、精准地了解社会的变化和客户的需求。只有这样，创新才有针对性和可行性，才能取得成功。一切不从客户需求出发，不能满足客户需求的所谓创新，都是没有意义的。

## 三、创新者需要具备的思维方式

### (一) 创新过程中的三个阶段

为什么我们要讲思维方式，因为思为行之先，也就是说思想决定行为，行为决定结果。思维创新是最基础的创新，如果没有创新的思维，不可能有创新的变革，也不会产生行为的变化和结果。因此，我们要想成功创新，首先要有思维的变革，要具备创新的思维。

一般来说，一个完整的创新过程可以分为三个阶段：

1. 问题。即发现了现实生活中需要解决的某个问题。

2. 构想。发现问题以后，在头脑中构想解决这个问题的方法。

3. 实施。把头脑中构想的解决问题的方案付诸实践，从而使问题得到完满的解决。

在创新过程的这三个阶段，我们认为最重要也是最困难的，就是头脑中的"构想"，即"创新思维"的阶段。因此，一个人能够具有提供新思想、解决新问题的能力，就是一个有创新力的人。

**（二）破除创新思维枷锁**

阻碍创新思维的因素有许多种，从内在阻力分析，束缚思维创新的枷锁主要有以下一些。

1. 从众思维枷锁。就是跟从大众，追随大众，随大流。思维从众倾向比较强烈的人，在认知事物、判断是非的时候，往往是随和多数，人云亦云，缺乏自己的独立思考和主见。

2. 权威型思维枷锁。在思维领域里盲目相信权威的话，习惯于引证权威的观点，不加思考地以权威的话和观点作为判断是非的标准。为了创新思维，必须打破以权威为准的思想枷锁。我们要对思考中涉及的"权威"进行一番严格的审视。审视以下五个方面：（1）是不是本专业的权威？（2）是不是当今的权威？（3）是不是本领域的权威？（4）其言论是否与权威自身利益有关？（5）是不是借助外部力量树立的权威？总的来说，我们应该尊重权威，但绝不能迷信权威。

3. 经验型思维枷锁。经验是相对稳定性的东西，有了经验有可能导致人们对经验的过分依赖乃至迷信，形成固定的思维模式。结果就会因循守旧，削弱头脑中的想象力，造成创新思维能力下降。

4. 书本型思维枷锁。书本是一种系统化、理论化的知识,书本知识带给我们无穷多的好处。但是,书本是世界的"理想状态",书本知识与客观实际之间存在一定的差距,两者并不完全吻合。不能脱离实际,把书本知识照搬照抄。如果搞本本主义,就会使人局限于书本知识之内,眼界过于狭隘,束缚了创新思维的发挥。

5. 自我中心型思维枷锁。在这种思维定势束缚下,思考问题以自己为中心,不考虑别人。因而无法与周围的人和谐相处,也很难理解自我以外的观念和事物。

6. 自我压抑型思维枷锁。有的人经历过一些挫折和失败,总是认为自己能力差、水平低、办不到,而不想也不敢实际尝试一下。

7. 恐惧失败型思维枷锁。主要是害怕万一创新不成功会带来失败的后果,而失败会给自己带来损失和痛苦。

8. 过分求稳型思维。这种人讲究"求稳",内心深处不敢冒险,讨厌创新,不求有功,但求无过,只想过一种平平稳稳的生活,对创新毫无兴趣。

### (三) 创新者应具备的思维

上面分析了现实生活中影响创新的八种思维枷锁,我们需要努力地加以破除。作为一个成功的创新者,必须具备以下几种思维。

1. 可能性思维。什么是可能性思维?就是一切皆有可能。大家在现实生活中一定遇到过这样的人,你叫他去做一件事情或者叫他完成一项任务,他想也没想就跟你说,这是不行的,这是不可能的。这叫什么思维?这叫不可能性思维。大家想一想,如果一个人认为根本不行、根本不可能的,他会去做吗?不去做,会有结果吗?所以,要想成功创新,必须要有可能性思维。我们一定要树立这样一种信念:一个人永远不要对自己说不可能。因为你说不可能,还真的不可能。古今中外,凡是成功创新者,一定是有可能性思维的人。这是我们成功创新非常重要的一个前提。创新和企业家精神的实质就是把不可能变成可能。

2. 光明思维,就是凡事要往好的一面想,就是我们要去发现社会上的一些积极的因素。比如,我们讲到跟政府合作的过程中,政府可能还存在这样那样的问题。但是我们如果能够从政府部门当中找到一些愿意干事、想干事的领导,这对我们创新、对我们得到支持就很重要。所以,我们要有光明思维,凡事要从好的一面想,这样的话我们就会把问题当作机会,把差距当作机会。比如,现在有些地方,社会组织发展起步比较晚,政府投入还比较少。我经常跟很多组织讲,起步晚,现在少,不等于以后慢,以后少。起步晚,意味着很多地方都是空白。如果现在能抓紧时间提高能力,以后政府重视了,投入多了,对有能力的组织来讲就是一种机会。因此,我们必须要有这种光明思维,凡事往好的一面想。把问题和差距当机会,就是光明思维的具体体现。

3. 主动性思维。什么叫主动性思维,就是不能等、靠、要,要积极主动地去发现机会、寻找机会、抓住机会。因为机会不会自然而然地降临到我们身上,这就需要我们主动去发现。比如,我们机构在上海是最早开展大学生创业教育的,我们在2003年就举办了大学生创业培训班。很多人经常会问我怎么想到2003年就搞大学生创业培训。我跟大家讲,这就需要主动性思维。因为我在1998年开始搞创业培训时了解到一个信息:1998年10月在巴黎召开的世界高等教育会议明确提出"高等学校,必须将创业技能和创业精神作为高等教育的基本目标",要使毕业生"不仅成为求职者,而且成为工作岗位的创造者"。高校要成为培养创业者的"熔炉"已成为世界高校教育界的共识。这个信息告诉我们,对大学生进行创业教育是一种趋势,有极大的需求。但是当时国内几乎没有大学生的创业教育,那么我们机构来做这件事情,我来做这件事情,就是一个机会。当然,这种信息、这种机会是要靠你主动去发现,主动去抓住的。我认为,机会就是别人还没有想到的时候,你想到了;别人还没有认识到的时候,你认识到了;别人还没有理解的时候,你理解了;别人还没有行动的时候,你行动了。

4. 突破思维。创新不能墨守成规,不能被过去的经验、成功所束缚,要敢于突破、敢于尝试、敢于探索。由于创新是要突破,做过去没做过的事情、别人没做过的事情。开始时,可能很多人不了解、不支持,甚至还会遭到别人的讽刺打击,创新有时候是会面临很大的压力。比如,1995年我提出创办上海市慈善教育培训中心,搞再就业培训。有人认为层次太低,影响学校的形象。我1998年搞创业培训,现在很多人认为我有眼光,抓住了机会。但开始做的时候是有压力的,因为我在大学工作,大学过去是培养社会主义接班人的,有人就讲创业培训培养小老板,违背了党的教育方针。由于我们顶住了压力,敢于突破,从需求出发开展创业教育,拓宽了大学的服务领域,我们才能抓住机会。所以,我们要有突破思维,要敢于突破传统观念、习惯、思维的束缚。这样,才能更好地发现和抓住创新的机会。

5."由外而内"的思维。德鲁克指出:"企业的目标始于外面的客户。正是客户决定了企业的业务,生产的产品以及能否取得成功。"我做了29年公益,也做了26年创业培训和创业指导,我认为做社会组织和做商业企业,道理和规律是一样的。区别就在于商业企业是营利性的,社会组织是非营利性的。德鲁克讲的企业的目标始于外面的客户,就是告诉我们,一个企业要想成功必须了解需求、满足需求,必须从需求出发来决定企业的产品和服务,以及你是一个什么样的企业。同样的道理,社会组织要想成功,也必须要了解需求,满足需求。客户是在外部的,所以,我们首先要了解外部客户的需求,从客户的需求来决定应该提供什么样的产品和服务,应该开展什么样的项目,这就是我们讲的"由外而内"思维。但是,现在有些组织、有些人往往是一种"由内而外"思维,考虑问题以我为中心,不了解客户需求,因此,工作中碰到了困难和挫折。树立"由外而内"思维,有助于我们调整心态、将心比心、换位思考,有助于我们更好地从需求出发,寻找和抓住创新的机会。

我认为,作为一个成功的创新者应该具备这五种思维方式。当然还要有其他的思维,我想大家也可以在学习中不断地去提高。但是这五种思维我认为是非常重要,必须具备的。

### (四)创新者应具备的特点

除了要具有上述五种思维外,创新者还应该具备一些特点。

第一,要有自信心。因为创新是做一些新的、别人没做过的事情。有时候别人可能不理解你、不支持你,甚至反对你。所以创新者一定要有自信。要相信自己的正确选择,并能坚持将对的事情做对。我经常讲,一个人没有自信,就输掉一半了。自信是成功创新非常重要的一个条件。

第二,要有强烈的创新欲望。因为创新是发自内心的,是你要做而不是别人强迫你做。因此,创新欲望的强度和持久度会决定你的态度,决定你的行为和结果。比如,我在上海市慈善教育培训中心是负责项目的副主任,我们所有的项目都是我要做的。因为我有很强的创新欲望,所以就会主动学习,主动寻找机会、抓住机会、创造机会。强烈的创新欲望是不断创新的巨大动力。

第三,有很强的心理承受能力。因为创新有压力,甚至可能还会有失败的风险,因此我们要有很强的心理承受能力。只有这样,你才能够正确面对创新所碰到的各种困难、阻力、挫折和舆论的压力,坚持创新不动摇。

第四,要有很强的学习能力。因为创新是面对新的形势、新的任务、新的需求、新的机遇,所以我们要不断地学习。只有通过不断的学习,提高学习力,掌握更多的信息和正确的思维方式,提高自己的能力,才能真正抓住创新的机会,并把机会变成创新的行动和创新的结果。

第五,要有实干精神。创新是一件艰苦的工作,要付出艰辛的劳动。幸福是奋斗出来的。因此,我们一定要务实,要实干,要以成果为导向,绝不能搞形式主义,搞花架子,做表面文章。

第六,要十分重视信息。在当今社会,信息是资源,信息是财富,信息是机会。因此,我们要千方百计地获取信息、了解信息、掌握信息、利用信息。比如,做社会组织,我们就要了解现在世界上非营利组织的发展现状和趋势,了解中国社会组织发展的现状和趋势,了解党和政府的政策,了解社会需要和服务对象需求,了解同行之间的动向。只有更多更好地掌握信息,才能更好地把握机会,更好地创新。

> **思考题**
>
> 1. 社会组织创新有哪些来源?
> 2. 你的机构有哪些创新的实践？它的来源是什么?
> 3. 社会组织创新应该做什么？不应该做什么?
> 4. 成功创新有哪三个条件?
> 5. 创新者应该具备哪五种思维方式?

# 第十二讲 社会组织的绩效管理

## 一、什么是社会组织的绩效

有这样6个项目,请大家想一想每个项目的绩效到底应该是什么?

1. 一个针对失业人员的就业技能培训项目。
2. 一个为贫困地区的学校建图书馆的项目。
3. 一个为聋哑人送助听器的项目。
4. 一个对青少年进行环保教育的项目。
5. 一个对留守儿童进行防性侵教育的项目。
6. 一个对吸毒人员进行帮教的项目。

下面我们就来分析一下这些项目的绩效到底是什么。

第一个是针对失业人员开展就业技能培训项目。对失业人员开展技能培训是为了帮助服务对象掌握一技之长,促进他们的就业。项目的绩效可以体现在两个方面:第一,服务对象通过培训掌握一技之长,拿到证书;第二,促进了他们的就业。如果我们仅仅把有多少学员掌握一技之长,拿到证书作为绩效的话，那么对以解决就业为目标的培训而言，是不够的，因为最终是要促进他们的就业。假如你培训了100个学员，没有一个就业，仅仅让他们拿到证书，掌握技能还是不够的。所以在这个项目当中，一定要有就业率这样一个绩效，也就是说这个项目到底帮助了多少学员解决就业，比如要达到50％就业率。就业率是这个项目一个非常重要的衡量绩效的指标。

第二个是为贫困地区的学校建图书馆项目。建图书馆的目的是为了解决学生有书看的问题，而且希望通过读书给他们带来改变和帮助。所以这个项目的绩效就不能仅仅以是否建了图书馆，或者图书馆有多少本书为标准，而是要看图书馆建了以后能够让多少学生看到书，而且学生看了书以后对他们有哪些帮助和受益。因为如果仅仅以建成图书馆作为绩效的话，也有可能图书馆建了以后，由于种种原因它不开放或不能正常开放，致使学生还是看不到书，或者图书馆是建了，但是里面的书籍不适合学生或者学生不喜欢看，那么这个图书馆建了到底有多大用处呢？所以这个项目的绩效不能仅仅看是不是建了图书馆，而是有多少学生有书看，看了书以后对他们有帮助。

第三个是为聋哑人送助听器项目。为什么要给大家讲这样一个项目？因为我曾经为某市残联做过购买服务的项目。我发现，过去他们就把为聋哑人送了多少个助听器作为项目的成果和绩效。但是经过调研发现，他们送的助听器有效使用率只有65％左右。因为有的拿到助听器的聋哑人，根本已经丧失了听力，助听器对他来讲是没有意义的。还有的聋哑人虽然拿到了助听器，但有的不会用，有的助听器发生了故障，结果也不起作用。所以发了100个助听器，但是真正能够帮助聋哑人改善、提高听力的比例只有65％左右。后来我们就非常明确地提出，这个项目应该以有多少聋哑人提高了听力作为项目的成果和绩效。为了要达到这样的绩效，做法就要改变，不是简单地给聋哑人发助听器，而是首先要对申领助听器的聋哑人进行一个筛选。如果有些聋哑人已经丧失了听力，那就不是给他发助听器的问题，而是要满足他其他方面的需要。同时要对领了助听器的聋哑人进行培训，教会他们正确使用助听器，并及时解决他们使用过程当中出现的故障，使领到的助听器真正能够提高、改善他们的听力。这样做的结果使发放助听器的有效使用率提高到了95%。

第四个是对青少年进行环保教育的项目。这个项目的绩效至少体现在两个方面：第一，要增强服务对象的环保意识；第二，让他们掌握一些必要的环保知识。因为服务对象认识的提高、掌握知识，也是个成果，也是改变。如果对绩效的标准再高一点的话，还可增加一条，使服务对象养成一些良好的环保的习惯。如果有这一条作为绩效标准的话，那么不仅仅是服务对象认识的提高，知识掌握，而且促使他们行为的改变，养成良好的环保习惯。

第五个是对留守儿童进行防性侵教育的项目。这个项目的绩效至少有两个：第一，使服务对象增强自我保护的意识；第二，让他们掌握一些防性侵自我保护的知识。如果标准再高一点的话，还可以增加一条：在项目周期内不发生服务对象被性侵的现象。为什么要有这么一条？因为进行教育的目的是要避免和防止性侵事件的发生。如果对服务对象进行教育了，他们认识也提高了，知识也掌握了，但是还在发生性侵，那么这个项目的价值和意义就要打折扣。当然这个要求比较高，但是因为要求高才能更好体现这个项目的价值。所以，要达到这样一个结果，就不仅仅是对服务对象进行教育，还要对老师和家长做必要的培训，这样才能保证在项目周期内不发生服务对象被性侵的现象。

第六个是对吸毒人员进行帮教的项目。对吸毒人员进行帮教，最终的目的就是要减少复吸现象。这个项目的绩效有两个：第一，要提高吸毒人员对吸毒危害性的认识；第二，要减少和避免复吸现象的发生。第二条非常重要，而且必须要有这一条，否则对吸毒人员进行帮教，给他们搞了很多活动，做了很多服务，如果复吸率不降反升，这个项目有什么价值呢？所以这个项目要有绩效，一定要有降低复吸率这样非常明确的目标。

德鲁克指出："绩效指的是将现有的资源集中于能够产生实际成果的事物上。组织的绩效要看结果，而结果往往是通过组织外部来衡量的。"这就告诉我们讲绩效一定要有实际的成果。通过对上述6个项目绩效的分析，可以看到社会组织和项目的绩效，不仅仅是搞了多少活动，服务了多少人数,而是通过项目和服务给服务对象带来的改变和收益。

绩效有三重含义:第一,是不是做出了成果?也就是说是不是给服务对象带来了改变和收益,而且这个成果是可以衡量的。比如,下岗失业人员的就业培训项目,就要有一定的就业率,如 50% 的就业率。比如,建图书馆项目要让服务对象有书看,那么应该有一个很明确的衡量指标,项目周期内每个服务对象至少看几本书。第二,成果怎么取得的?因为做公益项目是需要成本的,这里面有个性价比的问题。比如,下岗失业人员就业技能培训项目,每个服务对象的培训费是 1 000 元、1 500 元,还是 2 000 元,这里面就有一个性价比的问题。再比如,100 个人参加培训,一个机构的就业率是 50%,另一个机构的就业率是 30%,那么 50% 就业率的性价比就要比 30% 的就业率高得多。社会组织做项目、做服务,要有成本的概念,要有性价比的概念,要用最小的投入取得最大的成果。第三,有没有这种能力持续获得这个成果,这就要求我们能持续做出这种成果,而不是一次性的。

社会组织的绩效是服务对象的改变和收益,绩效要看结果,而结果是通过组织外部服务对象来衡量的。绩效一定是体现在服务对象身上的,它表现在两个方面:一个是服务对象的思想、认识、见识、希望、态度、观念的变化。比如,我们做环保教育,让服务对象能够增强环保意识,这是一种改变。比如我们对儿童进行预防性侵的教育,使他们增强了自我保护的意识,这也是一种改变。所以绩效也好,成果也好,可以是无形的,关键是服务对象转变观念、提高认识、调整心态、树立自信。另外一个是服务对象的行为、能力和潜能的改变。比如,下岗失业人员原来没有技能,现在掌握了技能;原来没有工作,通过做项目让他掌握技能,找到了工作,这就是能力和潜能的一种开发。再比如,对青少年进行环保教育,服务对象通过环保教育以后,增强了环保意识,掌握了环保知识,同时养成了环保习惯,这就是他的一种行为能力的改变。

所以一定要记住,绩效是体现在服务对象身上的,是服务对象的改变和收益,而这种改变和收益可以是有形的,也可以是无形的。

## 二、社会组织为什么需要绩效和绩效管理

绩效的问题相对来讲是目前社会组织普遍比较忽视、比较薄弱的一个环节。现在为什么有些社会组织活得很艰辛，为什么有些社会组织在社会上的认可度、认知度还不高？一个很重要的原因就是他们不重视绩效或者没有绩效。社会组织需要绩效和绩效管理的重要性和必要性体现在以下几个方面。

第一，落实组织的使命，体现组织存在的价值。德鲁克指出："绩效是任何组织最终的检验标准。任何一个非营利组织存在的目的都是改造人类社会。"社会组织和其他组织一样，不是为自己存在的，它的存在是要能够取得一定的结果，要对社会做出一定的贡献。结果和贡献的体现要靠绩效。比如，上海市慈善教育培训中心的使命是"知识扶贫，助人发展"。这个使命很好，但是这个使命要落地，要真正体现它的有效性，就需要有绩效。他们所有的再就业培训之所以都要有50%的就业率，就是要用50%的就业率证明机构存在的价值，体现使命的达成。没有成果，没有绩效，使命仅仅是一种美好的愿望或者辞藻华丽的表述，没有实际意义。我们需要通过绩效让我们的使命能够转化为实际的行动，实际的成果。

一个组织的存在，对社会有没有贡献，有没有存在价值，关键要看绩效。拿企业来讲，大家知道企业的存在是为给客户提供所需的产品和服务。怎么证明企业存在的价值和意义，这就要看企业生产的产品、提供的服务是不是有人买单。一个企业的产品、服务有人买单，证明你满足了需求，体现了企业的价值。反过来如果一个企业的产品、服务再好，没人买单，这个企业就没有利润，可能连生存都有问题。所以绩效是任何组织最终的检验标准。社会组织有没有存在价值，有没有对社会做出贡献，不是看你搞了多少活动，服务多少人数，而是要看你能不能满足服务对象的需求，给他们带来改变和收益，能不能做出实际的成果，是不是有绩效。

德鲁克还指出："绩效管理是值得非营利组织管理者特别重视的，如果

仅仅拥有美好的愿望而不顾绩效,将会一无所获。"所以如果不重视绩效,我们美好的愿望只是一种良好的意愿,不会有成果,甚至可能浪费资源。比如,有一家基金会看到一所农村学校的学生没有办法上音乐课,就买了很多乐器,给这个学校捐了一个音乐教室。举行了启动仪式,媒体电台也进行宣传报道,搞得轰轰烈烈的。但是启动仪式搞了以后,这个音乐教室一直没有使用,学生照样上不了音乐课。原因何在?因为这个学校没有音乐老师,没有人去教学生。虽然有了音乐教室,但学生上不了音乐课的问题还是没解决。这就说明我们一定要有绩效,有了绩效才能真正使投入的有限资源能够产生效果,才能使美好的愿望变成实实在在给服务对象带来改变、带来收益的这样一种成果。

第二,使有限的资源得到充分的利用。大家知道社会组织的资源不管是社会捐赠还是政府购买,主要来自社会,而且资源非常有限。如果不讲绩效的话,有可能浪费资源。有一个基金会给贫困妇女发放价值200元的"温暖包",但"温暖包"里的东西不是有些受助妇女需要的。钱花了,东西发了,但服务对象真正需要的东西并没有等到满足。有一家助残社会组织开展残障人士就业技能培训,利用3个月时间培训了30名学员,花了4.5万元。最后,只有1个学员就业。还有一些社会组织靠发放奖品礼品吸引服务对象接受服务,参加活动。结果礼品发了,活动搞了,但什么问题也没有解决。这就告诉我们社会组织要真正解决问题一定要有绩效,不能仅仅满足于做了什么,而是要看实际的成果。在现实生活中,现在有些社会组织做的一些项目,看起来轰轰烈烈、热热闹闹,但是最终问题没有解决,没有成果,实际上造成了资源的浪费。

第三,是对资助方和购买方的一种信托的责任。捐赠方把钱捐给社会组织,政府购买服务把钱给社会组织,是希望社会组织能够满足服务对象的需求,解决他们的问题,给他们带来实实在在的改变和收益。如果没有绩效,没有成果,服务对象没有改变,没有收益,这就辜负了捐赠方、购买方对我们的期望和托付。社会组织的从业人员一定要有强烈的责任感,要通过我们的绩效来实现捐赠方、购买方的期望和意愿。

比如，现在各地政府非常关注就业问题，每年投入大量资金对下岗失业人员进行就业技能培训。但现在绝大部分地方的就业技能培训只要求培训人数和培训时长，不强调就业率。结果造成很多人参加过很多培训，手里证书一大摞，但是就业还没解决。政府购买服务的资金来自纳税人，没有绩效的培训实际上是浪费资源，浪费纳税人的钱。

德鲁克指出："非营利组织似乎并不太重视绩效和成果，然而相对企业而言，非营利组织的绩效和成果其实更加重要，但也难以测评和控制。"为什么更加重要？因为社会组织存在是为了解决社会问题，是要让服务对象获得收益和改变。如果没有实际成果，没有绩效，怎么解决社会问题，怎么能够让服务对象改变和获得收益？由于社会组织跟企业相比，没有利润的底线，所以德鲁克说在测评和控制的时候就更难。但是社会组织不能因为难而忽视绩效，不讲绩效。

绩效和绩效管理对社会组织来讲是至关重要的，它关系到社会组织能不能真正对社会做出贡献，关系到社会组织有没有存在的价值和必要。

德鲁克在他的著作中反复强调社会组织加强绩效管理的重要性和必要性。德鲁克指出："多年以来，大多数非营利组织都觉得对他们来说只要有个良好的意愿就可以了。可在今天我们都清醒地认识到，由于非营利组织没有一个清晰的业绩标准，所以我们必须更加注重管理，必须将绩效的观念深深植入组织的使命当中，我们必须学会充分利用手头有限的人力和财力，使其能够发挥最大的效用。我们必须想清楚一个问题，我们的组织追求的成果究竟是什么？"这段话非常重要，也击中了今天中国社会组织的痛点。因为现在很多社会组织不重视绩效、忽视绩效，甚至没有绩效。实际上做社会组织也好，做项目也好，就是两个关键词：第一，需求。我们一定要满足需求。第二，成果。我们一定要有成果。我们讲的绩效实际上就是满足需求，做出成果。

绩效和绩效管理对社会组织来说非常重要，今天中国社会组织的绩效管理现状如何呢？我个人认为绩效管理是目前中国社会组织一个比较薄弱的环节，主要表现在三个方面。

第一,不知道什么是绩效。10多年来我在全国各地做培训,经常会问学员一个问题:什么是绩效?结果发现,能正确回答什么是绩效的比例不超过20%,有的甚至更低。很多社会组织从业人员,包括领导人,不知道什么叫绩效,脑子里也没有绩效的概念。

第二,不重视绩效。有些人虽然知道绩效,也知道绩效的重要性,但是他不重视绩效,工作马马虎虎,得过且过。

第三,没有绩效。尽管工作态度很好,认真负责,埋头苦干,但忙忙碌碌没有成果。

根据我的研究和观察,目前中国社会组织绩效管理存在的主要问题是:(1)没有使命,定位不清;(2)不注重成果,把活动当项目,把产出当成果;(3)有限的资源没有用到产生成果的地方;(4)缺少执行力;(5)不了解服务对象的需求,只关注怎么做、做什么,不关注服务对象的改变和收益;(6)草率行事,有美好的愿望却无法获得实际成果;(7)没有提出高绩效的标准,选择容易做的事情和赶时髦的事情;(8)违规违法使用资金;(9)打着非营利招牌,做营利的事情;(10)片面追求经济效益,损害服务对象的利益。

请大家认真思考两个问题:(1)你的机构是否重视绩效管理?(2)你们机构的绩效管理情况到底如何?

## 三、社会组织如何做好绩效管理

### (一) 做好绩效管理一定要有清晰的使命

绩效管理需要进行仔细的筹划,需要以机构的使命为出发点。一个社会组织如果没有使命,定位不清,就有可能被钱牵着鼻子走,什么都做。德鲁克指出:"界定清晰的组织使命能够起到不断提醒的作用,提醒大家要向外看,不光是寻找'客户',还要寻找获得成功的方法。在非营利组织中,人们很容易满足于'我们的事业是一种善事',因此用良好的出发点代替了具体成果。恰恰是因为这一点,成功的、表现良好的非营利组织学会了清楚地界定：组织外部的哪些变化是组织追求的'成果'，并将精力集中在这上面。"一个机构的资源和能力是有限的，什么都做，分散精力，肯定很难取得成果。所以社会组织要做好绩效管理，要能够做出绩效，首先要有清晰的使命。

### （二）要有营销的意识和客户的意识

社会组织的创办和存在是为了解决社会问题，满足客户的需求。因此要了解和满足客户真实的需求，给客户带来价值。德鲁克指出："客户到底重视什么？对于任何一个组织来说，可能是最重要的问题，但如今这个问题已经很少被提及了。非营利组织的管理者通常都是自己来回答这些问题，'他们重视的是我们服务的质量，我们改善社区的方式'。人们是如此确信自己在做正确的事，对工作也很有责任感，所以他们往往会把组织的存在作为自己工作的目的，认为自己工作的目的就是使这个组织继续存在下去，但这完全是一种官僚主义的做法。在完成每一件工作时，他们不会问'这样做对我们的客户有用吗，我们这样做是否为我们的客户创造了价值？'而是会问'这样做是否符合我们的规矩？'相信我，这种思维不仅会影响整个组织的表现，而且会让整个组织的愿景和意义荡然无存。"我们要有绩效，一定要从客户的需求出发，做他们需要的、能够给他们带来价值的事情。要做营销，不做推销。而且，要让服务对象方便、及时得到所需要的服务。

### （三）要选择那些和机构的使命、优势、价值观相一致的项目和工作

德鲁克指出："这里的真正问题并不是组织应该做什么，而是它们如何阻止自己去做错误的事情。我们所面临的最大的问题就是，组织都倾向于应对它根本处理不过来的事情。它们都想把自己分割成碎片。但这根本起不到作用，因为它们试图同时朝着50个方向出发……在目标领域，真正的问题是如何做到专注以及如何放弃过去。一个非营利机构必须是专业化的。它只做一件事情。"这里特别强调两点：第一，要事优先。我们一定要知道什么项目、什么事情是最重要的。不要分散精力，要把资源集中在最主

要的事情上。一般来说,有刚需的、解决痛点问题的事情是最重要的。第二,要专注。要做服务对象有需求,你的同行有的不愿意做、有的没想到做、有的想做却做不到的事情。只有这样才能把有限的资源真正用到能够出成果的地方,才能形成自己的竞争优势。

### (四)要有可衡量的成果

德鲁克指出:非营利组织是为成果而存在的。"管理要基于成果而不是良好的意愿。"成果是社会组织存在的价值和理由,是社会组织安身立命之根本。社会组织的成果,项目的成果是服务对象在参加项目或接受服务以后给他们带来的改变和收益,是在外部的。

要想取得成果,我们在做项目计划的时候一定要认真思考、正确回答五个问题。第一,为什么做这个项目?第二,项目的服务对象是谁?第三,项目要满足服务对象什么需求?第四,项目的目标是什么?如何来衡量?第五,项目如何实施?这五个问题是有效性的逻辑框架,做项目要有效,必须按照五个问题的顺序来回答。顺序不能颠倒,要素不能缺少。这五个问题中第四个问题最重要,项目的目标最重要。因为做项目是为了解决问题,满足需求,而目标就是解决问题,满足需求的结果。如果计划没有目标或者目标不清楚,项目是不会有成果的。

但是现在很多人,很多时候往往比较关心的是第五个问题——怎么做?做什么?却忘记了目标。要做出成果,必须改变思维习惯。要从只关注怎么做、做什么,转向首先对目标的关注。因为目标是不变的,目标明确了,怎么做、做什么,才有针对性和有效性,才能给创新打开巨大的空间。

德鲁克指出:"每一家组织都必须定义自己的客户,了解他们的需求,制定出有益的衡量标准,并且诚实坦白地判断自己是否实现这个目标。"衡量组织成果的标准有定性和定量两种标准。所谓定性标准,它衡量的是人们生活改变的深度和广度,衡量者通常会通过一些具体的观察,然后讲述一个深刻而个人化的故事。比如,一个对农村留守妇女开展手工技能培训项目,服务对象通过掌握技能,加工产品进行销售,改善了家庭经济状况。而定量标准则可以为我们提供一些详细而丰富的数据资料,比如服务对象平均每个月有1 000元收入。如果你想要判断本组织的资源是否被投入真正需要的地方,想要衡量自己的工作是否取得了预期的成效,想要知道服务对象是否得到了真正的改变和收益,定量的标准是至关重要的。

对成果我总结了三句话:(1)项目计划要体现成果;(2)项目实施要做出成果;(3)项目结束要展现成果。

### (五) 要有高的绩效标准

德鲁克指出:"组织必须聚焦在绩效上。组织精神的第一个要求就是高绩效标准,对整个组织、对每个人都一样。"现在有些社会组织对自己标准很低,以能够拿到钱为标准,或者专门做一些容易做的事情。要体现一个社会组织的价值,必须要有高的绩效标准。我们在上海做过一个促进25岁以下家庭贫困的、只有初中文化程度失业青年就业的项目。当时我们设定了要达到70%就业率的目标。大家知道,要帮助这样的对象实现就业是很难的,要达到70%就业率就更难了。但是我们知难而上,因为达到了70%就业率,能够更好体现这个项目的价值,体现我们机构存在的意义。由于有了这样的高标准以后,我们全力以赴,想方设法,整合资源,克服各种困难,开展各种有助于促进服务对象就业的活动和服务,最终这个项目达到了72%的就业率。由于项目有成果,而且成果显著,这个项目先后得到了汇丰银行的资助和上海市教委的买单。这个项目从2004年做到2012年,帮助了5 000余名家庭贫困的失业青年实现就业。这个项目也获得过中华慈善事业突出贡献奖和上海十大青年公益品牌的项目。

高的绩效标准要靠员工来实现,在员工的使用上要做到人尽其能,用人所长,要用高的标准来要求员工,这样可以把员工的积极性、创造性、主动性充分发挥出来。员工发展了,进步了,既有利于他们个人的成长,也有利于实现组织的目标。一个组织如果真正关心员工的话,应该给他们树立高的标准,要求他们去做一些难而正确的、有挑战性的工作。

### (六) 管理者决定组织绩效

德鲁克说:"决定绩效的人,正是管理者。"他还指出:"各种组织的管理人员都必须对绩效负责。"绩效是靠人做出来的。要取得绩效关键是管理者。

何谓"管理者"？很多人把管理者理解为拥有下属的人。其实,一个人是不是管理者和他是否拥有下属没有必然的关系。德鲁克给管理者下了一个定义：现代组织当中的每一位知识工作者都是管理者,前提是他由于担任职务或拥有知识,需要承担做出贡献的责任,从而实质性影响所在组织取得绩效和成果的能力。按照这个定义,一个为组织整体绩效和成果负责的人就是管理者。社会组织的从业人员绝大多数都是知识工作者,他们都是管理者。

管理者要为组织的绩效做出三大贡献。德鲁克指出:"'贡献'的含义可能大不相同。然而,所有组织都需要在三个重要方面取得绩效：(1) 直接成果；(2) 确立并不断强化价值；(3) 培育和开发将来需要的人才。组织在其中任何一个方面缺少绩效,都会走向衰弱,最后灭亡。因此,这三个方面都必须纳入每个管理者的贡献当中。"管理者不管在哪个岗位,都要树立"贡献思维",做出三大贡献。

管理者要做出贡献必须有正直的品格。德鲁克强调"正直"(integrity)的重要性。他指出:"诚实正直的品格是对管理者的绝对要求。"虽然正直可能很难定义,但从应用和实践的角度,我同意熊小年在《创造巅峰绩效》一书中给出的德鲁克式正直的定义。分"诚实""职业操守"和"良知"三个维度,共 12 个要素。

"诚实"维度有三个要素：(1) 言行一致。信守承诺,说到做到。(2) 坦诚沟通。以客户和成果为中心,进行坦诚交流和沟通。(3) 勤奋。要用付出的辛勤劳动去取得成果。不追求捷径,不投机取巧,不能有不劳而获的思想。

"职业操守"维度有五个要素：(1) 高目标导向。用高的绩效标准进行管理。(2) 用人之长。包括用自己之长。(3) 问题到我为止。管理者要主动承担责任。发生问题时,不要去指责别人。(4)发展人(包括自己)。(5)践行组织的价值观。要成为组织核心价值观强有力的推动者和践行者。

"良知"维度有四个要素:(1)不作恶。要做到"绝不明知有害而为之",这是管理者最低的道义责任。(2)敢于行动,管理者必须直面环境和现实的挑战,经过分析后敢于做出决策和行动。(3)知错能改。(4)无条件的担责。要对自己的行为和结果无条件担责。

> **思考题**
>
> 1. 什么是绩效?你的机构过去做过的项目是如何定义绩效的?
> 2. 社会组织为什么需要绩效和绩效管理?
> 3. 社会组织如何做好绩效管理?
> 4. 你的机构在绩效管理方面有哪些经验和教训?准备如何加强机构的绩效管理,提高机构和项目的绩效?

# 第十三讲　社会组织的人力资源管理

　　一个社会组织的成功取决于组织的人员,取决于他们的事业心和责任感、他们的热情、他们的贡献和进取精神。人力资源管理对一个社会组织来讲是极其重要的。有效而恰当地管理组织最为重要的资源——人,组织就能健康持续发展。人力资源决策是组织最终的——也许是唯一的——控制措施。人力资源决策决定了组织的绩效水平,组织的一切活动都是靠人来完成的。在中国很多社会组织中,人力资源管理是一个薄弱环节,也是一个难点问题。社会组织普遍存在招人难、留人难的情况。从中国社会组织发展的现状来看,对大多数组织而言,要想招募并留住非常优秀的人才很难,只能希望吸引和留住普通的人才。但是一个卓有成效的社会组织的管理者必须挖掘并超常发挥人才本身所具有的人力资源潜能。

　　人力资源管理指影响员工行为、态度和绩效的政策、实践和制度,包括招人、用人、育人和留人。社会组织人力资源管理的目标,就是要让平凡的人做出不平凡的事情,让有限的资源产生最好的成果。

## 一、社会组织如何招人

社会组织应根据组织人员需求确定招聘的职(岗)位和数量。招募的渠道主要有：(1)内部招聘，方法有：发布内部招聘通知；通过竞聘录用内部的员工；员工晋升计划。(2)外部招募，方法主要有：广告(报纸、杂志、电视、手册、网站、微信公众号等)；就业机构；人力资源公司；高校；利益相关者推荐和自荐；退休人员；数据库。

员工招聘主要采取测试和面试两种形式。测试的方式有：利用专业人力资源咨询公司使用的个性和兴趣测试题和测试软件进行测试；选择几项对应聘人员的岗位十分关键的任务，对其进行工作测试。面试是为了了解和考察应聘人员的知识、经验、动机、智力因素和个性、人际沟通能力等。

社会组织在人员招聘时，不但要了解应聘人员的学历、文凭、专业知识和能力，还要了解一下看不见的东西。在人力资源管理中有一种"冰山理论"。"冰山理论"告诉我们，人的素质就像大海里的冰山，一部分是露出海面的，看得见的；还有很大一部分是在海里的，看不见的。一个人的知识、技能就像冰山露出海面的部分，看得见，相对来说容易培养，容易评价和衡量。动机、态度、自我意向和价值观就像冰山在海里的那部分，相对来说难以培养，难以评价和衡量。社会组织从事的是公益事业，工作的难度和复杂性较大，对从业人员的看不见的素质的要求更高。看不见的比看得见的更重要。

社会组织招人时，在了解一个人的素质时，不仅要关注看得见的部分，看他的学历、知识、技能，还要关注看不见的部分，看他的动机、态度、自我意向和价值观。知名智库国际与战略研究中心的一位资深研究员说："我在招聘新人的时候，总是希望知道应聘者是否真正觉得这里的工作有意义，因为如果对自己所要做的事情缺乏认同和执着的话，没有一件事是做得好的。"

我觉得，在招人时有五点是要重点考虑的：

一是合适。要招合适的人，而非最好、最优秀的人。

二是热爱。应聘人员要热爱公益事业，对社会组织和从事的工作要有兴趣。一个人只有热爱自己的工作，做自己有兴趣的事情，才会全身心投入，才会乐此不疲，做出贡献。

三是学习力。社会组织是一个新兴的行业，需要有很强的学习力。只有不断学习新的知识，才能胜任工作。

四是责任心。一个人要有很强的责任感，要对组织负责，对工作负责，对自己负责，对利益相关者负责。有责任心才会有主动性，才能做好工作。

五是沟通能力。社会组织是做人的工作，要和人打交道，要有同理心和很好的沟通能力。

社会组织要积极拓宽招人的渠道，可以主动和高校联系，根据需要为即将毕业的大学生提供一些实习的岗位，在实习生中发现和招到合适的人员。

社会组织也可以根据需要聘用一些合适的退休人员。其好处：一是降低用工成本；二是以老带新，建立合理的人员年龄结构；三是发挥老同志的经验、能力和人际关系的优势。

社会组织要招到合适的人不容易，有难度。我们不能因为招人难而马虎和草率。招聘工作做的不好会导致员工的高流失率。尽管目前没有对社会组织的研究数据，但根据一项对企业的研究显示，几乎80%的员工流失与招聘阶段的失误有关。而员工的高流失率对机构是一种损失。

## 二、社会组织如何用人

### （一）用人的"五要五不要"

德鲁克指出："有效的管理者能使人发挥其长处。他知道只抓住缺点和短处是干不成任何事的。为实现目标，必须用人之长——用其同事之所长，用其上级之所长和用其本身之所长。利用好这些长处可以给你带来真正的机会。"社会组织在用人中要做到"五要五不要"：

1. 要发现优势，用人所长，不要过分关注弱点和做不到的事。应该尽量合理安排成员的工作岗位使之能充分发挥作用，应该根据成员的优势和特长把他们安排到最适于发挥他们优势且能规避他们劣势的位置上。不要安排员工去做他不擅长、没有优势或者力所不能及的事情。

2. 要敢于不断设定高绩效目标要求成员,不要降低绩效标准。一个人的潜能是很大的,只有提出高标准严要求,才能最大限度地开发员工的潜能,促进员工的成长与发展。

3. 要严于做事,宽于待人;不要严于待人,宽于做事。在工作上对员工要高标准、严要求,要容许员工犯错误。但一定要避免犯同样的错误。

4. 要关注实际结果,不要过分关注"可能性"。衡量一个员工的表现和工作,不能满足于勤勤恳恳、埋头苦干、加班加点,而是要看他的实际成果和工作绩效。

5. 要有灵活的机构和民主的机制,不要等级森严,官僚体制。组织机构要扁平化,去掉不必要的管理层次,做到决策权下移。领导要发扬民主,合理授权。

### (二) 建立规范的劳动关系

与员工签订劳动合同和缴纳社会保障费用是社会组织的社会责任之一,社会组织应当依法建立和完善员工管理制度。

1. 签订劳动合同。签订劳动合同是法律要求。根据我国劳动合同规定:用人单位自用工之日起即与劳动者建立劳动关系。建立劳动关系应当订立劳动合同。用人单位与劳动者存在劳动关系未订立劳动合同,劳动者要求签订劳动合同的,用人单位不得解除劳动关系,并应当与劳动者签订劳动合同。

国际捐赠机构和一些大的基金会非常重视接受捐赠的社会组织是否履行其应负的社会责任。与员工签订劳动合同和缴纳社会保障费用是国际捐赠机构尽职调查和审计内容之一,也是社会组织承接政府购买服务的一个必备条件。

社会组织与劳动者签订劳动合同时,应当如实向劳动者说明岗位用人要求、工作内容、工作时间、工作地点、劳动报酬、劳动条件、社会保险,以及劳动者希望了解的其他与订立和履行劳动合同直接有关的情况。社会组织有权了解劳动者与订立和履行劳动合同直接相关的年龄、身体状况、工作经历、知识技能以及就业现状等情况。劳动合同应当载明用人单位的名称、地址、法定代表人；劳动者的姓名、性别、年龄、居民身份证号码；劳动合同期限或终止条件；工作内容和地点；劳动保护和劳动条件；劳动报酬；社会保险；劳动纪律；法律和行政法规规定应当纳入劳动合同的其他事项。除以上内容之外，经与当事人协商一致，还可以在劳动合同中约定下列内容：试用期、培训、保守商业秘密、补充保险和福利待遇、其他事项。

社会组织聘用在法定劳动年龄阶段的正式员工，要签订劳动合同。聘用退休人员要签订聘用合同（协议）。对为社会组织提供短期或兼职服务的人员（如专家、顾问），可以根据实际情况签订服务协议。

2. 社会组织员工薪酬与福利。薪酬是指员工因从事社会组织所需要的劳动，而得到的以货币形式和非货币形式所表现的补偿，是组织支付给员工的劳动报酬。全面的薪酬分为"外在"薪酬和"内在"薪酬两大类。"外在"薪酬包括基本薪酬（基础工资、工龄工资及其他）、辅助薪酬（奖金和津贴）、福利（保险、养老金等）。内在薪酬包括精神满足、奖励和各种机会。基本薪酬也称作标准薪酬或基础薪酬，是以员工的熟练程度、工作的复杂程度、责任大小以及劳动强度为基准，按照员工实际完成的劳动定额或工作时间的劳动消耗而计付的劳动报酬。这是组成员工劳动收入的主体部分，也是确定其他劳动报酬和福利待遇的基础，具有相对的稳定性。辅助薪酬与基本薪酬相比，它是一种能够及时反映绩效变动的基本补充形式，而且其数额不固定，形式多样，主要有奖金（奖励薪酬）和津贴（附加薪酬）等。津贴是组织对员工在特殊劳动条件下所付出的额外劳动消耗和生活费开支的一种物质补偿形式。艰苦的工作环境需要劳动者付出更多的劳动力支出，或会对劳动者的身体造成一定的伤害，如到条件艰苦的地方实施项目和进行调研等，社会组织可以考虑以津贴的形式予以补偿。所谓福利是社会组织为吸引员工或维持员工稳定而支付的作为基本薪金的补充项目，如失业金、养老金、医疗费、工伤费、退休金等社会保障费用。法定社保费用包括养老保险、基本医疗保险和大病统筹保险、工伤保险、失业保险、住房公积金。

所谓内在薪酬指精神满足和奖励(如优越的工作条件、表彰、授予荣誉称号等非货币奖励)和各种机会(如晋升机会、提高知名度和影响力的机会、培训进修机会等将会但还没有完全得到的非货币奖励)。社会组织在用高薪吸引人才方面存在一定的局限性,因此要注重和发挥内在薪酬的作用。实际上,内在薪酬必须与外在薪酬结合起来才会发挥出应有的效果。社会组织的薪酬体系应该透明、公开、公正,应该让员工知道薪酬是如何确定的,一定要同工同酬。一些重要的薪酬政策的制定,要通过员工大会讨论决定。

### (三) 对社会组织从业人员的工作"丰富化"

一个人的才能和可以胜任的工作是多方面的,社会组织可以通过以下一些方法,做到工作"丰富化"。

1. 工作轮换。当员工觉得一种工作或活动不再具有挑战性时,轮换到同一水平、技术、技能要求相近似的另一个岗位上。

2. 工作扩大化。增加员工的工作数量(横向)。

3. 工作丰富化。工作内容不要定义地过分狭隘,增加工作范围之内的自主性、责任和反馈。如让一个员工负责一个项目,给予责任和授权,加强反馈。

### (四) 鼓励团队工作

社会组织要完成任务,做好工作,不能光靠个人单打独斗,必须发挥团队的作用。组建团队的目的在于发挥每个人的优点,弥补抵消各自的弱点。团队需要有统一的领导管理。关键是要注重团队绩效,把个人优势统一成共同的行动。

组建成功的团队,不能从人员着手,而应从工作着手。

1. 制定共同的目标。团队的目标是至关重要的。团队的目标应该是团队中每一个人经过商讨后达成的共识,必须是具体的、可衡量的、切实可行的。为了更好地完成任务,目标应该具有挑战性。在制定好目标后,一定要把它写在纸上,落实到具体的条文中。

2. 确定关键的活动,确保关键性活动资源的落实。

3. 明确个人优势,使之与关键活动相匹配。

4. 明确个人的岗位和职责,做到分工不分家。

5. 当团队中有人表现出色时,要及时赞扬。表扬要及时,要经常。

6. 当团队中有人表现不佳时,也要及时指出。要对事不对人,不要因此对人产生成见。

德鲁克在《他们不是雇员,他们是人》中指出:"对任何组织而言,伟大的关键在于寻找人的潜能并花时间开发潜能。如果失去对人的尊重,这里的开发潜能很可能被理解成仅仅为了组织的绩效而把人视为使用的工具。只有恢复对人的尊重,才能真正把人的才能释放出来。"在用人问题上,社会组织必须真正做到"以人为本"。我们不能把员工仅仅当成完成工作的工具,不能仅仅用他们的手,而要用他们的心,用他们的脑。在社会组织内部,上至领导下至清洁工,必须做到一视同仁,尊重每一个人。对组织的成功而言,每个人都是必不可少的。

## 三、社会组织如何育人

德鲁克指出:"任何组织都必须发展人力资源,一个组织如果不是在帮助成员成长,就是在阻碍他们;不是在培育成员,就是在摧残他们。"社会组织必须高度重视育人,尤其是关键岗位的人是需要机构自己培养的。是否培养下属也直接决定领导者和管理者自己的发展与成功。

在育人的问题上,社会组织的领导人对员工一定要有信心,有期望。领导者如何看待员工,对他们有什么样的期望,会影响到员工如何看待自己,对自己有什么样的目标。而员工如何看待他们自己,确定什么样的目标,这反过来会影响他们选择为这个目标发挥多少积极性,而这决定了最终的结果以及他们成为什么样的人。中国的社会组织最缺的就是卓有成效的人才。我们要把员工培养成专家型、创业型的社会组织从业人员。

培养负责任员工的主要途径：

1. 谨慎安排员工。要知人善任，用人之长，把员工安排在合适的岗位上。

2. 提出高标准的绩效要求。"响鼓还要重锤敲"，要让员工从事一些新的、有难度、有挑战性的工作。有挑战的工作本身就是一种培育。

3. 提供员工所需要的信息。使员工掌握必要的信息，提高他们的判断力和决策力。

4. 鼓励员工形成管理者的视野。要鼓励员工换位思考，从一个机构高层管理者的角度思考问题，培养员工对组织的向心力和领导意识。要鼓励员工超越本职工作/部门/地区的局限思考问题，培养组织的凝聚力和全局意识。

5. 从职业生涯的角度培养人。帮助员工制定和自己的优势、长处、兴趣相一致的职业规划，在工作中随时培养。

6. 重视评估，及时反馈。

7. 让员工担任"教师"。这是德鲁克提倡的激励和促进员工成长的有效方法。第一，可以使员工学得更多，用得更好，做到"为人师表"；第二，可以通过分享，为他人的成长提供经验和榜样；第三，同时体现出组织真正倡导的是什么。

要做好育人工作，社会组织要提供四个方面的服务：

（1）导师精心督促。

（2）教师传授技能。

（3）评估专家测评进展情况。

（4）领导鞭策激励。

一个社会组织事业的发展、一个社会组织的任务，就是如何开发人、培养人，而且这也是作为领导者一个非常重要的责任。一个有效的社会组织的领导人必须把开发人的能力和远见作为一项重要职责和任务。

## 四、社会组织如何留人

社会组织的成败取决于它能否吸引并留住愿意为之奉献的人才。社会组织一旦失去这种能力,就必然会走下坡路,而且是很难挽救的。社会组织要留住人,一定要将"人的发展"摆在和"组织的发展"同等重要的地位。马斯洛理论告诉我们,每个人都有五个层次的需要:生理需要、安全需要、社会需要、尊重需要和自我实现需要。我们一定要采取相应的措施来满足员工不同层次的需要,以留住人。

社会组织可以通过以下四个方面来留住人才:事业留人、待遇留人、政策留人和感情留人。

### (一) 事业留人

目前,中国的社会组织普遍存在留人难的问题。有人认为,社会组织留不住人的主要原因是待遇太低。实际上,待遇并不是留住人的最主要因素。国外一项关于"员工有什么愿望"的研究发现,在员工集中关注的13种愿望中,排在前五位的分别是:(1) 与尊重我的人一起工作;(2) 工作有意义;(3) 工作干得好可以得到表彰;(4) 有机会发展技能;(5) 如果自己对改进工作有想法,上司会倾听。而工作有保障、工资高、福利好分别排在第11、12、13位。从这个研究中可以看到员工在看待一项工作时,最看重的是被尊重、工作的意义和成就感、发展的机会、被认可,而工资和待遇虽然也是重要因素,但是被排在后面的。员工在一段时间内会关注工资待遇,但如果员工没有成就感,得不到尊重和认可,对工作失去了兴趣,对组织不满意,单靠金钱是留不住他们的。管理的任务之一就是要让员工工作有成效,个人有成就感。社会组织的从业人员绝大多数是知识工作者,他们需要工作卓有成效,个人有成就感。我们要用使命去激励员工,凝聚人心,要向员工说明并使他们了解和认同工作的意义、价值和社会影响,激发员工的主人翁感和内在成长的自我驱动力。重庆卓越社会组织服务中心是 2015 年在重庆市民政局直接注册成立的一家支持型社会组织，2016年7月招聘了一位应届大学毕业生。入职前，机构领导就和她进行了充分的交流，了解她加入机构的目的和期望，介绍了支持型社会组织的重要作用和发展前景，同时也提出了对她的期望和要求。这位员工入职后以高度自觉的主人翁精神投入工作，不计较个人得失，处处以机构利益为重，认真负责地完成各项任务，得到了服务对象和利益相关者的好评和认可。有一家企业想用高薪挖她，被她拒绝了。她说："我热爱自己的工作和机构，我要和机构共同成长。"

### （二）待遇留人

社会组织不能只讲精神，只讲情怀。如果社会组织付给员工的薪水不足以让员工满足基本的生活需要，是很难招到人，更难留住人了。钱不是万能的，但没有钱也是万万不能的。在社会组织从业，对员工来说是一份工作，一个职业，他们也要生活，他们应该拿到和他们的付出和贡献相一致的工资待遇。千万不能认为"做社会组织就是低工资""社会组织要讲奉献，不能讲待遇"。实际上，管理好一家社会组织，对人的要求还是很高的。从国外的情况看，社会组织从业人员的工资一般是社会的中等偏上水平。如今，工作着的人们希望他们投入的时间、智慧和精力得到回报。要调动员工的积极性，要留住人，社会组织必须建立合理的薪酬制度，制定合理、公平、公正、有吸引力的薪酬标准，千万不能搞平均主义、大锅饭。要保证员工的工资待遇随着机构事业的发展同步提高。只有满足了员工最基本的需求，才谈得上对员工更高层次的激励。对于初创的社会组织来说，开始的时候可能员工工资待遇并不高，但是，一定要让员工看到希望，看到未来。否则，是很难留住人的。一个社会组织的领导人要有这样的目标和志向：本机构的待遇在本地区和本行业中是令人羡慕的、有竞争力的，这也是领导人的一种责任和担当。

### （三）政策留人

社会组织一方面要执行国家有关劳动用工、福利待遇、社会保险等方面的政策，同时，也可以根据机构的实际情况，制定一些有助于留住员工的政策。比如，设立工龄工资；为员工缴纳年金；鼓励员工在完成本职工作的前提下参与机构的项目；为员工创造和争取一些通过为社会服务增加收入的条件和机会；设立单项奖，奖励为机构做出贡献、赢得荣誉的员工；鼓励员工多开发项目，多争取资源，等等。社会组织要做到机会均等，但结果不均等。

### （四）感情留人

人是讲感情的。感情留人就是要针对员工的不同需求给予不同的人文关怀，要和员工多交流，多沟通，从思想、政治、工作、学习、经济、生活等方面关心员工、爱护员工，尽量解决员工的后顾之忧，以管理者的真挚、体贴、感情留住人。有效沟通是联络感情的基础，要开诚布公、有效倾听、注重对员工的认可与表扬。

中国有句古话：士为知己者死，女为悦己者容。一个为员工尊敬、信赖、喜欢的领导者，是吸引人、留住人的重要因素。国外一项对25万多人进行的"你希望你的上司具备什么样的品质？"的调查显示：诚实可信、富有远见、鼓舞人心、真才实干是领导者要赢得下属的信赖必须具备的四种最重要的品质。社会组织的领导者的个人品质和以身作则非常重要。德鲁克指出："人的品质和诚实本身，并不能成就什么事。一旦这方面有缺陷，则事事出毛病。"因此，如果一个领导人在这方面有缺点，那就不是影响他工作能力和长处发挥的问题，而是根本不适合当领导者的问题。社会组织的领导者要树立全心全意为员工服务的意识，当好设计师、当好教练、当好服务员，充分发挥员工的创造性、主动性和聪明才智，帮助员工成长、成功。社会组织的领导者要做到"四分享"，即利益分享、权力分享、荣誉分享、知识分享。

留住人是一项系统的工程，贯穿于组织内部的文化、工作安排、内部晋升、员工培训、参与管理及职业发展计划等各个方面：

一是良好的组织文化不仅体现了组织的行为准则，而且可以增强对员工的吸引力，以及组织的凝聚力。要构建乐观、积极、尊重、宽松、包容、和谐的组织文化。

二是合适的岗位是留住人才的基础,在安排员工岗位时,要用人之长,要考虑员工的能力、价值和兴趣;

三是组织要给予员工成长、发展的机会和条件,以稳定和培养组织现有的人才。要让员工看到内部晋升的机会,而不是简单地引进人才。要高度重视员工的教育培训。教育培训可以满足员工自我提高和发展的需要,提高工作效率与组织绩效,培养员工对组织的忠诚度。

四是要让员工参与管理,授予员工合适的权力和必要的资源。

五是组织应帮助员工根据自我兴趣、价值观、技能,明确职业发展的方向和目标,制定自己的职业规划。员工个人的职业发展方向和目标必须与组织的使命和发展目标相一致。

总之,社会组织要用使命和不断取得成功来吸引员工留下,要让员工快乐工作、享受工作、享受成果。

社会组织的员工流动是很正常的,没有流动也是不可能的。我们要尽量减少和避免骨干和关键岗位的人才流失。某国际顾问公司执行董事汤姆·蒂尔尼说:"最优秀和最聪明的人往往是最难留住的。我们的工作是创造有价值的事业,使他们多停留一天、一个月或一年。但如果你认为你能最终困住人才,那才是愚蠢的。"管理者应当有这种认识,"终生员工"无论对组织还是员工个人来讲都不大可能。但是,如果能坚持"终生交往",对于组织来说将会有长远的利益。汤姆·蒂尔尼不主张"困住人才",他强调应在那些员工离职之后,"继续与他们保持联系,把他们变成拥护者、客户或者合作伙伴"。

美国宾州大学沃顿商学院教授卡培里认为:不要把人才当作一个水库,应该当成一条河流来管理;不要期待它不流动,应该设法管理它的流速和方向。换句话说,组织不能再把留住人才当作一个目标,而是设法通过工作设计、团队建立等,影响员工流动的方向以及频率来解决。我们不能保证员工在机构中工作一辈子,但是我们要做到即使将来员工离开了机构,他们在市场上也是有竞争力的。

> **思考题**
>
> 1. 为什么说人力资源决策是组织最终的——也许是唯一的——控制措施?
> 2. 社会组织招人时要重点考虑哪些因素?你的机构有哪些经验和教训?
> 3. 社会组织用人应该做到哪"五要五不要"?你的机构有哪些经验和教训?
> 4. 社会组织应该如何育人?你的机构有哪些经验和教训?
> 5. 社会组织应该如何留人?你的机构有哪些经验和教训?

# 第十四讲 社会组织和政府的合作关系

## 一、社会组织和政府是什么关系

在讲社会组织和政府关系的时候,大家要了解两个重要的概念。

第一个概念,利益相关者。所谓利益相关者是指影响组织的活动,或者受组织的活动影响的组织和个人。社会组织一个重要特点,就是利益相关者特别多。一个社会组织的利益相关者包括政府、企业、服务对象、志愿者、机构内部的理事会、媒体、员工、社区、其他社会组织、资助者(有个人、基金会、企业,还包括外国的非营利组织)。大家可以看到,政府是社会组织一个重要的利益相关者。

第二个概念,支持客户。社会组织的存在就是要满足客户的需求,有效解决社会问题。讲到客户,有些人以为客户就是指服务对象、受益人。这种理解是不全面的。客户是指"组织为了取得成果必须让其满意的人","是可以拒绝产品和服务的人"。服务对象、受益人是我们的主要客户。除了主要客户，社会组织还有一个非常重要的客户，即支持客户。社会组织和项目要取得成果，离不开支持客户。比如，我们要做一个为老服务项目，这个项目的资金需要政府通过购买服务来提供。那么，这个项目要想成功，除了要满足服务对象的需求外，离不开政府资金的支持。如果我们不能够满足政府的需求，政府不提供资金，这个项目即使有需求也做不成。因此，我们的项目要想成功，不但要了解和满足主要客户的需求，还要了解和满足包括政府在内的、和这个项目有关的所有支持客户的需求。

了解了这两个概念以后，社会组织和政府是一种什么关系也就清楚了。政府是社会组织一个非常重要的利益相关者和支持客户。社会组织跟政府的关系不是领导与被领导、上级与下级的关系，是一种伙伴关系、合作关系。

既然政府是社会组织重要的合作伙伴和支持客户，那么我们就要知道作为支持客户，政府对社会组织有哪些需求和期望。如果仔细分析一下，就可以发现，实际上政府对社会组织是有期待、有期望的。比如，政府希望社会组织要遵纪守法，要有公信力，要不断加强自身规范化建设。民政部在2008年推出了社会组织规范化建设的评估，有1A、2A、3A、4A、5A这样五个等级。开展社会组织规范化建设评估，表明政府希望通过评估促进社会组织加强规范化建设。政府也希望社会组织能够有效地去解决一些社会问题；希望社会组织不断提升能力，特别是提升整合资源的能力、提升满足需求的能力。再比如，如果是政府购买服务的项目，政府一定是希望社会组织能安全、规范、有效地使用资金。有的政府官员不一定要求社会组织有所作为，但他希望社会组织不要添乱。由于社会问题会不断出现，政府也希望社会组织不断创新。现在，政府高度重视社会建设和社会治理创新，但缺少经验，政府希望社会组织能够通过有效的探索和实践，提供社会建设和社会治理方面的成功经验，以便推广和复制。政府希望社会组织能够跟政府保持密切联系和沟通，及时做好信息反馈；希望社会组织在化解社会矛盾和维护社会稳定方面发挥作用；希望社会组织在开展活动和在获取资金的时候，一定要有政治意识和国家安全意识。所以，仔细想一想，可以看到政府对社会组织是有期待、有期望的。

如果社会组织不能够满足政府的期待和期望,或者说使政府失望了,那又会产生什么样的后果呢？我觉得这个后果还是非常严重的。政府会提出批评,会减少甚至停止支持,包括资金方面的支持。比如,原来这个项目是你的机构做的,但你做得不好,没有公信力,失去了信任,政府就停止对你的支持。另外,如果政府失望了,可能会进行政策调整。比如,现在有的地方政府拿出资金购买服务,但有的社会组织的项目做得不好,有的资金使用不规范,问题很多。于是,政府决定购买服务暂停一年。这对很多有能力做项目又需要从政府那里得到资金的社会组织来讲,资金来源就会受到影响。如果社会组织严重违法违规,可能还会被取缔,失去生存的资格。因此,社会组织一定要了解和清楚政府这一个重要利益相关者和支持客户的需求,了解政府对社会组织的期望。我们必须很好地满足政府需求和期望,这样才能够与政府建立良好的关系。

## 二、社会组织和政府合作的重要性

社会组织和政府的关系是一种伙伴关系、合作关系,政府是社会组织非常重要的利益相关者和支持客户。因此,社会组织,特别是初创社会组织,必须跟政府建立和发展良好的关系。

20多年的公益实践,使我深深地体会到,要把社会组织经营管理好,要把项目做好,必须做到"三势"。第一要顺势,第二要借势,第三要造势。这三个"势"都离不开社会组织跟政府的合作关系。大家知道,党的十八大以来,党和政府对发展社会组织越来越重视,提出了要"加快形成政社分开、责权明确、依法自治的现代社会组织体制",肯定了社会组织"是我国社会主义现代化建设的重要力量"。同时,政府也出台一系列的政策,扶持和支持社会组织的发展。在这样的背景下,社会组织建立和发展跟政府的合作关系显得尤为重要。

### (一) 建立和发展与政府的合作关系，是保证社会组织生存、发展的重要条件

社会组织的生存、发展需要资金，资金来源主要有三个方面：第一是政府购买，第二是社会捐赠，第三是服务收入。政府购买是社会组织资金的重要来源之一。特别是一些初创的社会组织，起步的时候普遍缺少资金。如果和政府有很好的合作关系，可以通过参与政府购买服务，从政府那里得到项目资金，这对机构的生存、发展是很有利的。近几年，中央和地方政府出台了很多文件和政策，明确要求加大政府购买服务的力度，支持社会组织发展。全国各地有很多社会组织，特别是初创的社会组织，就是通过参与政府购买服务，获得了资金，解决了机构的生存问题。

和政府建立合作关系，也可以更好地保证社会组织的合法性。我认为，在中国要更好地服务社会，解决社会问题，一个组织最好是注册的，有合法身份。有了合法身份，有利于开展活动、实施项目、争取资源、接受捐款。如果跟政府有很好的关系，得到政府信任，至少在注册登记时会顺利一些。机构成立后开展业务，提供服务时，也可以得到政府的支持。另外，现在很多社会组织，特别是一些直接为社区提供服务的慈善公益类社会组织，他们的服务对象主要在社区，项目实施要进入社区。如果一个社会组织跟街道、跟社区有很好的关系，得到信任，街道和社区就会非常欢迎，积极配合。同时，它们还会提供场地、设备、资金、人力等方面的支持。这对社会组织顺利进入社区，更好地实施项目、开展服务是非常有帮助的。

### (二) 建立和发展与政府的合作关系，有助于社会组织更好地实现机构的使命和目标

社会组织是为使命而存在的，只有通过实施有成果的项目才能保证机构使命的达成。社会组织的服务对象、服务领域会随着环境的变化、需求的变化而发生变化。比如，我们上海市慈善教育培训中心，1995年成立的时候，当时的服务对象主要是"40、50"下岗失业人员，但是2000年以后，服务

对象发生了变化,就业矛盾从"40、50"变成"20、30"。于是,我们开发和实施了"阳光下展翅"——上海社区失业青年的就业援助行动项目,通过一年半的中专学历教育和技能培训,帮助18—25岁的家庭贫困、只有初中文化程度的失业青年实现就业,要达到70%就业率。这个项目开始是由汇丰银行资助的,培训了800名学员。2006年以后,汇丰停止了资助,我们就向上海市教委提出申请。由于我们跟政府有很好的合作关系,又有70%就业率的成果,赢得了政府的信任。上海市教委提供了3 000多万元资金,使这个项目连续做了10年。

社会组织和政府的良好合作关系,有助于我们不断扩大服务范围,更好地满足需求。比如,2004年我们开发和实施"外来媳妇就业技能培训"项目,主要对没有上海户口的家庭贫困的外来媳妇,通过技能培训,帮助她们实现就业。这个项目开始时得到了上海市慈善基金会100万元的资助。为了使项目持续开展下去,我们又向上海市劳动局提出申请政府购买服务。由于项目有60%的就业率,而且解决的是政府关注的一个社会热点问题,因此,得到了上海市劳动局的支持。从2004年到2014年,政府为这个项目买单超过1 000多万元。

从这两个例子大家就可以看到,如果一个社会组织能够跟政府建立良好的关系,能够赢得政府的信任,就有可能得到更多的资金和支持,这对提高服务能力,扩大服务范围,更好地满足社会需求,达成组织的使命,是非常有好处的。

### (三)建立和发展与政府的合作关系,有助于推动政府政策的调整

上海市慈善教育培训中心实施的"外来媳妇就业技能培训"项目,由于项目实实在在地促进了外来媳妇的就业,除了得到政府的资金支持以外,还推动了政府政策的调整。在上海,政府原来只是对有上海户籍的下岗失业人员提供免费培训。外来媳妇因为没有上海户口,不能享受政府免费培训。但是,由于"外来媳妇就业技能培训"项目的成功实施,特别是有60%以上的学员成功就业的实际的成果,上海市劳动局在2009年专门出台了一个政

策，凡是外来媳妇都可以像上海户籍的失业人员一样，每年享受一次免费的培训。政府政策的调整，可以让更多需要帮助的服务对象得到帮助，使他们受益。社会组织要想使更多的服务对象受益，政府的政策是非常重要的。而跟政府的良好合作关系，有助于政府出台更多惠及民生、有利于社会组织开展服务和项目、促进社会组织发展的政策。

### （四）建立和发展与政府的合作关系，有助于改变社会对社会组织的认识和态度

中国的社会组织还刚刚起步，整个社会对社会组织的认知度、认可度还不高。但是，如果社会组织的项目，是由政府购买服务提供的资金，或者得到政府的认可和支持，相信服务对象也好、社会也好，对这个项目的认可度和认同感会大大提高。大家看到政府对社会组织的重视和支持，也会加深对社会组织在社会中的重要作用的认识。如果越来越多的人有这样的认识，这对提高全社会对社会组织认知度和认可度会起到很大的促进作用。同时，如果社会组织跟政府建立了良好的合作关系，能够更多地得到政府的理解和支持，也有助于形成有利于社会组织发展的良好社会环境。社会组织的发展需要全社会的支持。如果社会组织跟政府有很好的关系，特别是能够去做一些既有社会需求，又能得到政府支持和资助的公益项目，那么，社会方方面面也会给予更多的关注、参与和支持，媒体也更愿意报道。这对整个社会组织发展环境的改善和优化也会起到积极的促进作用。

讲到这一点，我觉得现在社会组织需要提高和政府合作重要性的认识，要破除"社会组织是非政府的，和政府不搭界"的认识误区。因为我在跟一些社会组织，特别是初创社会组织的接触中发现，有的社会组织甚至领导人存在这种想法。他们认为我是社会组织，是非政府的，跟政府没有关系。

2015年，我在郑州培训遇到一位学员，是一家助残机构的院长。有一次她接到市委书记秘书的电话，了解他们机构有什么困难，有什么问题需要解决。当时她就认为我们是社会组织，跟政府没有什么关系，于是就婉言拒绝了这样一次合作的机会。通过培训，她知道了社会组织要主动跟政府建

立合作关系,回去后就主动和市委书记的秘书联系,如实反映了机构面临的一些困难和问题。后来,市有关部门确实帮机构解决了一些实际问题。她深深感到,需要通过学习,转变观念,提高认识,主动建立和发展跟政府的合作关系。

## 三、社会组织如何有效地建立和发展与政府的合作关系

第一,要提高认识,转变观念。这里讲的提高认识、转变观念,就是要提高对社会组织和政府建立良好合作关系的重要性的认识。因为只有认识到重要性,你才会努力地去做。转变观念就是要转变那种认为社会组织跟政府没有关系,甚至把社会组织与政府对立起来的错误观点。只有认识提高了,观念转变了,我们才会积极主动地去建立和发展与政府的合作关系。

第二,要坚持诚信、尊重、平等、互利、互惠的原则。社会组织跟政府不是上级和下级、领导和被领导的关系,它是一种伙伴关系、合作关系。因此,在这个过程当中,必须坚持相互诚信、尊重、平等、互利、互惠的原则。这也是能够维持长期关系的重要基础。这里我特别强调"诚信"两个字。大家知道,现在在经济领域,企业跟政府合作有时存在一些潜规则。有的企业为了拿项目,得到政府的资金和支持,采用请客、送礼甚至行贿的方法。我想和大家强调一点,社会组织千万不能把社会上一些潜规则拿到社会组织和公益领域里面。我们在跟政府的合作过程当中,一定要坚持底线原则,这个底线就是诚信。我注意到现在有些地方,在政府购买服务当中出现了拿回扣的现象。有的社会组织为了从政府拿资金、拿项目,采取给回扣、请客送礼等手段。我认为这种做法是千万要不得的,它会影响社会组织的公信力,影响跟政府的长期合作关系。

第三,要关注党和政府的政策,主动了解政府的需求。前面讲了,政府实际上对社会组织是有需求、有期待的,它希望社会组织更好地在解决社会问题、满足社会需要、化解社会矛盾、开展社会创新、扶贫济困、服务民生等

方面发挥作用。党和政府的政策往往是社会有需求的,如果我们了解了党和政府的政策,主动去做那些社会有需求、党和政府有期望的事情和项目,就能有更多机会得到政府的支持和资助的机会。我们上海市慈善教育培训中心很多的项目都是从政策当中发现需求,发现机会,从而得到政府的支持。再比如,2016年6月,我们准备在上海市民政局注册成立上海卓越公益组织发展中心这样一家支持型机构,当时遇到了场地问题。我们找到了上海静安区天目西路街道的领导,正好街道要搞政府购买服务和培育社会组织,需要支持型社会组织来承接。于是街道给我们提供了免费的办公场地,使我们顺利地注册了机构。同时,在机构成立后拿到了第一个政府购买服务的项目。在这里,我想对那些在社区开展项目的社会组织提个建议,如果你们想在社区开展项目,一定要了解社区的需求,了解街道领导有哪些需求,他们希望解决什么样的问题。如果你能把社区的需求和街道领导要解决的问题作为项目内容,得到支持的可能性就会大大提高。

第四,要主动寻找和把握与政府合作的机会。一般来讲,政府可能在上面,社会组织在下面,跟政府接触的机会不是很多。因此社会组织一定要有主动性。我经常讲,主动不一定成功,但是不主动,成功可能性就更小。所以,社会组织要主动地跟政府打交道,要主动跟政府有关部门的领导和工作人员接触和沟通。通过沟通和交流,一方面可以了解政府有什么需求,同时也可以让政府更好地了解社会组织。因为政府只有了解我们,才会理解和信任我们,才会给我们更多机会。所以,主动性这一点,在和政府的合作关系当中是非常重要的。我们要主动、主动、再主动,不能等待政府来找我们,而是要主动去找政府。

第五,在和政府的合作中一定要做到换位思考,将心比心。我在和社会组织的接触中,碰到过一些社会组织,特别是一些社会组织发展起步比较晚的地区,有的伙伴老是抱怨,抱怨政府不理解、不支持,抱怨政府还没有购买服务,等等。当然,这种情况是存在的。但是我们应该要看到,从整个大的形势和大的背景来讲,现在政府对社会组织的发展是越来越重视了。但是,如何发展社会组织,如何购买服务,政府也有一个学习的过程、认识的过程、转变的过程。而且,政府工作是有一套办事程序的,有时候我们急不得。所以,一定要将心比心,换位思考。我们也要理解政府有时候也有一些难处和实际情况,要允许政府有时间来提高认识,转变观念。这样在跟政府合作过程当中,就会少一点抱怨、多一点理解;少一点指责、多一点配合。这一点我觉得非常重要,因为老是抱怨、老是指责,这个关系只会越来越僵。只有将心比心、换位思考才能换来同心同德。同时,我们也可以用实际行动影响政府,促进政府发生积极的转变。

第六,一定要用公信力和成果去赢得信任。我为什么强调社会组织在跟政府合作的时候,千万不要把社会上的潜规则拿过来。因为潜规则是不正确的,靠它建立的关系是不长久的。这方面的教训,社会上很多。所以,社会组织一定要用公信力,用能够有效解决社会问题、满足需求的实际成果,来赢得政府的信任。这点对合作关系的维护和持续发展是至关重要的。比如,我们机构在2013年担任了太仓市民政局公益创投的顾问,提供开展公益创投专业服务。由于我们的服务成效显著,太仓市民政局非常满意,连续5年聘请我们担任顾问。我们和太仓市民政局合作的成功经历,又成为我们后来在重庆、连云港、长春、沈阳等地担任公益创投顾问的重要原因。特别要强调的是,社会组织在承接政府购买服务的项目时,一定要规范、有效、安全地使用政府购买服务的资金,一定要认真实施项目,保证项目质量,使服务对象真正受益和得到改变。有了信任和成果,政府一定会不断地加大对社会组织的支持力度。我们也可能成为政府的长期合作伙伴。

第七,要主动地寻找好人。大家知道,现在领导干部和政府机关工作人员也不是整齐划一的。有的有事业心、责任感,有创新精神,很想做事情;也有的不求有功,但求无过,不想做事情,只求维持现状。所以,作为社会组织不要一味抱怨和指责。我们要相信在政府部门里面总是有一些想做事情、要做事情的领导和工作人员的。我们可以做的,就是去寻找和发现这样想做事情、要做事情的领导和工作人员。我们可以先从跟他的合作开始,用实际的成果去影响更多的人,从而不断发展跟政府的合作关系。如果找到这样一位想做事情的领导,就是一个机会。我在市内外做了很多跟政府合作的项目,就是从找到一位想做事情的领导开始的。所以,我们一定要主动地寻找好人,找到好人。让好人、贵人相助,支持我们发展,做到合作共赢、多赢。

第八,跟政府的合作一定要从小事做起,要主动争取沟通合作的渠道和机会。政府跟社会组织合作的基础是信任,而信任是需要用实际行动和实际成果来赢得的。比如,政府在购买服务时,如果对一个社会组织还不是很了解的话,购买服务不可能一下子给很多的资金。作为社会组织,哪怕政府就给你三五万元,也要珍惜。要很认真地用好这笔资金,财务上不能出问题,项目要有成果,要让服务对象满意,让政府满意。只有把小钱花好,把小事做好,才能取得政府的信任,才会有更多的资金和机会。现在有的社会组织是小事不愿意做,大事也做不好,这样就失去了很多跟政府合作的机会。同时,我们在跟政府合作的过程中,要主动争取沟通合作的机会和渠道。比如,社会组织要创造条件,争取多参加一些相关的会议和各种活动,争取有机会跟政府部门的领导或者有关工作人员认识和接触。要采取多种形式宣传自己的组织、项目、优势和成果,让政府了解和理解,争取合作的机会。

第九,要影响有影响力的人。有的时候社会组织要和一些级别较高的领导或者权力较大的政府官员接触和打交道的机会不是很多。但是,我们可以去影响他身边那些会对他产生影响的人。举个例子,一个公益项目想得到政府的支持,可能你直接去找处长不一定找得到,找局长可能更难。但是,在政府部门里面,有些科员或者科长,尽管职务不高,但影响蛮大的。如果你能跟他建立良好的关系,得到他的信任,他就会帮助你去说服他的领导,从而使他的领导能够支持你、关心你。这就是我讲的要影响有影响力的人。当然,要做到这一点,还是需要通过良好的沟通,用公信力和成果去赢得。

第十,要做好机构和政府合作关系的分析。这个分析如何做呢?就是我们要把机构跟政府的合作关系进行一个梳理,见表 14-1。

表 14-1 社会组织和政府关系的分析

| 政府关系 | 已有关系,<br>应保持 | 有一定关系,<br>需发展 | 关系一般,<br>需改善 | 需要建立<br>关系的 | 如何行动 |
|---|---|---|---|---|---|
|  |  |  |  |  |  |
|  |  |  |  |  |  |
|  |  |  |  |  |  |
|  |  |  |  |  |  |

比如,我们现在跟政府已经有哪些关系了?在这些关系当中,哪些关系很好,我们需要维持和发展?哪些有关系,但是还不够,需要去完善?还有哪些关系是需要我们去建立的?做这样一个分析,可以使我们对机构在跟政府的合作关系方面有一个比较全面的认识,可以有一个切实可行的行动计划。这样我们跟政府的合作关系,就有可能从一个部门发展到多个部门,从一次性的合作能够发展成长期的合作关系,这对一个机构的健康持续发展是很有好处的。

## 四、社会组织要积极主动参与政府购买服务

参与政府购买服务是社会组织跟政府合作一个非常重要、非常有效的形式和载体。

### (一)政府购买服务的含义和作用

购买服务,又称"合同外包"。早在 18 和 19 世纪的英格兰,就有公共服务由私人部门签约承包的情况。它涉及的范围很广,包括监狱管理、道路维修、垃圾收集、公共税收的收缴、路灯的制作和维修等。法国、澳大利亚和美国的情况也基本如此。20 世纪 80 年代西方政府面临"福利危机"、政府财政赤字、公共服务提供的低效率、公众参与热情兴起,全球范围掀起了新公共管理运动,西方国家许多公共产品和服务的提供都采取了以合同形式外

包民营的方式。

什么是政府购买服务？一直以来学术界存在着争论。现在我国对购买服务做了严格界定。2020年1月3日财政部颁布的《政府购买服务管理办法》对政府购买服务这一概念作了界定。政府向社会力量购买服务是指各级国家机关将属于自身职责范围且适合通过市场化方式提供的服务事项，按照政府采购方式和程序，交由符合条件的服务供应商承担，并根据服务数量和质量等因素向其支付费用的行为。

政府购买服务应当遵循预算约束、以事定费、公开择优、诚实信用、讲求绩效原则。

政府向社会力量购买服务是政府承担公共服务的新模式，是现代国家行政管理理念和模式的创新，是我国建设服务型政府的必然要求和趋势。对深化社会领域改革、推动政府转变职能、整合利用社会资源、增强公众参与意识、激发经济社会活力、增加公共服务供给、提高公共服务水平和效率有着重要作用。

党中央和国务院对政府购买服务是非常重视的。党的十八大强调，要改变政府提供公共服务的方式。2013年新一届国务院成立以后也明确指出，在公共服务领域当中，要更多地利用社会力量，加大政府购买服务的力度。党的十九大通过的《中共中央关于深化党和国家机构改革的决定》中指出："推动教育、文化、法律、卫生、体育、健康、养老等公共服务提供主体多元化，提供方式多样化。推进非基本公共服务市场改革，引入竞争机制，扩大购买服务。"

国务院专门做出重要的批示，要求财政部等有关部门制定政府购买服务的相关的文件和通知。现已颁布的主要文件有：

1. 国务院办公厅2013年9月26日下发的《关于政府向社会力量购买服务的指导意见》。

2. 2013年12月4日财政部《关于做好政府购买服务工作有关问题的通知》。

3. 2014年1月24日财政部《关于政府购买服务有关预算管理问题的

通知》。

4. 2014年11月25日财政部、民政部《关于支持和规范社会组织承接政府购买服务的通知》。

5. 2014年12月25日财政部、民政部、工商总局《关于印发〈政府购买服务管理办法(暂行)〉的通知》。

6. 2016年12月1日财政部、民政部《关于通过政府购买服务支持社会组织培育发展的指导意见》。

7. 财政部令《政府购买服务管理办法》(2020年1月3日)。

这七个文件对于政府如何做好购买服务、如何向社会组织倾斜、购买服务有哪些具体要求等都有非常明确的规定。社会组织要认真学习和了解文件的精神,这对我们了解和掌握政府购买服务的政策,更好地参与这项工作,是很有帮助的。

### (二) 政府购买服务的四个关键点

1. 能够有资格购买服务的"购买主体"有哪些

财政部《政府购买服务管理办法》规定"购买主体"为"各级国家机关""党的机关、政协机关、民主党派机关""承担行政职能的事业单位"以及"纳入行政编制管理并且经费由财政承担的群团组织"。所以,除了政府部门是购买主体外,党的机关、政协机关、民主党派机关、事业单位、群团组织,也可以根据实际需要,通过购买服务的方式来提供服务。因此,购买服务的主体,应该讲还是很多元的。

2. 承接政府购买服务的"承接主体"有哪些

财政部《政府购买服务管理办法》规定:"依法成立的企业、社会组织(不含由财政拨款保障的群团组织),公益二类和从事生产经营活动的事业单位,农村集体经济组织,基层群众性自治组织,以及具备条件的个人可以作为政府购买服务的承接主体。"

所以,社会组织是承接政府购买服务的主体之一,但不是唯一主体。社会组织在参与政府购买服务过程当中,也是存在竞争的。

政府购买服务的承接主体应当符合政府采购法律、行政法规规定的条件。社会组织要成为承接主体，必须具备以下条件：(1) 依法设立，具有独立承担民事责任的能力；(2) 治理结构健全，内部管理和监督制度完善；(3) 具有独立、健全的财务管理、会计核算和资产管理制度；(4) 具备提供服务所必需的设施、人员和专业技术能力；(5) 具有依法缴纳税收和社会保障资金的良好记录；(6) 无重大违法记录，通过年检或按要求履行年度报告公示义务，信用状况良好，未被列入经营异常名录；(7) 符合国家有关政事分开、政社分开、政企分开的要求；(8) 法律、法规规定以及购买服务项目要求的其他条件。

3. 政府购买服务包括哪些内容

政府向社会力量购买服务的内容为适合采取市场化方式提供、社会力量能够承担的公共服务，突出公共性和公益性。教育、就业、社保、医疗卫生、住房保障、文化体育及残疾人服务等基本公共服务领域，要逐步加大政府向社会力量购买服务的力度。

政府购买服务的具体范围和内容实行指导性目录管理，指导性目录依法予以公开。政府购买服务指导性目录在中央和省两级实行分级管理，财政部和省级财政部门分别制定本级政府购买服务指导性目录，各部门在本级指导性目录范围内编制本部门政府购买服务指导性目录。省级财政部门根据本地区情况确定省以下政府购买服务指导性目录的编制方式和程序。纳入政府购买服务指导性目录的服务事项，已安排预算的，可以实施政府购买服务。

前面已经提到过，现在政府很明确，凡是能够交由社会力量来承接的，都可以由社会力量来承担。政府购买服务的具体内容，主要有这样六大类：

第一类是基本公共服务，包括公共教育、劳动就业、人才服务、社会保险、社会救助、养老服务、儿童福利服务、残疾人服务、优抚安置、医疗卫生、人口和计划生育、住房保障、公共文化、公共体育、公共安全、公共交通运输、三农服务、环境治理、城市维护等领域适宜由社会力量承担的服务事项。

第二类是社会公共管理，包括社区建设、社会组织建设与管理、社会工作服务、法律援助、扶贫济困、防灾救灾、人民调解、社区矫正、流动人口管理、安置帮教、志愿服务运营管理、公共公益宣传等领域适宜由社会力量承担的服务事项。

第三类是行业管理与协调性服务,包括行业职业资格和水平测试管理、行业规范、行业投诉等领域适宜由社会力量承担的服务事项。

第四类是技术性服务,包括科研和技术推广、行业规划、行业调查、行业统计分析、检验检疫检测、监测服务、会计审计服务等领域适宜由社会力量承担的服务事项。行业职业资格和水平测试管理、行业规范、行业投诉等领域适宜由社会力量承担的服务事项。

第五类是政府履职所需要的一些辅助性事项,包括法律服务、课题研究、政策(立法)调研草拟论证、战略和政策研究、综合性规划编制、标准评价指标制定、社会调查、会议经贸活动和展览服务、监督检查、评估、绩效评价、工程服务、项目评审、财务审计、咨询、技术业务培训、信息化建设与管理、后勤管理等领域中适宜由社会力量承担的服务事项。

第六类是其他适合由社会力量承担的公共服务事项。

可以看到,政府购买服务的范围还是非常广泛的。这对社会组织更好地从政府那里得到资金,参与社会建设、社会服务、社会治理,提供了更多的机会和可能。

根据现在政府购买服务的有关规定,有四个领域是重点购买的。第一是在民生保障领域,重点购买社会事业、社会福利、社会救助等服务项目。第二是在社会治理领域,重点购买社区服务、社会工作、法律援助、特殊群体的服务、矛盾调解等服务项目。比如,现在很多地方对"服刑人员"回归社会以后的帮教工作,对吸毒人员的帮教工作,对失独家庭的关爱工作,它都是通过政府购买的形式来进行的。第三是在行业管理领域,重点购买行业的规范、行业的评估、行业的统计、行业的标准、职业评价、等级评定等服务项目。所以社会组织特别是像商会、行业协会在这些方面有很多服务的机会。第四是在乡村振兴领域,重点购买教育、医疗、就业、养老、助困、助残、公共服务等服务项目。

2017年9月15日,民政部、中央编办、财政部、人力资源社会保障部发布了《关于积极推行政府购买服务 加强基层社会救助经办服务能力的意见》,要求积极推行政府购买社会救助服务。向社会力量购买的社会救助服务主要包括事务性工作和服务性工作两类。事务性工作主要是指基层经办最低生活保障、特困人员救助供养、医疗救助、临时救助等服务时的对象排查、家计调查、业务培训、政策宣传、绩效评价等工作;服务性工作主要是指对社会救助对象开展的照料护理、康复训练、送医陪护、社会融入、能力提升、心理疏导、资源链接等服务。

不纳入政府购买服务范围的有:不属于政府职责范围的服务事项;应当由政府直接履职的事项;政府采购法律、行政法规规定的货物和工程,以及将工程和服务打包的项目;融资行为;购买主体的人员招考、聘用,以劳务派遣方式用工,以及设置公益性岗位等事项;法律、行政法规以及国务院规定的其他不得作为政府购买服务内容的事项。

4. 如何购买

政府有关文件明确规定购买工作应按照政府采购法的有关规定,采用公开招标、邀请招标、竞争性谈判、单一来源、询价等方式确定承接主体,严禁转包行为。购买主体要按照合同管理要求,与承接主体签订合同,明确所购买服务的范围、标的、数量、质量要求,以及服务期限、资金支付方式、权利义务和违约责任等,按照合同要求支付资金,并加强对服务提供全过程的跟踪监管和对服务成果的检查验收。

现在我们国家政府购买服务主要有招投标、公益创投、定向购买和补贴四种形式。

我想重点跟大家讲一讲关于公益招投标和公益创投两者的区别。因为,我发现现在有的地方政府在做公益创投和公益招投标的时候,搞不清这两者的区别在什么地方,影响了购买服务的效果。

公益招投标,它的重点是在"招"。也就是说政府要买什么东西、什么规格、什么质量、什么价格,政府是确定的。比如说,要做一个为老服务项目,要服务500个老人,服务具体的内容、具体的要求、具体的标准,包括这个项目的价格,都是确定的。政府发布的是招标信息。社会组织根据招标信息,填写的是投标书,投标书就是要写明我怎么样来做到政府要买的这些东西。然后经过专家评审,给入选的项目或机构提供资金支持。这个叫招投标,它重在"招"。

公益创投,它重在"创"。也就是说具体做什么项目,政府并没有明确规定。但是购买方提出了项目的服务领域和服务对象。比如,现在民政部门用福利彩票的资金来做创投的话,要求的服务领域是为老、助残、帮困、青少年这样四个领域。所以社会组织必须在这四个领域里面,通过需求调研,写出项目申请书,提出申请。在创投当中,社会组织递交的是项目的申请书。通过专家评审对入选的项目提供资金支持。

为什么要讲一讲这两者的区别?因为现在有的地方政府购买服务时把两者混淆了。明明是招投标,却叫社会组织填写的是项目申请书。有的制定的招标文件或者项目申请书模板,项目要素不全、内容不完善,或者有混乱的地方,所以这两者区别一定要搞清楚。

另外,在资金的数量上两者也有区别。一般来说,招投标没有资金的限制,而且相对资金的金额比较大。比如,在上海,有些招投标的项目,最高的资金可以超过 100 万元。但相对来讲,公益创投的资金比较小。比如,在上海,公益创投一个项目最高金额是 20 万元,有的地方 10 万元,甚至 5 万元都有。这是现在政府购买服务的两种主要的形式——公益招投标和公益创投。

定向购买,实际上就是买岗位。现在广东、深圳等地就是采取这种定向购买方式。比如,一个社工一年政府给 8 万元的补贴,如果 10 个人,就是 80 万元。这种方法就是属于定向购买。

还有一种方式就是补贴。根据社会组织的工作数量和绩效给与必要的补贴。

在这四种方式当中,目前用得比较多的是公益招投标和公益创投这两种方式。具体的做法就是"政府承担、项目委托、合同管理、评估兑现",即政府承担项目经费;通过项目形式委托社会力量来承接;政府跟承接方签订合同,明确双方的权利和义务;项目结束后,通过评估达到标准的,政府按照合同支付经费的尾款。在我国现在政府购买服务当中,这两种方式用得比较多,而且发展得也非常快。政府购买服务最早是从上海、广东这些沿海地区开始实行的,现在全国越来越多的省市、越来越多的地方都已经开展起来了。

在政府购买服务的方式中,特别要给大家讲一讲关于公益创投这种方式。因为在2014年国务院常务会议上,明确提出"地方政府和社会力量,可以通过公益创投等形式为初创的慈善组织提供支持"。2016年12月1日财政部民政部《关于通过政府购买服务支持社会组织培育发展的指导意见》也指出:"采用孵化培育、人员培训、项目指导、公益创投等多种途径和方式,进一步支持社会组织的培育发展。"

所以,公益创投这种方式,是国务院和财政部、民政部大力倡导的。公益创投的作用:(1)培育和发展社会组织,创新社会治理。(2)满足社会服务多元化需求,提升社会幸福指数。(3)促进政府职能转移,推动政府购买服务。

公益创投的重点:第一,主要支持初创的慈善组织。因为初创的社会组织一般来讲经费比较紧张。它们可以通过公益创投获得资金,开展社会服务,解决机构的生存问题。第二,公益创投的内容,主要是进行扶贫帮困、社区治理。所以,很多地方在政府购买服务的公益创投中,服务对象主要是弱势群体,服务领域主要涉及社区治理和民生方面的服务项目。

政府购买服务资金的来源,现在主要是两个方面:第一,福利彩票的资金。很多地方政府购买服务特别是像公益创投或者公益招投标,它开始的资金都是由福利彩票的资金提供的。第二,财政资金。现在国务院和财政部明确提出,要把政府购买服务纳入财政的预算。所以,财政预算的资金是政府购买服务资金非常重要的来源,它的数量相对来讲更大。现在,很多地方不但有省市级、区级,甚至有街道的财政预算都用于购买服务,这对社会组织来讲是一个利好消息。作为社会组织一定要看到这样一个正在发生的积极的变化和机会,将来政府购买服务的力度一定会越来越大。比如,上海现在有的区一年政府购买服务的资金就有几千万元,一个街道购买服务也有几百万元。这些资金,对社会组织,特别是对初创的社会组织来说,是很重要的资金来源。而且现在政府购买服务不仅有政府、财政的经费,工会、共青团、妇联、残联也在购买服务。

现在,政府越来越重视发挥社会组织参与社会事务的作用,2017年6月27日,民政部、财政部、国务院扶贫开发领导小组办公室发布了《关于支持社会工作专业力量参与脱贫攻坚的指导意见》;2017年7月17日,民政部、教育部、财政部、共青团中央、全国妇联发布了《关于在农村留守儿童关爱保护中发挥社会工作专业人才作用的指导意见》。这两个文件对于如何通过政府购买服务,支持社会组织参与脱贫攻坚和农村留守儿童关爱保护有许多规定和要求。

所以,社会组织一定要主动关注和获取这方面的信息,知道这样一个跟政府合作的重要机会和渠道,积极主动地参与政府购买服务。

### (三) 社会组织承接政府购买服务的能力亟待提高

做好政府购买服务,一方面,需要政府重视,拿出真金白银,拿出资金来购买社会组织的服务;另一方面,对社会组织来说现在一个非常紧迫的问题和挑战,就是如何提高能力,更好地去承接政府购买服务。

我在全国很多地方为政府购买服务做咨询、做顾问的过程中,明显感到,现在政府对购买服务的认识不断提高,出台的文件越来越多,投入的力度也越来越大。但是,现在一个非常突出的问题就是社会组织承接政府购买服务能力不足。这个矛盾日益凸显,也是影响现在政府购买服务和社会组织发展的一大障碍。2014年11月23日财政部、民政部发布了《关于支持和规范社会组织承接政府购买服务的通知》(以下简称《通知》),《通知》里面讲得很清楚,政府要加大购买服务的力度,要优先向社会组织倾斜。但是文件也提出现在社会组织承接的能力不足,主要表现为:

第一,社会组织数量少、规模小。现在有的地方就出现了政府拿出资金购买服务,但是没有合适的社会组织来承接。因为社会组织实在太少、能力不足。

第二，专业素质不够高。现在我们有的社会组织什么都做，但什么都做得不好，缺乏专业能力和专业水平，解决实际问题的能力不足。有些专业性较强的项目，社会组织承接不了。

第三，内部治理不健全。主要表现为很多社会组织的理事会形同虚设，没有起到作用。

第四，政社不分、管办一体、职责不清、独立运作能力比较弱。现在有的社会组织，特别是有些街道、社区的社会组织，名义上是个民非机构，是个社会组织，但是它的法人有的是由街道的领导干部或者工作人员来担任的，这就是严重的政社不分。这种社会组织往往缺少活力，项目运作的能力也比较弱。甚至有的地方出现了政府购买服务的钱从左口袋到右口袋，很多资金都到了有政府背景或者这种政社不分的社会组织，而真正有能力做项目的社会组织却得不到资金。

第五，社会组织公信力偏弱。请注意这里讲的是"偏弱"，我的理解"偏弱"就是"不及格的"，这是影响政府购买服务的一个很大问题。

第六，社会组织动员和整合社会资源的能力不足。因为政府购买服务的资金是有限的，政府希望通过购买服务，社会组织有能力不但从政府那里拿钱，还能够从其他地方去获得资金来满足社会需求、解决社会问题。但是，现在很多社会组织因为能力不足，只是单纯依靠政府购买服务的资金，资金来源渠道单一。一旦政府减少或者停止了购买服务，这种社会组织可能连生存都有问题了。

这是《通知》里面明确指出的社会组织在承接政府购买服务能力不足方面的主要表现。因此，社会组织必须要练好内功，提高能力。只有这样，才有更多的机会去承接政府购买服务，去发展跟政府的合作关系。

### （四）社会组织如何主动参与政府购买服务

参与政府购买服务是社会组织跟政府合作关系的一种重要形式。社会组织要抓住机会，积极主动地参与政府购买服务。但是，社会组织在承接政府购买服务方面还存在能力不足的问题。如何克服不足？如何提高承接能力呢？我认为，社会组织必须要努力提高"五力"。

第一，要提高公信力。

公信力就是社会组织赢得公众信任的能力。社会组织要想参与政府购买服务，要想得到政府买单，必须赢得信任，必须要不断提高公信力。

我们应该知道，政府购买服务，在经费使用上最关注的就是资金使用的安全性、规范性和有效性，因为政府的钱是纳税人的。社会组织只有有了公信力，才能得到政府的信任，才能够有机会承接政府购买服务的项目。

目前，在政府购买服务中，也存在社会组织公信力偏弱的现象。我在参加很多地方政府购买服务的项目评估中发现：有的社会组织项目做得很差，质量不高，没有成果；有的擅自变更项目内容和经费使用范围；有的财务管理混乱，资金使用不规范；有的采用"潜规则"去拿项目；甚至还有利用假名单骗取政府购买服务的资金，等等。所以，社会组织要参与政府购买服务，要赢得政府的信任，必须要有公信力。

第二，要提高学习力。

今天各种竞争，包括社会组织的竞争，它的实质是学习力的竞争。社会组织同样面临很多新的挑战、新的问题。因此，必须不断提高学习力。要学习党和政府的政策、法律法规、专业知识、专业技能、国内外先进经验，特别是一定要学习著名管理大师德鲁克的著作，要学习德鲁克非营利组织管理的思想。只有提高学习力，社会组织才能提升承接能力，更好地参与政府购买服务，才能真正把政府购买服务这件事做实做好。

第三，要提高创新力。

创新是一个国家、一个民族，也是社会组织持续发展的不竭动力。不创新，则死亡。讲到创新，有的社会组织可能认为，企业需要创新，经济领域需要创新，社会组织是做公益、做好事的，创新和我们关系不大。实际上社会组织跟企业和其他组织一样，也需要创新。这里，我要向大家强烈推荐德鲁克《创新与企业家精神》这本经典著作。德鲁克指出，无论是企业、政府，还是社会组织都需要创新和企业家精神，只有这样才能够使我们的机构有更强的自我更新能力和适应能力,才能够使我们的机构可持续发展。因为社会的需求是变化的,社会组织承接政府购买服务,不可能只做一个项目。要通过创新,不断开发新项目,满足变化的需求。只有具备了创新的能力,我们才能够通过项目的创新、服务的创新,有更多的机会去承接和做好政府购买服务。

第四,要提高执行力。

这里讲的执行力,就是社会组织承接政府购买服务项目,不能简单地搞搞活动,追求人数。我们一定要注重项目的成果。也就是说我们承接了政府购买服务的项目,开展了各种服务和活动以后,一定要实实在在地给服务对象带来改变,使他们受益。比如,我们做一个再就业培训项目,如果培训了 100 个人,没有 1 个人就业,那就没有意义。因此我们要注重成果,一定要让一部分学员通过培训真正实现就业,就业才是我们的成果。德鲁克指出:"非营利组织是为成果而存在的。"政府购买服务不是要我们简单搞搞活动,服务了多少人,而是希望通过购买服务和项目的有效实施,能够真正使服务对象受益,真正解决一些社会问题。因此,社会组织必须提高执行力,必须做有成果的项目。这样才能使服务对象满意,使政府满意,才能承接更多的政府购买服务项目,获得更多的资金。

第五,要提高整合利用资源的能力。

在 21 世纪,整合利用社会资源的能力对任何组织、任何个人来讲都是一种非常重要的能力,也是一种重要的竞争优势。因为要解决的社会问题很多,服务对象的需求也很大。但是作为一个社会组织,资源和能力总是有限的。就拿承接政府购买服务的项目而言,政府提供的资金总是有限的,但是需求很大。所以,社会组织除了要从政府那里拿到资金来实施项目,满足需求以外,还要有能力从其他渠道,比如从基金会、企业、个人,从全国甚至国外获取更多的资源来满足需求、解决问题。这也是政府在购买服务中对社会组织的一种期待。我在担任江苏太仓市民政局公益创投顾问时,就指导过一个为老服务机构。这个机构承接了一个为老人进行康复服务的项目。大家知道很多老人都有关节疼、腰腿疼的毛病,需要康复服务。这个机构的为老康复服务做得很好,为很多老人减轻了痛苦。但政府给的资金很有限,这个项目只有 10 万元经费,而需求又很大,怎么办?由于参与了公益创投,这个机构通过实施这个项目,在实践中提高了执行力和筹资能力,后来他们用这个项目从基金会和企业获得了很多资金,使这样一个有社会需求的项目能够持续开展下去。所以对社会组织来讲非常重要的一点,就是必须提高整合利用社会资源的能力。反过来,整合利用社会资源能力越强,将来政府支持力度也会越大。讲到资源,我还想跟大家分享一个非常重要的观点,这就是"资源不求为我所有,但求为我所用"。有了这个理念,社会组织就可以在更大的范围去发现和寻找需要的资源,从而大大提高服务社会、满足需求的能力。

> **思考题**
>
> 1. 社会组织和政府合作的重要性有哪些?
> 2. 社会组织如何有效建立和发展与政府的关系?
> 3. 什么是政府购买服务?有什么重要意义?
> 4. 政府购买服务的购买主体和承接主体有哪些?
> 5. 招投标和公益创投的区别在哪里?
> 6. 社会组织承接政府购买服务能力不足主要有哪些表现?
> 7. 社会组织应该如何主动积极参与政府购买服务?

# 第十五讲　向德鲁克学习领导力

关于领导力，德鲁克有两段非常重要的论述。1954年，德鲁克在他的第一本管理专著《管理的实践》中写道："领导力是最为重要的，事实上，也是无可替代的。"这段话就告诉我们领导力的重要性，我们为什么要学习领导力，因为它是最重要的，是没有东西可以替代的。1996年，德鲁克在《未来的领导者》一书的序言中写道："必须学习领导力，而且领导力也是可以学会的。"说明领导力非常重要，需要学习领导力，而且领导力是可以学会的，我们可以通过自己的实践、锻炼和磨练来不断提升自己的领导力。

## 一、什么是领导力

### （一）领导力的实质是影响力

在讲什么是领导力以前，请大家先思考几个问题：(1) 你认为什么是领导力？(2) 有人讲："领导力是跟职务、跟权力有关的，有职务、有权力的人才有领导力。"你是否同意这个观点？为什么？（3）你认为自己有没有领导力？为什么？

20多年前我在看《未来的领导》这本书时，书里的一个案例给我留下了深刻的印象。美国田纳西州纳什维尔的圣·亨利学校有一个9岁的小学生，名叫梅丽莎·波，她看到世界上环境遭到很大破坏，想创办一个环保组织。1989年8月4日，她给当时的美国总统乔治·布什写了封信，希望总统支持她从事造福后代、保护环境的活动。这封信寄出去后石沉大海，毕竟她只是一个9岁的小学生。但是波没有放弃，她主动去寻找机会，希望能把自己要做环保这件事情广泛地传播出去。后来，她发现在美国有很多可以免费发布信息的公示牌。经过极其艰苦的努力，在1989年9月，这个只有9岁的小女孩终于把她的信息免费地登了一个公告牌上。她还创建了"为孩子们有一个清洁的环境"（Kids F.A.C.E.）的组织，这是一个旨在促进清洁环境活动的环保组织。

很快波就开始收到那些和她一样关心环境并想提供帮助的人们的来信。当波终于收到总统的令人失望的公式化的回信时，它并没有打碎她的梦想。她不再需要一些名人的帮助来使她的信息更有说服力。波已经在她自己身上找到了她所需要的人——那种能鼓舞其他人参与并实现她的梦想的有影响力的人。

在9个月内，美国有超过250个公告牌免费刊登了她写给总统的信，同时Kids.F.A.C.E.的会员在增多。波在学校成立了一个环保组织，从身边的事情做起，收集学校的废品，打扫环境卫生，还专门编写了有关环境保护的小册子进行宣传。波的热情激发着她去做一些事情——并且她的工作也给了她极大的安慰。现在Kids.F.A.C.E.的会员人数超过了20万，并且在全国有2 000个分支机构。

梅丽莎·波这个案例告诉我们，领导力跟年龄、职务、权力是没有关系的。每个人，甚至一个普普通通的小学生都可以有领导力。只不过有的人没有发现，没有认识，没把它发挥出来。大家可以思考一下，这样一个9岁的小学生为什么能成立环保组织，并且能取得成功，我想她成功有这么几个原因：第一，她有非常明确的目标——改善环境、保护环境，而且这个目标很高尚。第二,她不仅有目标,而且她能够身体力行,尽管给总统写信没有得到回复,但是她没有放弃。她主动寻找各种机会,把要成立环保组织这个想法广泛地传播,去影响更多的人。同时她以身作则,身体力行,在学校里从身边的事情做起,给大家树立很好的榜样。一个9岁的小学生,有这样高尚的目标,有这样的一种亲自投入环保的热情和实际行动,对很多人,包括对成年人都会有一种很大的激励。她是用高尚的目标和自己以身作则的实际行动去激励、去影响更多人加入她的环保组织,共同为保护环境、改善环境做出自己的努力。所以,这个案例给我们很大的启示,让我们相信自己身上是有领导力的,是可以把它充分发挥出来,去影响更多的人跟我们一起去实现崇高的目标,让这个世界,让这个社会变得更加的美好。

梅丽莎·波这个案例也告诉我们什么样的人是领导人。我们讲一个领导人是影响群众共同实现一个高尚目标的个人。领导人,他是个人,但是他是影响群众共同实现一个高尚目标的个人,梅丽莎·波尽管只有9岁,没有什么职务,也没有什么权力,但她却以自己的行动,以自己这样一种对崇高目标的追求影响了很多人跟她一起为实现目标而共同努力。所以,梅丽莎·波尽管只有9岁,尽管她是个学生,但实际上她就是一个优秀的领导人。

领导人是影响追随者共同实现一个高尚目标的人。领导力有三个要素:第一,有一个高尚的目标,比如刚才我们这个案例中,这个小女孩就有一个非常高尚的目标,她要保护环境,要让世界变得更加美好。第二,领导人要以身作则,要为实现这个目标做出榜样,树立典范,做出自己的努力。第三,领导人通过高尚的目标吸引追随者,并且以身作则去影响追随者,让追随者愿意跟随其一起去实现一个高尚的目标。当然,领导者是生活在一定的社会环境当中的,环境对领导者会有一定的影响,但是作为一个领导者,他能够通过自己的努力去影响环境,借助自己的努力来实现崇高的目标。

那么,领导力的精髓是什么?领导力的实质就是一种影响力。我们从这小女孩创建环保组织这个案例当中可以看到,她就是通过自己对高尚目标的追求,通过自己这样一种以身作则的行为来影响更多人跟她一起去实现一个高尚的目标。所以,领导力的实质就是一种影响力。我们讲领导力实质上是一种影响力,领导力实际也上是一种思想方式。比如,一个人被任命担任领导工作,他有一个职位、有一个职务,在这个位置上面,他有什么样的思想方式就决定了他有什么样的行为、什么样的结果。比如,有的人在一个领导岗位上,他认为我现在有权了,要利用这权力为自己服务,有权不用过期作废,所以他就可能会利用自己的职务和权力为个人谋取私利。有的人在一个领导岗位上,谨小慎微,照章办事,不求有功但求无过,求稳,不出事情,这也是一种态度,也是一种结果。也有的人认为我今天在领导岗位上,这个权力是人民、是追随者给予我的,我要利用自己的权力来更好地为大家服务、为人民服务,这就是一种服务型的领导人。因此,大家看三种人,三种不同的态度、不同的行为和不同的结果,原因就在他们背后的不同的思想方式,他怎么看待自己的位置。思想方式的不一样导致的行为和结果是不一样的。在我们现实生活当中,领导者为什么有不同的表现?其原因就是在于他们的思想方式和自我认识的不同。

领导人是影响追随者去实现崇高目标的人,所以领导者和追随者应该建立一种良性的关系。追随者赋予领导者权力,领导者应该利用权力来为追随者、为群众进行服务。这是一种正常的、良性的关系。当然,在现实社会中,也有的领导者以权谋私,这样做的结果肯定是追随者会离他而去,最后成为被抛弃的人。

### (二) 领导者和管理者的区别

请大家思考一个问题,领导者跟管理者有什么区别?我们讲领导者跟管理者还是有区别的,从英语角度来讲,管理者是 manager,领导者是 leader,这是两个不同单词。它们的区别有以下几个方面:(1) 领导者考虑问题是长期思考,比如他不能只顾今天、今年,他要考虑三年、五年以后,他的组织是一个什么样的组织。管理者相对来讲考虑的时间比较短,比如考虑怎么样能够很好地把眼前的、今年的任务完成。(2) 领导者需要不断创新,因为他知道外部环境是在发生变化的,外部环境发生变化,组织内部一定也要有相应的变化。所以,领导者非常重要的一点就是引领变革,通过变革来适应变化的环境。而管理者,相对来讲他主要是维持现状,比如他要把眼前的事情做好,把眼前的工作做好。(3)领导者充满了想象力,因为有想象力可以更好地去发现机会,抓住机会。而管理者相对来讲更加务实,他要把每一件具体的工作做好,保证组织有一个比较稳固的基础。(4)领导者要引领大的变革,比如组织要做一些大的调整,或者是大的创新,这是领导者要做的事情。而管理者相对来讲,他从事的变革比较小。(5)领导者不是一个事必躬亲的人,他要通过有效的授权,能够把他的下属、把团队成员的积极性、创造性充分地发挥出来。而管理者更多的是通过一种制度、规则来进行管理。(6)领导者对变化、对危机要有预先的反应,这样才能够更好地去规避风险。而管理者是对已经发生的事情做出反应,所以管理者往往要忙于处理些紧急或紧迫的事情。概括起来讲,领导者是做正确的事情(do the ringt thing),他要做正确的决策,要让自己做的事情是正确的,是对的;而管理者是将事情做对、做正确(do the thing right)。

大家知道,在一个组织里面,领导者跟管理者尽管有区别,但是,这两者也不是隔绝的、割裂的,特别是在我们一些社会组织里面,比如一个领导者,他不仅要去做领导,可能还要做些具体的管理工作。再比如说,你是学校里的一位处长,在你的处室里你是领导者,你有下属有管理者,而对处长的上级、对校长来讲,你又是个管理者。所以我们讲,实际上有的时候一个人他既要做领导者的事情,又要做管理者的事情。同样有很多创业者,开始创业的时候又要做老板,又要做员工,实际上也是领导者和管理者两者皆而有之的。所以,领导者跟管理者需要有机地结合。也就是说,既要做正确的决策、做对的事情,也要把对的事情做对、做好。再对的事情,再正确的事情,如果不能做对、做好,不能取得预期的结果,正确的决策也没有意义。用一句话来概括,就是要"将对的事情做对"(do the right thing right)。在梅丽莎·波身上非常明显地体现了领导者跟管理者的有效结合。只有这样,我们才能更好发挥自己的领导力。

## 二、德鲁克关于领导力的定义

很多人会问：德鲁克讲领导力非常重要，是无可替代的。他有没有专门写过一本关于领导力的书？虽然德鲁克没有专门写过一本关于领导力的书，但是在德鲁克的 30 多本著作里，很多地方都涉及领导力。

德鲁克关于领导力有这样三句话。第一，"领导力是将人类的愿景提高到一个更高的境界"。领导者靠什么去引领和激励追随者？领导者的首要任务就是要确定使命，确定愿景。比如，中国共产党成立之初只有几十个党员，为什么能够组织广大的人民群众，取得新民主主义革命的胜利，就是有"打倒蒋介石，解放全中国"这样一个愿景。中华人民共和国成立后中国人民为什么能富起来、强起来，靠的是中国共产党"为人民谋幸福"的使命。凡是能持续发展的组织，都有一个崇高的愿景和清晰的使命。第二，"领导力是将人们的绩效提高到一个更高的标准"。什么叫绩效？绩效就是成果，不是说你做了什么、怎么样做，而是讲一定要有成果，这个成果对企业来讲，就是一定要提供客户所需要的产品和服务，要获得利润。对社会组织来说成果就是服务对象得到改变，得到受益。领导者必须首先为自己订立高的绩效标准并严格执行，同时要用高的绩效标准，激励组织成员和追随者把自己的潜能、创造性最大限度地发挥出来。第三，"领导力是将每个人潜能发挥至极致"。人的潜能是很大的，但是很多人并没有把自己的潜能发挥出来。因此，领导者需要通过更高的愿景、更高的绩效标准，使每个人的潜能得到充分的发挥。因为只有潜能得到充分的发挥，才会有更高的绩效，才能够为社会做出更大的贡献。

### （一）领导者的工作

1. 使命至上。德鲁克指出："领导不一定要有领袖的魅力，最重要的是他们的使命。领导者要设定一个清晰的目标，对未来有一个宽广的愿景，领导者必须保证在组织机构中的每个人都随时牢记其使命。如果不这样的话，失败在所难免。"大家知道这几年我们一直在开展"不忘初心，牢记使命"的教育，党的十九届四中全会已将"不忘初心，牢记使命"教育作为一项制度确定下来了，这也说明了使命的重要性。使命是指一个组织存在的目的和原因，是一个组织把什么结果看成是有意义的，也是一个组织要对社会做出的贡献。目前，中国社会组织的一个问题就是有些社会组织没有使命或者使命不起作用，其原因和领导人不重视使命、没有使命有关。有些社会组织不是为解决社会问题存在的，而是为自己、为项目、为钱，甚至为营利而存在。这样的社会组织难免出现这样那样的问题，陷入困境甚至失败。

2. 高度的绩效精神。绩效跟效率是不一样的，效率是单位时间里面完成的工作数量，而绩效讲的是有效性，讲的是成果。效率必须建立在有效性的基础上。为了有高度的绩效精神，领导者必须做到：（1）在伦理与道德上表现出高度的正直。领导者首先要有正直的品格，否则的话是很难做出高的绩效结果的。（2）要以成果为导向。不是说看你做了什么、你怎么做，而是看结果。（3）用人所长。用人所长不仅仅是发挥自己的优势，而且对所有的人都要用人所长，发挥优势。（4）将对的事情做对。领导者不但要做正确的决策，要做对的事情、做正确事情，而且要把对的事情、正确的事情做对做好，这样才能够真正产生高度的绩效。

3. 做好平衡的决策。领导者要处理好以下的平衡工作：（1）长期和短期的平衡，就是我们不能只顾眼前的利益而忘记了长期的利益。（2）大方向和细节的平衡。我们不但要把握正确的方向，而且还要很认真地做好各种具体的细节工作。这样才能够真正沿着正确的方向发展。（3）资源集中与多元化的平衡。比如，现在有些社会组织为了生存什么都做，但是由于资源和能力不足，结果什么也做不好。因为我们的资源、能力很有限，因此，需要专注。只有专注才能把有限的资源真正用到出成果的地方，否则精力分散，什么都做，是很难将事情做好的。（4）过度谨慎与鲁莽行事的平衡。一个社会组织要抓住机会，去做一些新的、难的、有挑战性的事情。但是做新的、难的、有挑战性的事情，可能会有风险。但是如果怕风险，什么都不做，或者因循守旧，这对组织的危害可能更大。（5）机会和风险的平衡。领导者一定要把注意力放在对机会的把握上,把握机会,实际上也是规避风险较好的方法之一。但是,我们也不能去冒那些无谓的风险。

### (二) 领导者的责任

1. 培养下属,并对他们负责。大家知道,作为一个领导者来讲,他不是神,他不是万能的,他也有很多自己不知道的东西,因此需要通过向下属学习,来弥补自己在知识上的不足和缺陷,而且大家知道每个人都有自己的一些长处、优势、经验,所以领导者必须要尊重别人的知识。领导者不应该揽功推过,把功劳归自己,把问题推给别人,而是应该推功揽过,领导者要主动地承担责任,出了问题,要敢于负责,这样的话,你的下属才能够更主动、更自觉、更放心地去做好工作。领导者要允许并鼓励别人贡献他们的想法、意见和解决问题的方法,要善于集中大家的智慧。领导者应该对员工、对下属提出一些有挑战性的目标。德鲁克指出:"要求一个人做不超过其能力的事比过分的要求更危险。"大家知道人是有惰性的,总是希望舒服一点,轻松一点,如果只想舒服一点,轻松一点,没有高的标准,他的潜能很难得到充分发挥,可能平平庸庸一辈子。因此领导者应该对员工、对下属提出一些有挑战性的目标,要跳一跳,才能达到,这样能够把他的潜能和积极性最大限度地发挥出来。所以领导者要培养下属,要对他们负责,要让他们能够取得成功。

2. 要应付危机。任何组织从它诞生的第一天起,就会面临各种各样的问题,也可以说危机伴随着一个组织发展的整个过程。所以德鲁克说,真正考验一个组织的领导的时刻,就是在危机当中。风平浪静的时候,谁都能够当船长,而大风大浪到来的时候,能不能掌好舵,把好方向,这对船长是一个真正的考验。一个领导不一定能够避免危机,但是应该有预见性,能够预测到危机并且使这个组织机构做好应付危机的准备。就像 2020 年新冠疫情发生,这是谁也意想不到的。面对突如其来的疫情,不同的组织,它的结果是不一样的。有的组织马上就陷入危机,为什么会陷入危机? 这可能跟领导以前没有做好工作,没有应对危机的准备有关系。但是同样面对疫情,有的组织平时有很好的基础，或者在疫情发生以后，能够及时进行一些调整，反而在危机当中抓住了机会。所以德鲁克指出："在动荡时期，管理层的首要任务就是确保组织的生存能力，确保组织结构的坚实和稳固，确保组织有能力承受突然的打击、适应突然的改变、充分利用新机会。"

3. 绝不明知其有害而为之。就是你明明知道有害的事情，绝不能去做。领导者做的事情在伦理道德上是正确的时候，他们最具有追随的热情。如果一个领导者，他的言行举止反映出没有道德，一定会受到大家的反对，受到大家的抛弃。德鲁克指出："如果领导者要传达一种有益的使命感，伦理道德的标准是有必要的，与其表面上滔滔不绝地用那些无聊的一面之词表达良好的意愿，不如把重点放在将良好的意愿转化为结果上面。"这就告诉我们，作为领导者必须言行一致，绝不能说一套做一套，绝不能明知故犯。

### （三）领导要赢得信任

1. 在品格上，一定要正直诚实。德鲁克非常强调领导者要有好的品德，要正直诚实。德鲁克说过："人们因为你值得信任而信赖你"，"没有正直，领导力就是沦落成一种滑稽闹剧"。现实生活中还真有不少这种演滑稽闹剧的领导人。所以品格是非常重要的。德鲁克指出："领导力是通过品格发挥出来的，正是领导者的品格，为他人树立榜样，也是他的下属模仿的榜样。"领导者一定要用自己良好的品格为他人、为下属树立一个好的榜样。

2. 要有信誉，这也是领导力最基本的要求，也是领导力的基石。关于信誉，德鲁克有一段非常精彩的论述："如果我们不相信信使，那么我们也不会相信信使所说的话。"就像刚才讲的，如果你对领导不信任，他说的再好我们也不会相信他的，德鲁克还说："信誉是依靠自己建立的，是通过在别人看来是好的一致的行为。"所以信誉不是上面谁给你封的，也不是自我吹嘘的，要靠你自己建立。怎么建立信誉呢？这就需要我们有良好的表现，有言行一致的行为。信誉跟头衔、学历、地位、职务没有关系。现实生活当中，有些领导人职位很高，权力很大，但是别人不信任他，看不起他。为什么？因为他品格不好。但是一个很普通的人,如果有良好的品格,良好的表现,同样可以获得人们的信任。前面提到的9岁小女孩就是很好的例子。我们每个人要有自信,我们可以通过自己良好的品格和努力来建立良好的信誉。德鲁克指出:"信誉就像尊重,信誉不能被授予,信誉必须去赢得。"大家知道,一个人要得到别人信任是很不容易的,即使有了信誉,一旦我们有一点或者几点做得不好,信誉很可能丧失殆尽。每个人要像爱护眼睛一样来珍惜爱护自己的信誉。

讲到信誉,想跟大家分享管理大师柯维在《高效能人士的七个习惯》这本书里提到的"信任账户"。一个人要到银行去取款,是有条件的,要在银行开个账户,还要在账户里面存入资金。账户上有了存款,需要的时候才可以从账户里面去取钱。柯维告诉我们,一个人要得到别人的信任,也需要建立一个"信任账户"。在这个信任账户里面,我们要输入良好的品格,输入言行一致的能力,输入同理心。如果一个人,平时有良好的品格,能够做到言行一致,又富有同理心,那么在他需要别人对他信任的时候,就能够得到信任。这就告诉我们,要建立信任是需要付出的,需要投入的。大家知道,现金账户如果透支了,钱取不出来了,甚至账户会关闭。同样,一个人的信任账户如果透支的话,那么信任账户就会关闭,就会失去别人对你的信任。

3. 树立榜样。领导者必须言行一致,领导者不能做老好人。德鲁克指出:领导者不仅是人缘好的人。领导者是别人认真对待的人,是赢得他人尊重的人。领导者有良好的品格,能够以身作则,就能够赢得大家对他的信任和尊重,而且领导者做出正确的决策,大家都会很认真地去对待。榜样的力量是无穷的,领导者树立了良好的榜样,才能更好地激励大家共同去实现高尚的目标。

## (四) 人们为什么追随领导者

领导者是影响追随者共同实现一个高尚目标的人。一个人要具备什么样的特质,才能够让别人觉得值得追随?关于这个问题,世界上专门研究领导力的专家做了大量的研究工作。詹姆斯·库泽斯和巴里·波斯纳合著的

《领导者：信誉的获得和丧失》这本书里有一个关于领导力的调查，调查题目是"你希望你的上司具备什么样的品质？"调查发现，排在前面的品质有：诚实、有远见、有鼓动力、有能力、公正、支持下属工作、接受不同意见、明智、坦率、勇敢、可靠、合作、有想象力、关心体恤、成熟。而排在前四位的四种品质是：诚实可信、富有远见、激励他人、真才实干；排在第一位的则是诚实正直。所以领导者最重要的一种品质就是诚实。德鲁克认为：正直的品格本身不一定能成就什么，但是，一个人如果缺乏正直和诚实，则足以败事。在现实生活当中，有的领导者，恰恰缺乏正直和诚实的品质，结果变成了一出滑稽的闹剧。也有些领导者，尽管在职务上，他们是领导者，但是在人们的心目当中，在追随者心目当中，大家并不认可，我想这样的人一旦失去这个位置，失去了权力，可能什么都不是。这个调查对我们也是很好的启示，如果我们要想有领导力，发挥影响力，必须不断地培养好的品质，特别是诚实可信、富有远见、激励他人、真才实干这四种品质。

人们为什么追随领导者？根据盖洛普公司大量的调查研究发现，追随者有四大需求：

第一，信任的需求。追随者希望领导是可以信任的。盖洛普公司的一项调查表明，在不信任公司领导的条件下，员工专心工作的比例只有1/12，如果信任公司领导，员工专心工作比例为1/2。所以领导者能不能得到员工的信任，对员工工作的积极性发挥，对工作的成效有非常大的影响。

第二，怜悯。所谓怜悯，就是追随者希望得到尊重，得到关爱。盖洛普公司调查了1 000多万人，你是否认同"我的领导或者同事看上去对我挺关心"这句话。结果发现，同意这句话的人具有这样的特点：(1) 忠诚度更高；(2) 客户关系更好；(3) 工作的效率更高；(4) 为组织创造的价值更多。

第三，稳定。安全的需求是人类最基本的需求之一。如果领导者能给大家一种安全感，这对调动大家积极性会有很大的帮助。

第四，希望。领导者一定要让下属和员工看到希望。盖洛普公司也做过调查，问员工"你们公司领导是否让你觉得对未来充满热情"这个问题时，69%的员工强烈同意这个说法，他们对工作都很用心。人是活在希望当中的。我们有些社会组织,特别是在初创阶段,可能比较辛苦,待遇也不太高,这个可以理解。但是领导者一定要让大家看到希望,如果大家看不到希望,就会失去信心,甚至会离你而去。

这个调查反映了追随者的需求,如果要成为一个有追随者的领导者,必须满足员工、满足追随者这样四个方面的需求。

这里跟大家分享一个重要的观点:"对一个领导者来说,能力很重要,但远没有品德重要。"为什么这个观点很重要?因为现在很多关于领导力方面的培训,比较多的都是讲领导力的方法技巧。当然,领导的方法与技巧也很重要,但是如果一个领导者没有好的品格,特别是没有诚实正直的品格,再好的方法技巧能够起作用吗?甚至有的时候,方法技巧能力越强,可能带来的危害也就更大。这种反面的例子,在我们现实生活中很多。所以德鲁克一再强调,领导者当然需要提高能力,但是更需要有良好的品格。

著名世界级的公益领袖、美国女童子军的前首席执行官弗朗西斯·赫塞尔本女士指出:"领导力的关键是如何做人,而不是如何做事,归根到底是一个领导人的本身的素质和品德决定结果。"她还说:"这是对领导力核心的概括,它的英语原文是'What to be, not what to do'。它的意思是,作为领导人,我们应该言行一致,领导力的人格、素质是最重要的,而不仅仅是领导技巧。"学习领导力,千万不能仅仅满足于领导力的技巧、能力、方法的学习,更重要的是要知道领导力的实质是一种影响力,影响力最重要的是要靠领导者好的品格。我们要更加注重自身品格的修炼,从而更好地去增强和发挥自身的领导力。

## 三、德鲁克关于领导者的定义

### (一)领导者的唯一定义就是其后面有追随者

德鲁克指出:所有成功的领导者都知道下面的几个简单事情,第一,领导者的唯一定义就是其后面有追随者。这是德鲁克对领导者一个非常重要的定义,领导者后面一定是有追随者的,领导者一个人单枪匹马是不行的,只有有追随者,他才能够去领导和带领他们实现崇高的目标。所以,德鲁克讲领导者的唯一定义就是其后面有追随者。一个人即使没有职务和头衔,只要他有追随者,也可以成为领导者。第二,一个成功的领导者,不是受人爱戴的人,而是使追随者做正确事情的人,结果才是最重要的。大家知道,领导者有时候会提出比较高的绩效标准,可能他的下属、他的追随者开始不一定会理解,但是德鲁克讲,领导者重要的是一定要让追随者做正确的事情,因为做正确的事情,他是有效行为,如果做的事情不正确,可能就是浪费资源,就是无效的劳动。所以德鲁克讲,结果才是最重要的,有了结果才能够真正去实现要达到的目标;有了结果,才能让追随者更加愿意跟着你去努力、去奋斗。第三,领导者都是受人瞩目的,必须以身作则。前面我们已经谈到了,德鲁克非常强调领导人的以身作则,他要为追随者树立良好的榜样,领导者要有很好的品格。第四,领导地位并不意味着头衔、特权、级别或者金钱,而是责任。也就是说,一个人是不是个领导者,跟他的头衔、级别没有关系,而是看他能不能主动承担责任。职责重于个人利益。领导者敢于承担责任,他的下属才能更加放心、更加安心地跟着他一起去实现目标。这是德鲁克对领导者非常重要的观点。

德鲁克指出,一个领导者必须要具备这样四种能力:第一,积极肯干,并且自律,真正地倾听。领导者要以身作则,率先垂范,严于律己,而且能够善于倾听。第二,善于沟通,并且让别人明白你的意思。领导者要跟下属、跟他的追随者保持良好的沟通,让大家能够理解领导者的意图,理解领导者的想法,大家只有明白了、清楚了才能够心甘情愿地跟领导一起去实现崇高的目标。第三,领导者要做到不辩解。所谓不辩解,就是不能找借口。出现问题领导者要主动承担责任,不能把责任推给别人。领导者应该是推功揽过,而不是揽功推过。第四,与任务相比要低调或者服从任务。领导者要全心全意地为大家服务,为组织服务,他的职责是要保证整个组织能够达成目标。

德鲁克还提出,要当好一个领导,要承担起领导的责任,必须做到"三个要"：第一，要阐明你的个人哲学。就是说要把自己的价值观、人生观清楚地告诉大家，因为领导力实际上是一种思维方式，一个人只有真正把权力作为人民的委托，用这个权力全心全意为人民服务，才能够赢得信任，才能够有追随者。第二，要做出贡献。德鲁克认为，贡献表现在三个方面：一是直接的成果。比如，老师要把学生教好，医生要把病人治好，搞销售的要把销售额搞上去，这叫直接成果。二是践行和传播正确的价值观。我们不能只看直接成果，而不看他用什么方法手段来获得这个成果的。因此德鲁克讲，我们不能仅仅看实际的成果，还要看他是不是在践行和传播正确的价值观，也就是用什么样的思想去指导自己的行为。三是培养和开发人才。一个组织要持续发展，必须要培养人。可以看到德鲁克对贡献的解释非常的平衡，实际成果是有形的，价值观是无形的；实际成果是眼前的，培养人是长远的。有形和无形、眼前和长远，非常平衡。第三，要学会做公仆。领导就是做服务，为人民服务，为你的追随者服务。所以德鲁克讲，我们一定要记住，领导者要界定现实并说"谢谢"。所谓界定现实，就是领导一定要从实际出发；说"谢谢"，表示领导者要有感恩之心，要感谢追随者，因为有了追随者的努力、付出和奋斗，才能实现组织的目标，成绩和功劳应该归于大家，归于集体。美国通用电气公司的前首席执行官杰克·韦尔奇说过："一个人如果你不是领导的话，你的成功是你自己的事情；如果你是一个领导者的话，你的成功一定是你的下属的成功。"

## （二）领导者最重要的一项任务是开发人的能力和远见

请大家思考一个问题，领导人怎样才能最大限度地发挥员工的潜能？大家知道发挥潜能很重要，那么怎样才能把员工的潜能最大限度地发挥出来，你有哪些好的方法、好的做法？实际上，一个人的潜能是很大的，但很多时候他的潜能并没有充分地发挥出来。国外有一项研究发现，拿小时工资的员工使用20%—30%的能力完成他的工作，而有高度积极性的员工会使用80%—90%的能力来做工作。这说明一个员工的自觉性和积极性对他的潜能发挥有非常大的影响。如果一个人就是干一天活拿一天工资的打工心态,就会比较被动、消极,他的潜能最多只发挥 20%—30%,但是如果一个具有高度积极性、自觉性、主动性的员工,他可能会把自己 80%—90%的潜能发挥出来。这两种不同的员工,由于他们的潜能发挥的程度不一样,最终产生的结果和对组织的贡献也是不一样的。所以作为领导人要思考怎样才能够最大限度地把员工的潜能开发出来。

请大家看图 15-1,左上角这个女的,她是个什么角色?她站在那里做什么?再看图中坐着的那个女的,她又是个什么角色?这张图实际上是一个秘书或者是一个下属正在向企业的领导汇报工作,这个领导可能就是这个企业里面的 CEO(首席执行官)。大家再看一看右上角,在这个领导的脑子里有一幅图案,里面一个人坐在 CEO 的座位上。这张图告诉我们,这个女秘书在向领导汇报工作,可能在女秘书的脑子里,我就是个秘书,只要把秘书工作做好就可以了。但是在这个领导看来,她不仅是一个秘书,还是未来的企业 CEO。这就告诉我们,一个领导者怎么样看待你的员工,对员工积极性的发挥,对他最后成为一个什么样的人,会有很大的影响。大家想一想,图里面的女秘书,可能认为我就是个秘书,只要做秘书这样的工作就可

**图 15-1**

以了。但是如果领导对她很信任,对她有期望,相信她有潜能,将来是可以成为公司 CEO 的,那么这个领导一定会很好地去培养她,给她创造条件;而作为这个女秘书,看到领导对他信任和期望,也会受到鼓励和激励,会更加努力地工作,更好地把自己的潜能发挥出来,而最终她真的有可能成为这家公司的 CEO。这里讲一个视角的问题,领导者你怎么看待追随者,会影响到追随者如何看待自己。追随者怎么看待自己,会影响到他为实现目标发挥多少积极性,而追随者选择为目标发挥多少积极性,会影响到最终的结果。一个对自己有信心的人,在工作中能够最大限度发挥自己的潜能和积极性的人与一个没有积极性的工作马马虎虎、得过且过的人,最终结果肯定是不一样的。我们希望员工能够充分发挥自己的积极性,希望员工不断地发展,不断地成长,希望员工能够往更高层次发展,希望员工的工作能够有更好的绩效,很大程度上就在于我们领导者怎么来看待员工,看待追随者。领导者对追随者、对员工,一定要有信心,有期待,要多看他们的优点、他们的长处,要激励他们,鼓励他们,这样反过来会使你的追随者增强自信,让他们的积极性和潜能得到充分的发挥,为组织创造更高的绩效。领导人如何看待追随者,对领导人的成功以及最终目标的实现有极大的影响。大家想一想,在我们机构里有时候员工的表现不尽如人意,除了他本身的原因,是不是跟领导者不能正确看待员工也有一定的关系?

这里我想跟大家分享我们机构的一个案例。1995—2018 年,我在上海市慈善教育培训中心工作了 23 年。我们中心在 2002 年要招一名专职会计。我在黑龙江生产建设兵团有个战友,叫周冬妹,2002 年在我们兵团战友聚会时我碰到了她。我就问她,你现在在干什么?她告诉我,她从黑龙江回来以后,也上了大学,原来在一家企业当会计,由于企业改革,她提早退休了。我就介绍她到我们机构做会计。但是我跟她讲,你不能仅仅把会计做好,还要上课当老师。因为当时我们机构正好在做创业培训,需要有讲财务管理的老师。周冬妹做过会计,有会计师证书,我们就鼓励她上讲台,给创业者讲财务管理。由于她有实践经验,讲得不错,很受学员欢迎。后来我了解到社会组织发展非常需要专门讲非营利组织财务管理的老师,但是社会上这样的老师很缺，于是我们又希望她去讲社会组织财务管理。开始她觉得自己不行，没有信心。我们就鼓励她，让她看到自己的优势，而且帮她一起备课，为她争取和创造上课的机会。经过多年努力，现在周冬妹已成为一名社会组织财务管理课程方面非常受欢迎的培训师和咨询师，她担任政府购买服务项目评审专家，服务了全国2 000多家社会组织。周冬妹能够从一个普通的会计成长为一个在全国都有影响的社会组织财务管理的专家，除了她自己的刻苦学习、努力奋斗以外，离不开我们对她的信任、支持、激励，为她创造的条件。反过来，她的成功又促进了机构的发展。因为有了周冬妹这样一位非常专业、在全国都有影响力的财务专家，保证了我们机构承接的政府购买服务项目能够顺利实施。所以我深深地体会到，作为一个领导人，一定要对你的下属有信心、有正面的期待，要看到他们的优点和长处，而且要创造条件最大限度地把他们的优点和长处发挥出来。这样可以激励我们的员工通过自己的努力奋斗来发挥他的潜能，使他做出不平凡的事情。

德鲁克是一个真正以人为本的人，德鲁克指出："组织的目标就是要让平凡的人做出不平凡的事情。"怎样才能够让平凡的人做出不平凡的事情？很重要的一点就是对人的尊重和信任，要把人的潜能充分发挥出来。德鲁克说："在一个企业内部上至老板下至清洁工都必须被一视同仁，对企业的成功而言，每个人都是必不可少的。"这段话充满着以人为本，充满了一种对人的尊重、一种平等。但现在我们有些社会组织内部等级森严，缺乏对人的尊重和信任，有的社会组织领导人被称为"老板"，这是很难把每个员工的积极性、创造性充分发挥出来的。在一个组织内部，只有分工的不同，没有高低贵贱之分。一个机构要搞好，每一个人都是不可缺少的。如果几个人的工作做不好，对整个组织都会带来不利的影响。

我们每个社会组织都希望成为一个优秀的组织，优秀组织和平庸组织的区别就在于能否"让平凡的人做出不平凡的事情"。要成为优秀的组织，就要让平凡的人都能够把他们的潜能和积极性最大限度地开发出来，从而做出不平凡的事情。领导者非常重要的责任就是要去开发人、培养人。德鲁克说："有效的领导者都知道，领导者最重要的任务是开发人的能力和远见。"他还说,"一个企业的事业,一个企业的任务,就是如何开发人、培养人,而且这也是作为领导者的一个非常重要的责任"。遗憾的是,现在我们有些社会组织的领导人并没有把开发人、培养人作为自己的一项重要任务和职责。

## 四、发现你的领导力优势

我们学习领导力不仅要了解什么是领导力,要了解怎样才能成为一个优秀领导者?更重要的是要把每一个人身上领导力的优势、领导力的潜能充分发挥出来。唐纳得·克里夫顿指出:"领导者要了解自己的优势,正如木匠了解自己的工具一样,伟大的领导者共同的特点,就是都确切了解自己的优势,可以在合适的时间合适地应用。这就解释了为什么描述优秀领导者的优势时没有确切的特征清单。"这段话就告诉我们,一个人要很好发挥自己的领导力,就要了解自己,了解自己在领导力方面有哪些优势,了解了才能更好地把优势充分发挥出来。因此,大家一定要高度重视优势。有一个调查题目是"你每天在发挥自己的优势吗?"结果发现,声称自己有机会每天做自己擅长工作的人数比例,印度是36%,美国是32%,加拿大是30%,德国是26%,中国是14%,日本是15%,法国是13%。大家从这里可以看到最高的比例大概就是1/3吧,有的20%也不到。这个调查告诉我们,实际上有很多人每天所做的事情并没有发挥他自身的优势。还有一个调查题目是"你的领导是不是关注员工的优势?"结果发现,在领导关注员工优势的公司当中,员工专注工作的比例为73%,而在领导没有关注员工优势的公司中,员工专注工作的比例只有9%,相差8倍。这就说明领导者是不是重视和发挥员工的优势,对员工专注自己的工作,对工作绩效有非常大的影响。

讲到优势,请大家思考几个问题:第一,你是否重视优势?第二,你是否知道自己有哪些优势?第三,你知道自己的优势,有没有充分发挥出来?

第四,你有没有这个情况,对自己优势不喜欢却去羡慕别人的优势,或者拿别人的长处优势跟自己的短处弱势相比较?据我的长期调查,对前面三个问题回答"是"的人数是呈递减的。而且,有的人还存在第四种情况。这说明实际上很多人不重视、不知道自己的优势;有的人虽然重视优势,但是也不一定了解自己的优势,或者也没有很好地发挥自己的优势。因此,开发领导力必须了解优势、发挥优势。

什么是优势?盖洛普公司经过长期研究认为,优势由才干(talent)、技能(skill)和知识(knowlage)组成,其核心是才干。盖洛普将才干定义为"个人所展现的自发而持久的并产生效益的思维、感觉和行为模式"。盖洛普强调:(1)必须破除对才干的迷信。任何正常人都有才干,而且每个人的才干都与众不同。(2)才干区别优秀与平庸。任何工作要做得好,做得出彩,都必须具备所需才干,即某种"思维、感觉和行为模式"。上海东方卫视几年前有个节目叫《中国达人秀》,第一位中国达人是一个叫刘伟的北京青年。他小时候因为触电失去双臂,但是以顽强的毅力,克服难以想象的困难,在19岁的时候学的钢琴,结果他钢琴弹得比一些身体健全的钢琴手还好,成了第一季的中国达人。大家想想没有双臂弹钢琴,简直不可思议,但是刘伟为什么能成功,因为他说过一句话:"要么赶紧死,要么精彩活。"面对厄运和巨大打击,他不气馁,不消极,不放弃,以顽强的精神、乐观的态度和惊人的勇气,克服常人难以想象的困难跟命运做斗争,最后能够没有双臂弹钢琴。他拥有自信、乐观、勇气、坚毅,这就是才干,因为有了这种才干,再加刻苦训练,掌握了弹钢琴的技能,才把钢琴弹得如此出类拔萃。我们对优势要一种新的认识,优势不仅是有形的,更包括无形的。盖洛普公司把人的才干分成三大类,有34种,第一类叫奋斗才干,包括成就、适应、竞争、努力、信仰、使命、追求、自信、服务、远见;第二类叫思维才干,包括专注、纪律、统筹、责任、分析、理念、学习、战略、思维、排难、积极、创造;第三类叫交往才干,包括取悦、体谅、交往、沟通、个别、伯乐、和谐、公平、统率、行动、包容、审慎。盖洛普公司认为,每个人都有自己的优势,只不过有的人不知道,不了解。请大家做一个练习,从上面34种才干中找出属于你的5个才干。如果你想更加准确地了解你的优势,我给大家推荐盖洛普出版的两本书:《现在,发现你的优势》和《现在,发现你的领导力优势》。盖洛普公司发明了一个网上优势测试工具,叫作"优势识别器",来帮助个人识别自身才干。凡购买这本书的读者,都能获得一个密码,做一个你的优势测试。通过随机回答 100 多个问题,得到一份你的 5 个才干的主题报告,让你能准确地了解自己的优势。

什么叫发挥优势？发挥优势就是要认识和接受自身的才干,配备必要的技能和知识,寻找需要你所具有才干的岗位,持续地使用。前面我们讲了,人的才干有三大类 34 种,没有好坏之分,就看你有哪些优势,哪些才干,每个人优势才干是不一样的,我们要认识和接受自己的才干,不要拿自己的跟别人比。同时光有正确的思想观念、思维方式和行为模式是不够的,还需要配备相应的知识和技能,还要找到一个需要和能够发挥你的才干的岗位。只有这样你才能在这个岗位上、在工作当中把你的优势充分发挥出来,并要持续地使用。一个人有优势,如果不去使用,不去发挥,它是不会起作用的。

每个人都有优势,作为领导者,也有自己的优势。领导者有不同的风格、不同的特征,每个人都可以把自己的优势充分发挥出来,展现领导力方面的才能、才华。在《现在,发挥你的领导力优势》这本著作里,盖洛普公司把领导力优势分成了这样四个领域:(1)执行力;(2)影响力;(3)建立关系;(4)战略思考。每个人自身的才干不同,他的领导力优势会体现在这样四个不同的领域。那么哪种才干,可能会在哪个领导力优势领域表现得更为突出呢？盖洛普公司经过研究发现,比如,一个人有成就、统率、信仰、公平、审慎、纪律、专注、责任、排难这些才干的话,那可能在执行力这个领域当中能够更好地发挥领导力。如果说有行动、统率、沟通、竞争、完美、自信、追求、取悦等,那可能在影响力这个领域里面能够更好地发挥领导力。如果有适应、伯乐、关联、体谅、和谐、包容、个别、积极、交往这些才干的话,可能在建立关系这个领域里面能够更好地发挥领导力。如果有分析、回顾、前瞻、理念、探索、思维、学习、战略这样一些才干的话,可能在战略思考这个领域里会有更加出类拔萃的领导力表现。这就告诉我们,每一个人都可以根据自己的才干,在某些领导力领域里面发挥出自己的优势,有出色的表现。

## 五、培养自己的领导力

领导者不是天生的,是在实践当中自我磨练成长的。每个人都可以通过实践提高领导力。德鲁克说,领导力必须通过学习才能获得,而且也能够通过学习获得。他还指出:"你在什么类型的组织中工作并不重要,因为在所有组织中都可以发现、学习领导力的机会,包括公共组织、私人组织和非营利组织,许多人并没有认识到这一点,但随着今后三四十年内越来越多的政府工作将由社会组织承担,也就是由非营利组织承担,其地位会变得越来越重要。"这里讲的公共组织是指政府,私人组织是指企业,非营利组织就是社会组织。它告诉我们,一个人只要愿意去提高自己的领导力,不管在哪个部门、在哪个岗位都没有太大的关系,关键要有主动提高自己领导力的意识。德鲁克的这段话非常有预见性。现在党和政府对社会组织越来越重视,希望社会组织在国家治理体系和治理能力现代化中发挥作用。随着社会的发展和政府职能转变,更多的工作需要由社会组织来承担,因此,社会组织责任更重,地位更加重要,需要我们通过发挥自身的领导力去完成政府需要我们完成的那些工作。这段话激励每一个人更好地通过实践的磨练不断提升自己的领导力,对此我深有体会。比如,我原来在上海市慈善教育培训中心,开始就是一个办公室主任,我的上面还有中心的主任和副主任。我们中心的主任和副主任分别是上海第二工业大学的校长和副校长,他们平时工作非常忙,没有更多时间考虑慈善教育培训中心的一些具体的工作。因此,尽管我只是一个办公室主任,但是我要求自己从中心主任的角度考虑问题,为中心的发展想办法、动脑筋,勇于承担责任。我会主动积极地根据社会的需求开发公益项目,千方百计整合利用社会的资源实施项目,解决社会问题。我自己的能力也在实践当中得到不断的提升,因此,就像德鲁克讲的,你在什么部门、什么岗位并不重要,关键你要有这种意识,主动地把自己想象成就是领导者,要承担起领导人的责任,要通过自己的努力,有效满足社会需求,解决社会的问题,为社会做出贡献。在这个过程当中,你个人也能够得到学习,得到进步,得到发展,得到成长。

提高自己的领导力,需要有投入。请大家思考一个问题,如果现在你可以选择投资一位你的同学,或者一个人,他将来如果有成就的话,15%的收益归你所有,那么你会投资哪一位?为什么?大家都知道,我们投资,都希望有回报,要想有回报,我们愿意投资的这个人一定是可以信赖的、靠谱的。如果一个人不靠谱,你不相信他,你是不愿意为他投资的,而且他也很难达到你的期望。这告诉我们,我们要想让自己的领导力不断地得到提升,也必须为自己进行投资。需要学习,需要实践,需要培养领导人所需要的一些好的品格。很多研究领导力的专家认为,领导力是可以在实践当中通过磨练,特别是通过艰苦的训练得到提升的。英国著名的领导力专家本尼斯指出:"事实上成为领导的机会就在我的身边,每个人都能轻而易举地获得。"我们一再强调领导跟职务、跟地位没有关系,领导者关键是一定要有追随者。比如,大家知道,在2020年武汉抗疫中,有一位普通的快递小哥汪勇,他主动为医生、护士送饭,送医疗用品,接送他们上下班,做了很多有意义的事情。他的行为影响了200多位志愿者和很多热心的居民,大家都来为抗疫第一线的医生、护士和需要帮助的人提供服务。这就是本尼斯讲的,我们可以通过实践提升和发挥领导力。要想提高领导力,除了要有主观的愿望和意愿以外,学习也很重要。大家通过前面的学习,可以看到,在领导力方面还是有很多专门的知识需要学习和掌握的。要想很好地提升和发挥自己领导力,需要在实践中不断地加强锻炼,不断地自我加压,就像一个举重运动员,只有不断进行艰苦的训练,才能够举起更重的杠铃。

要成为一个优秀的领导者,关键是需要实践。威廉·A.科恩在《德鲁克论领导力》这本书中指出,经过大量调研,绝大多数成功的领导者都遵循了8条原则:(1)保持绝对诚信。(2)通晓业务。(3)公布期望。(4)展现非比寻常的承诺。(5)争取积极的结果。(6)关照下属。(7)职责重于个人利益。(8)身先士卒。

畅销全球30年、影响数百万领导者的经典书籍《领导力》的作者詹姆斯·库泽斯和巴里·波斯纳,通过对数万名领导者的研究,他们总结了优秀领导者的五种习惯行为：第一，以身作则。这是领导的起点和基石。领导者最重要的就是他的品格，要做到言行一致、知行合一、树立榜样、建立信任，才能真正影响和带领大家一起实现组织的目标。第二，共启愿景。领导者一定要给追随者指明方向，建立愿景，用激励人心的奋斗目标和富有吸引力的远景，给人以希望、信心和动力。第三，挑战现状。领导者不能够墨守成规、满足现状，要突破过时的观念和思维，视变化为机会，勇于创新和变革，带领大家通过创新更好地满足需求。第四，使众人行。领导者要了解和满足追随者的需求，做到以人为本、关心人、信任人、尊重人、善待人，才能使大家心甘情愿、心情舒畅地跟着领导者一起去实现崇高的目标。第五，激励人心。领导者要用各种行之有效的方式把大家的主动性、积极性、创造性和潜能最大限度地发挥出来。上面提出的领导者的八项原则和五种习惯行为，可以成为我们每个人去锻炼、培养自己领导力的努力方向。

## 六、有效激励

领导者一个非常重要的责任，就是要激励人心，让追随者愿意跟着我们一起去实现崇高的目标。社会组织的从业人员绝大多数是知识工作者，他们的需求与工作场所和蓝领工人相比发生了变化。在对待和激励员工上也要做出很大的改变。德鲁克指出，除非处于极端恶劣的经济环境下，否则薪酬将不再是主要的激励因素。他在对 21 世纪的管理者提出的最后忠告中告诫管理者："必须把全职员工当作志愿者来进行管理。"大家知道，志愿者做志愿服务是发自内心的，是自愿的，是我要做的，而且不计报酬，无私奉献。因为是我要做，是自愿做，因此志愿者有很高的积极性和热情，有很强大的动力。作为领导者，作为管理者，不能把员工仅仅当成完成任务的工具，要把他们当成志愿者来进行管理，充分发挥他们的积极性，让他们心甘情愿地乐于为实现组织的目标做出贡献。

要让员工像志愿者一样地愿意为组织的发展做出自己贡献，必须了解和满足他们的需求。美国密西根州大学的一项研究表明，人们从事志愿工作主要有以下8个原因：(1)有所作为。(2)能够发挥某种天赋和技能。(3)获得专业经验或者接触社会。(4)表达宗教信仰。(5)能够认识结交更多的朋友。(6)实现个人成长和提高自尊。(7)寻求一种更加平和的生活。(8)回报社会。从事志愿服务的原因让我们对志愿者的需求有了深入的了解。但如果要把员工当作志愿者一样对待，则还需进一步了解志愿者持之以恒坚守在志愿服务岗位上的原因。一项研究表明，志愿者之所以愿意坚守在志愿岗位上，有很多因素，排在前10位的因素分别是："帮助他人""责任明确""工作充满乐趣""上级有能力""导师指导""工作初见成效""与受人尊敬的社区组织共事""发挥所长""工作量适当"。可以想象，这些因素对员工也会产生激励作用。

激励员工实现最佳绩效的重要因素到底有哪些，长期以来专家们一直在进行这方面的研究。威廉·A.科恩的一项研究表明，在什么是最具激励作用的因素这一问题上，领导者和员工的看法有很大的不同。研究发现，在员工眼中的13个激励因素（按重要程度从高到低排列）是：(1)与尊重我的人共事。(2)工作充满乐趣。(3)工作表现好可以得到表彰。(4)有发展技能的机会。(5)管理者愿意倾听改进工作的建议。(6)拥有独立思考的机会，而不是一味地执行指示。(7)能够看到工作的最终结果。(8)为高效的管理者工作。(9)工作不会过于简单。(10)感到十分了解进展情况。(11)工作要有保障。(12)工资高。(13)福利好。大家从这里面可以看到，具有激励作用的因素有的是有形的，有的是无形的；有的是物质的，有的是精神的。像工资高、福利好这些领导者平时认为最重要的因素并没有排进前10名。当然这是国外的调查，跟咱们国内情况可能有差异，但是至少告诉我们员工的需要是有层次的、多元化的。当较低层次需要得到满足后，其重要性逐渐降低，而更高一层次的需要则变得越来越重要。这对领导者提出了很高的要求，要做好有效的激励，必须了解和满足员工的真实需要。而且，我们可以看到激励员工的前10项因素的成本很低，通常也容易提供。

通过比较员工激励因素和志愿者的激励因素，可以发现这两方面的激励因素非常相似。员工的前10大激励因素中，有8项都出现在志愿者的排名中。这就不难理解为什么德鲁克提出"需要把员工当作志愿者一样对待"。

德鲁克曾说过，领导者必须培养"富有责任感的员工"。他提出了4个途径：(1)谨慎安排员工。要知人善任，用人所长，不要让员工去做没有优势的、力所不能及的事情，不要安排一个新人去做新的工作。(2)要提出高标准的绩效要求。领导不能够做老好人，而要有高的绩效标准，因为只有高的绩效标准，才能够更好地满足需求，给服务对象带来价值，员工在实现高的绩效目标的同时，也可以把他的潜能能够充分发挥出来。要让员工在做有挑战性的工作当中得到锻炼，发挥潜能。(3)要提供员工所需要的信息。员工得到他们需要的信息是至关重要的。一个人要把工作做好，需要掌握一定的信息，提供员工需要的信息有助于员工进行有效控制，努力实现目标，并承担起实现目标的全部责任。(4)要鼓励员工形成管理者的视野。要让员工从组织领导者的角度，比如从CEO的角度来考虑问题，使员工了解并理解个人对组织做出贡献、组织对社会做出贡献的重要性。因为有时候作为员工考虑问题可能比较片面，他可能就是从自我，或者从局部、眼前的利益考虑。但作为领导者，他考虑是整体的利益、长远的利益。比如说，一般员工，他最希望做一些自己驾轻就熟的、容易做的事情，不愿意做难的有挑战性的事情。但是作为一个组织，必须根据外部环境和客户需求的变化，内部肯定要去做一些新的事情，或者做些新的项目。如果每个人他就只做自己熟悉的、已经驾轻就熟的事情，不愿意去做些新的挑战性的事情，那么这个机构是很难创新和持续发展的。因此我们要让员工从领导者的角度考虑问题，使他树立全局的观点和长远的观点，从而主动为组织的发展承担责任，勇挑重担，做出贡献。在这个过程中，也可以促进员工的自我发展。一个组织有责任感的员工越多，就会有更强的竞争优势，一定能够更好地应对挑战，保证组织健康持续发展。

> **思考题**

1. 什么是领导力?
2. 德鲁克关于领导力的主要观点有哪些?
3. 对领导人来说为什么品格比能力更重要?
4. 领导人如何能够赢得追随者?
5. 如何进行有效激励?
6. 你准备如何提升自己的领导力?

# 附录一　上海市慈善教育培训中心：德鲁克思想二十年的实践与成功经验

丁　威

彼得·德鲁克在管理界是受人尊敬的思想大师，被誉为"现代管理学之父""大师中的大师"。通用电气前首席执行官杰克·韦尔奇评价道："全世界的管理者都应该感谢这个人，因为他贡献了毕生的精力，来厘清我们社会中人的角色和组织机构的角色。"海尔集团董事局主席兼首席执行官张瑞敏坦承自己是德鲁克的超级粉丝，并对德鲁克思想推崇之至，"海尔的奋斗史可以理解为它们对德鲁克思想的学习历史"。

在帮助世界上很多企业取得成功的同时，德鲁克的管理思想同样在非营利组织领域被证明非常适用和有效。然而，在中国的非营利组织领域，人们还没有充分认识到德鲁克管理思想的重要性。大部分非营利组织都以为凭借良好愿望和心地无私就可以办好事情，它们没有意识到必须对运作过程及其结果负责。

上海市慈善教育培训中心在过去的 20 年一直坚持践行

德鲁克的管理思想,坚持做正确的事,把正确的事做好。在德鲁克管理思想的影响下,组织不断发展壮大,形成了自身的核心竞争力,取得了一个个骄人的成绩。本文撷取和总结其发展的实践与成功经验,从而期望我国更多的社会组织认识、了解、学习、实践德鲁克的管理思想,促进我国社会组织的健康持续发展。

## 机构本身就是社会创新的产物

彼得·德鲁克是第一位提出社会创新概念并十分强调社会创新价值和作用的学者。他从美国创业型经济的发展中、从企业创新与创业的实践中发现了解决社会问题的一种新方式——社会创新,并对社会创新的内涵、特点、作用等问题进行了系统阐释。德鲁克指出,社会创新是指在组织中实践创新和企业家精神,主动寻找变化,把变化当作机会,实施有效的管理,在解决社会问题、满足社会需求的同时促进组织和整个社会的发展。

社会创新具有多元主体,需要政府、企业、社会组织乃至公民个人的广泛参与和实际行动。凡是以新的思维、社会行动方式、组织形式和技术方法创造性地解决社会问题的,都属于社会创新,都体现了创新与企业家精神。

20世纪八九十年代,为了适应社会主义市场经济体制的需要,我国以"减员增效、下岗分流、规范破产、鼓励兼并"的思路对国有企业进行改革,建立现代企业制度。在国有企业改革取得实际进展的同时,也造成大量职工下岗。作为老工业基地的上海,1990—1995年共下岗80多万职工。

"我们进行再就业培训,帮助这些下岗职工提高就业技能,促进他们实现再就业。当时的社会形势和巨大的再就业问题,给我们提供了开展慈善教育,做再就业培训的机会。"上海市慈善教育培训中心的联合创始人之一、副主任徐本亮回忆道。

1995年1月,上海市慈善基金会和上海第二工业大学联合创办了全国第一家致力于对社会弱势群体开展教育培训的非营利性社会组织——上海市慈善教育培训中心(以下简称"培训中心")正式成立。

"为了有效地回应和解决社会问题,由一家慈善基金会和一所大学合作发起一家民办非企业单位,这在20年前的中国还极为罕见,甚至还受到社会非议和不理解,但我们在德鲁克的思想里找到了机会和方向。"徐本亮感慨地说:"德鲁克的思想引导我们把变化当机会、把问题当机会,上海市慈善基金会和上海第二工业大学联合创办'培训中心',开创了一种新的解决社会突出的再就业问题的有效组织形式,这就是坚持了社会创新,我们机构本身就是社会创新的产物。"

## 坚持使命导向:围绕使命开展服务项目

社会组织是我国社会组织现代化建设的重要力量,是国家社会治理体系中不可替代的主体之一,它的存在是为了使社会变得更加美好。作为一种更强调创造社会价值的社会部门,拥有一个清晰的使命尤为重要。然而简单的问题不一定容易回答,"我们的使命是什么?"拷问的是一家组织存在的目的和理由,它为了什么而存在。这也是德鲁克在《组织生存力:与组织存亡攸关的5个问题》这本书中问到的第一个问题。

培训中心在创立伊始就确立了"知识扶贫,助人发展"的使命。20年来,中心坚持"使命至上",以社会需求为导向,按需施教,开展形式多样的技能培训和创业培训,增强服务对象的自身造血功能和择业能力,帮助他们实现就业和再就业以摆脱贫困。

1997年,为配合政府的再就业工程,培训中心组织实施了上海市慈善基金会推出的"慈善教育万人培训项目",使50%以上的学员通过培训实现了再就业。1998年,市政府开始实施下岗失业人员的免费培训后,培训中心又积极开发政府补贴,满足社会需求又能促进就业的培训项目,继续发挥在促进就业中的积极作用。

针对上海有12万—13万外来媳妇因没有户口而缺乏社会关注的情

况,2004年2月,培训中心得到上海市慈善基金会100万元资助,实施了"外来媳妇就业技能培训项目"。通过技能培训,为她们就业创造条件。同年5月,因取得了50%以上的学员实现就业的实施效果,该项目以政府购买服务的方式由上海市劳动局接手买单。2011年,该项目在首届中华女性慈善典范评选中荣获"十大女性公益品牌项目"称号,并荣获2011年"中华慈善奖"之"最具影响力项目"入围奖。

2004年7月,为解决日益突出的上海社区青年的就业矛盾,中心又推出"'阳光下展翅'——社区青年就业援助项目"。这个项目以上海市18—25周岁的家境贫困、只有初中文化程度的有积极求学就业愿望的社区失业青年为援助对象,以"帮一名青年就业,助一家摆脱困境"为宗旨,使受助学员通过一年半的学习,取得1张中专学历文凭和2张就业技能证书,为其实现就业、自食其力创造条件。项目最终取得了70%以上的学员实现就业的成果,并在2010年荣获上海"十大青年公益项目"荣誉称号。

2008年,培训中心具体组织与实施了由上海市慈善基金会、共青团上海市委员会、上海市社区青少年事务办公室、汇丰银行慈善基金等共同发起的"'共享阳光'——来沪务工人员子女教育就业援助行动项目",为具有初中学历、17—22周岁、有积极求学和就业愿望、家庭生活困难、身体健康、无业或失业的来沪务工人员的子女,帮助他们提高自身技能,参加中专学历教育和技能培训,推进务工人员子女的受教育权益平等。经过精心实施,该项目成功使学员达到了94.3%的毕业率和86.4%的就业率,荣获2009年度"中华慈善奖"之"最具影响力项目"荣誉称号。

……

"授人以鱼不如授人以渔",为了扩大培训效果,鼓励更多的人通过创业来实现人生价值,也创造更多的就业机会,中心还和北京光华慈善基金会合作,引进美国国家创业指导基金(NFTE)创业培训课程,对在中专、技校、职校学生和大学生开展创业培训,举办上海青年创业夏令营,帮助学员成功创业。

2010年11月和2013年1月,中心又分别以政府购买服务的方式,实施托管杨浦区延吉街道大学生创业家园和大桥街道社会组织孵化园项目,开创了创业培训与创业家园接轨,以创业带动就业、从商业创业到公益创业的不断拓宽机构服务社会渠道的新局面。

顾客绝对不是静止不变的,在你所服务的顾客群中,他们的人数、内部结构、具体需求,以及他们的想法都在不断变化。顾客群总是在不断地变化,所以那些致力于追求成果,总是把自己的使命放在第一位的组织,就必须学会在了解顾客群的过程中进行自我调整,不断去改变自己。德鲁克如是说。

"从下岗再就业培训开始,20年来我们根据形势发展和服务对象需求的变化,围绕使命,了解需要,不断开发新的项目。下岗职工、农民工、社区青年、外来媳妇、高校贫困大学生,等等,都是我们帮助过的服务对象。另外,我们从做就业技能培训到创业培训,从服务商业创业再到服务公益创业,这些都是我们机构根据形势的变化而进行的一种开拓创新、自我发展。"徐本亮骄傲地娓娓道来。

"但是,我们一直没有离开组织的使命——'知识扶贫,助人发展'。因为有了清晰的使命,才使我们二十年多来始终沿着正确的方向前进,而不是偏离方向。我们专注于机构的使命,这与目前国内很多社会组织不重视使命、没有使命,或者偏离使命而盲目承接各种项目的做法是不一样的。"徐本亮强调道。

## 专注,造就核心竞争力

彼得·德鲁克指出:"要想让自己的工作更加有成效,你就需要学会专注。"二十多年专注于对就业和创业技能进行培训支持的服务项目,使培训中心形成了自己的独特的核心竞争力,并集中表现在"开发项目、筹措资金、指导服务、监督评估"四个主要方面。这些竞争力是培训中心积累下来的一笔宝贵财富,是实现组织可持续、健康、继续前行的基因,更是赢得更多合作和支持的法宝。

2013年,亚洲基金会在全国寻找为进城务工女性进行就业培训的合作伙伴,寻找良久,最终确定了与上海市慈善教育培训中心合作。

"人家为什么找我们?因为我们的创业培训在上海乃至在全国做得时间最长,而且做得很有成果,这在国内是不多的。我们有完整的课程、优质的师资,还有专业的项目执行团队,人家当然愿意来找我们。"徐本亮自信地说。

在此之前,汇丰银行从1998年开始连续19年与培训中心进行多方位合作,共资助2 800多万元开展相关慈善教育项目。

有了自己的核心竞争力,机构所取得的成绩也令人骄傲:

先后获得"上海市再就业培训先进集体""第二届上海市慈善之星""壹基金典范工程奖"等荣誉;

"共享阳光""阳光下展翅""万名农民工绿色网上行""外来媳妇技能培训"等一批品牌项目赢得社会声誉,先后获得"中华慈善奖——最具有影响力项目奖""中华慈善事业突出贡献奖""十大青年公益项目奖""上海市优秀公益项目奖",以及"全国十大女性公益品牌项目奖"等奖项;

建立了资金来源的多元渠道,培育了长期信任的合作伙伴。从成立到现在,培训中心获得项目经费累计达9 500余万元,其中2016年项目金额超过1 000万元。

2013年被认定为5A级社会组织。

德鲁克强调,"永远不要为了金钱而放弃自己的使命"。随着我国政府职能转变的加快,政府购买社会组织服务的资金也越来越多并且逐年加大,有些社会组织在这种局面下往往一味跟着资金走,什么项目都接,而全然不顾自己的能力与使命。项目做了多年,也做了很多,却难以形成自己的核心竞争力。

"(那样做)从眼前讲是有好处的。但是长期做下去,就难以形成自己的核心竞争力。形成不了核心竞争力,工作没效果,那将来如何持续发展呢?我们机构坚持发挥自身的优势,也是顶住了诱惑,放弃了一些项目。"徐本亮说。

## 重视成果：使命要转化为具体目标

德鲁克认为，非营利组织是为成果而存在的——"顾客看重的是所能提供的价值，而不是你们之间的关系"。

在与政府、企业、基金会等多方合作的过程中，上海市慈善教育培训中心的项目和服务一直被各方认可，并因此而建立了广泛的支持系统，而被各方认可和肯定的关键因素就在于培训中心实施的项目是有成果的。

1997年，"慈善教育万人培训项目"，培训学员10 500人，达到55％就业率；

2004—2015年，"外来媳妇就业技能培训项目"，培训学员19 500人，就业率达66.32％；

2005—2014年，"阳光下展翅——社区青年就业援助行动项目"，培训学员5 000多人，实现70％以上的就业率；

2008年至今，"共享阳光——农民工子女就业援助行动项目"，共培训学员2 500人，达到了85％的就业率；

……

美国女童子军前首席执行官弗朗西斯·赫塞尔本指出："总是满足于做好事的组织终将成为历史，只有那些能够持续实现可衡量的成果组织才能走向未来。"多年来，培训中心的每一个项目都至少有一个可量化的、可以衡量的目标和评估指标。明确而具体的目标也成为中心筹集资金最为有说服力的依据。

"社会组织提供的公共服务要注重成果，而不是简单地追求活动和产出。这就是我为什么一直强调要搞清楚项目和活动的区别以及成果和产出的区别的原因。因为我们的项目和服务有成果，才能体现我们的存在价值，资助方和购买方才会认可和支持。而我们一直是这样要求自己的！"徐本亮如是说。

## 做好人力资源的开发与管理

在管理大师彼得·德鲁克看来，人力资源是所有资源中最具生产力、最宝贵的资源；人力资源决定了一个组织的绩效水平。如果非营利组织中的人力资源管理不善，那么不仅难以吸引和留住高素质的员工和志愿者，造成对社会资源的浪费，而且还会影响到组织自身的工作和绩效。

"21世纪什么最重要？——人才"，电影中的这句台词折射出当下时代对人的重视和对人才的渴求。

然而目前，由于一系列的原因，我国公益行业的人才流失较为严重。拥有一支相对稳定的员工队伍和机构共同成长成为很多社会组织梦寐以求之事。而造成员工流失的一个重要原因就是机构对员工的管理出现了问题。

上海市慈善教育培训中心把员工成长当作机构发展的重要组成部分，20多年来中层以上员工无一人流失，这在中国的公益行业非常罕见，也非常难得。

"我们把人的发展放在跟机构发展同等重要的位置。人发展好了，事情才能做好，组织才会有绩效和成果。"徐本亮说。

主动给员工成长提供舞台、创造机会，发挥自身潜能，让员工工作有成效，个人有成就感。培训中心现在的创业教育项目部主任，十几年前还是一个国有企业的下岗人员，2004年到培训中心后和机构共同成长，受益于机构的培养，现在已经是创业教育的高级认证讲师、上海市创业指导专家；培训中心的会计兼财务部主任，在做好本职工作的同时，也受益于机构的鼓励和支持，不断学习，现已成为行业内有名的社会组织财务管理培训师和咨询师，等等，这样的例子还有很多。

制定科学薪酬标准，用合理的机制激励人，保证员工的待遇随着事业的发展同步增长。培训中心的薪酬主要包括三个部分，一是基本工资，二是岗位津贴,三是绩效奖金,这三块儿加起来在行业内属于中等偏上水平。为了更好地激励员工提升自身能力,培训中心要求员工做到一专多能,岗位成才;鼓励员工在做好本职工作的前提下承担机构的教学任务和外出讲课并多劳多得,所得的劳务收入的大部分归为员工个人所有。这样,既促使员工不断学习,提高个人能力,又解决了培训中心师资不足的问题,还让员工通过服务社会,多劳多得,适当增加收入,一举三得。

"德鲁克说,管理的对象是人,管理的根本目的就是要把人的潜能、优势充分发挥出来,实现组织的目标。社会组织要完成使命,就必须做好员工的个人发展。在这一点上,我们做到了'四留人',即事业留人、待遇留人、政策留人、感情留人,让平凡的人做出不平凡的事。"徐本亮讲道。

## 写在后面的话

回顾上海市慈善教育培训中心 20 年的风雨发展历程,我们发现德鲁克管理思想一直是保障其顺利健康发展的指路明灯。培训中心努力践行德鲁克非营利组织管理思想,坚持使命至上,把变化当作机遇,依据使命制定机构的市场营销战略、创新战略和资金发展战略,把使命转化为实际的成果,重视挖掘和发挥员工的潜能,注重人的发展。培训中心的实践与成功经验,证明了德鲁克思想是有用的、有效的,可以对我国社会组织健康发展起到重要的指导作用。同时,培训中心的发展更离不开机构管理者的正确领导,以及员工对慈善教育培训事业的敬业、专注和奉献精神。

(本文作者为中通快递研究院研究员;撰写于 2015 年)

# 附录二 从项目筹资到资金发展
## ——上海市慈善教育培训中心的公益筹资新战略

褚 鎣 徐本亮

## 一、引言

1995年1月13日,上海市慈善基金会和上海第二工业大学联合创立了内地第一家专门从事慈善教育的公益机构——上海市慈善教育培训中心(下简称"培训中心")。这是一家民办非企业单位,在创立之初的三年内,培训中心主要通过项目获得上海市慈善基金会的资金来维持机构的运营。

1998年,培训中心接触到汇丰银行,并从汇丰银行慈善基金获得了一笔60万元的项目资助。在此后的15年里,培训中心和汇丰银行合作,先后开展了8个公益项目,共获得汇丰银行的资助超过2 200万元。并且,汇丰银行对与培训中心保持长期合作的关系表示十分乐观,并十分看好培训中心的项目,愿意继续提供资金支持。一家社会组织和一家企业合作时间如此之长,得到的资助金额如此之多,这是不多见的。

那么,培训中心到底是凭借什么能够吸引汇丰银行的长期资助呢?其在募捐策略方面又与其他公益机构有什么不同呢?

## 二、合作缘起

1995年成立后,培训中心主要开展针对"40、50"人员,也即下岗待业人员的再就业培训项目。当时,上海作为市场经济改革的前沿阵地,国有企业改革自然也是大刀阔斧。所以,在上海本地出现了大批的下岗待业人员,如何帮助他们实现再就业成为当时亟待解决的一个社会问题。

当时,上海市劳动局还没有实施针对下岗待业人员的免费再就业培训,因此,这一群体也就成了培训中心的重点服务对象。培训中心成立的目的就是满足社会需求、解决社会问题。而且,机构有一个强烈的意识:由于资源有限,必须将有效的资源用到能够产生成果的地方。由于当时上海市劳动局的政策尚未覆盖到下岗待业人员这一弱势群体,通过职业技能培训等方式帮助其实现再就业,使培训中心有了发挥作用、体现价值的机会。由于培训中心对自身存在的目的和定位有一个正确的认识,所以,培训中心将协助政府做好下岗待业人员的再就业工作作为机构的最主要任务,集中资源和精力投到了对下岗待业人群的再就业培训。而且明确提出经过培训的学员要达到50%以上的就业率。

1998年底,汇丰银行希望在上海开展下岗失业人员再就业培训项目。其通过上海市慈善基金会找到了培训中心。通过双方多次的接触,培训中心与汇丰银行在多个方面达到了高度契合。

第一,理念相通。作为一家外资企业,汇丰银行十分重视履行企业的社会责任,参与慈善公益事业。他们认为,对有劳动能力的弱势群体不能单纯地给钱给物,而是应该"授人以渔"。这也就是说,汇丰银行并不主张单纯的物质上的扶贫,而是主张智力扶贫,即通过有效的教育培训,帮助受益人提升就业能力和自我发展能力,促进他们就业,从而实现经济生活上的改善。这种理念和培训中心的使命是高度契合的,因为培训中心自创立之初就提出了"知识扶贫,助人发展"的使命。由此,双方在理念上达成了高度的一致。

第二,关注人群重合。当时,国有企业下岗失业人员再就业是一个突出的社会问题。汇丰关注的群体主要是"40、50"群体,也就是国企改革中下岗待业的群体。这个群体是当时上海亟须关注和帮助的,也是培训中心主要服务的群体。所以,双方在关注群体上的高度重合促使双方快速达成了一致。

第三,需求与供给契合。汇丰银行资助公益项目十分注重项目的成果。其希望通过项目的实施,不仅能够让这些受益人学到技能,拿到证书,还能建立一套有效的就业促进机制,真正帮助学员实现再就业。而培训中心从1995年开展慈善教育时就有一个明确的指导思想,就是衡量慈善教育的效果不仅看培训了多少学员,更要看有多少学员实现了就业。所以,所有就业培训项目都有50%就业率的指标,并且已培训的上万名学员确实达到了50%以上就业率。所以,培训中心提供的项目成果是能够满足汇丰银行的需求的,双方在需求和供给方面达到了一致。

第四,注重培训质量。自1995年成立以来,培训中心就通过和上海各个再就业服务中心密切合作,及时了解培训需求,保证了生源。这一资源是其他培训机构所不具备的。同时,培训中心实行"教考分离",学员在培训后都要参加上海市职业技能鉴定中心的考试。只有通过考试,才能获得其颁发的技能证书,从而保证了证书的含金量和培训的质量。培训中心注重培训质量的优势,也是汇丰银行所看重的。

第五,有效利用社会优质资源。培训中心采用创新的合作方式实施项目。由于再就业培训的专业很多,培训中心并不自己直接开展培训,而是采用合作方式,在上海寻找专业培训机构来承担具体培训业务。比如,家电维修的培训,就找家电维修的专业培训机构来开展培训。通过这种方式,能够找到上海最好的合作资源来实施项目。培训中心选择合作伙伴有三个条件：(1) 依法成立的有良好社会声誉的办学机构；(2) 有符合社会需要的特色培训项目；(3) 能做好学员的再就业推荐工作，达到 50% 就业率。

值得一提的是，与外部机构合作实施项目并不等于放任不管。在项目实施过程中，培训中心集中精力主要做好四个方面的工作：(1) 项目开发；(2) 资金筹集；(3) 服务指导；(4) 监督评估。通过这种方式，培训中心既充分发挥自身的优势，又能够充分发挥合作伙伴的优势，保证了项目顺利实施和质量。而这一点也是汇丰十分看重的。

正是由于在上述几个方面双方都达到了高度的契合，汇丰对培训中心表示出了浓厚的兴趣，提出愿意提供 60 万元的经费，资助培训中心开展一个针对上海下岗待业人群的培训项目。

为了圆满完成汇丰资助的这一项目，培训中心对受益人群开展了调研。通过调研，培训中心发现，有三个专业十分适合这一群体：电工、电梯操作工和母婴护理员。于是，就确定了这三个专业，制定了项目方案，向汇丰方面提交。

经过审核，汇丰银行批准了这个项目，同意资助 60 万元，用于培训 600 名下岗待业人员。如此，培训中心便与汇丰银行在该项目上达成了第一次合作。

项目结束后，汇丰银行派人对项目的绩效和财务进行了认真的评估，结果完全符合汇丰银行的要求，达到了 50% 以上的就业率。由于项目成果得到了保证，汇丰银行决定再次向培训中心提供两年的项目资助，并将资助额度提高到了每年 80 万元。由此，培训中心和汇丰银行的长期合作便拉开了序幕。

## 三、思维转变

在第一个合作项目进入第二年的时候，培训中心已经意识到要采取措施，维护与汇丰银行这一重要客户的长期合作关系。坦率地说，汇丰银行作为一个重要的大客户，是任何一家公益机构都不愿意轻易失去的。但是，在

10多年前,对于国内很多公益组织来说,其募捐活动往往都是零散的"化缘",很少有人想到和提出过一套独特的能为机构提供资助的捐赠团体的长期捐赠计划。所以,国内公益机构的捐赠大都是零散的、一次性的,极少有大客户长期捐赠某一家组织的情况出现。而要改变这一现状,就必须要突破原有"项目筹资"的理念和做法,制定资金发展战略,提出一套全新的客户服务和劝募方案。培训中心开始行动了。

在与汇丰银行的接触过程中,培训中心了解到:汇丰银行是一家具有强烈社会责任感的企业,不仅设有企业基金会,还配备了专门的企业社会责任部(现已改为企业可持续发展部),每年有大量的资金用于慈善公益事业。这也就是说,其有花钱的需求,对其而言,每年无论捐给谁,这笔钱都是要用掉的。

另一方面,汇丰银行资助慈善公益,有其关注的领域和受益对象,并非漫无目的。汇丰银行希望合作方的项目能符合它的资助意愿,能规范有效地使用善款,使服务对象受益,以发挥资金的最大效用。同时,它们还希望合作方的项目能够不断创新,为汇丰银行打造出更多更好的品牌项目。一般来说,汇丰银行并不会长期资助同一个项目,而是会根据社会的需求,不断提出新的要求。

汇丰银行秉承的理念是通过提供项目资助,帮助公益机构加强规范管理,实现能力的提升,从而促进公益机构做到项目资金来源的多元化。汇丰银行认为,一家企业的资源是有限的,而社会的资源则是无限的。所以,汇丰银行要做的是帮助公益组织通过其有限的资源撬动社会上无限的资源,并由此推动社会整体责任感的提升和社会问题的有效解决。这也就是说,汇丰银行要求合作方不断创新项目的内容和形式。但是,它并不拒绝与一个靠谱的合作方长期合作,只是希望合作方能够不断创新项目,并能将汇丰银行之前资助过的、有社会需求的项目能通过其他资金的资助持续做下去。

综上所述,汇丰银行履行企业社会责任,做公益有三个特点:(1)希望能找到稳定的有公信力的合作方;(2)合作方能将善款用到实处,发挥最大的效果;(3)合作方能够不断创新,开发新的项目,而不是只有一两个老项目。

而培训中心则面临两个挑战：(1)要改变传统的项目筹资思路，制定机构资金发展战略，提出一套实际有用的客户长期劝募和服务方案；(2)要坚持创新，不断开发和实施既和机构的使命一致，又符合汇丰银行要求的新项目。"持续不断地创新"，这对培训中心提出了新的挑战。培训中心作为一家非官办的机构，没有政府的资金支持，要将项目执行好，并在市场竞争中生存下去，本身已很不容易。现在，汇丰银行又要求其不断创新项目的内容和形式，且不能影响该项目的社会价值，这是一件十分艰难但又很有挑战性的工作。

基于上述认识，在实施第一个项目的同时，培训中心就下决心要与汇丰银行建立长期的合作关系。同时，确定了使汇丰银行愿意支持机构的项目的基本目标和吸引汇丰银行逐渐转变为机构坚定的支持者的长期目标。

有了与汇丰银行建立长期合作关系的目标后，培训中心就十分重视根据社会需求和汇丰的要求，设计和开发新的项目。在设计新项目的时候，也并不是拍脑袋，凭空想象，而是做到了以下几点。

第一，关注社会热点问题，结合实际开发项目。培训中心十分关注社会热点问题，注意从中发现项目创新的机会。因为社会热点问题往往是政府关注的、需要迫切解决的社会问题。比如，进入 21 世纪后，青年的就业问题日渐突出，社会就业的主要矛盾从原来的"40、50"人员转移到"20、30"人员。社区失业青年的就业问题成为社会关注的新热点。培训中心敏锐地注意到这一社会热点问题，将促进青年就业作为工作的重点。通过社会调查，中心发现，上海 25 岁以下家庭贫困、只有初中文化程度的失业青年是特别需要关注的群体，于是开发了"'阳光下展翅'——社区失业青年就业援助项目"。这个项目的服务对象是上海 18—25 岁的、家庭贫困的、只有初中文化程度的失业青年。通过为期一年半的学习，使学员能够拿到一张中专学历证书，并学会两个技能，拿到两张职业技能证书。项目的目标是达到 70% 就业率。

由于社区失业青年基础比较差，存在缺乏自信、自由散漫、不爱学习、交友不慎等方面的问题,要想成功实施这个项目并达到 70% 的就业率,难度是很大的。而且这是一个新项目,培训中心对应该如何实施该项目也没有经验。按照德鲁克关于"创新需要试点"的原则,培训中心在项目正式开展前,先进行了小范围的试点。2004 年,培训中心联系了一个长期合作伙伴,即上海惠禾科技职业技术培训中心,由该培训中心的校长个人捐助 40 万元,招生 100 名学员进行试点。这次试点十分成功,就业率达到了 78%。

在试点班的结业典礼上,当时上海分管政法工作的市委副书记刘云耕到场发表了讲话,充分肯定了培训中心实施这个项目的社会价值和社会意义,并且希望培训中心扩大培训的规模,将这个项目做得更好。

在试点的基础上,培训中心决定扩大培训规模,计划培训 800 名学员。按照每人 3 500 元的标准,需要 280 万元的资助。培训中心向汇丰银行提出申请,希望汇丰银行能够资助这一项目。汇丰银行对这一项目十分重视,专门派来了英国总部汇丰银行教育基金会的总裁来到上海,到项目点进行调研,和学生与老师进行座谈,详细了解项目的试点情况。通过调研,她发现这一项目的核心理念是"育人为先",重在教育学员学会做人,养成好的习惯和品质,这和汇丰银行倡导的"德育为先"理念十分契合。于是,汇丰很快就批准了"'阳光下展翅'——社区失业青年就业援助项目",资助金额 300 多万元,培训 800 名学员。

在"阳光下展翅"项目的开学典礼上,汇丰银行主席郑海泉亲自到场,并发表了热情洋溢的讲话。经过努力,这个项目同样取得了 80% 的就业率的可喜成果。第二年,在汇丰银行从这个项目中撤出后,培训中心又主动联系,获得了上海市教委的资助。最终,在上海市教委的支持下,这个项目持续了 10 年,一共培训了 5 000 名学员。

第二,寻找机会与汇丰银行深度接触,以了解对方的需求。一般来说,培训中心在实施一个汇丰银行资助的项目时,会在项目结束前半年,就开始主动寻找机会与汇丰的高层进行接触,了解其对新项目的要求。汇丰银行慈善基金的秘书长每年会来上海 1—2 次,培训中心就抓住了这些机会,与她见面进行沟通,了解汇丰银行的需求,商量新项目的可行性。

比如，2012年在培训中心开展汇丰银行资助的第二期"万名农民工绿色网上行"项目的时候，已经了解到汇丰银行不可能再为这个项目提供资助了。所以，在当年6月份的时候，培训中心就抓住汇丰银行慈善基金秘书长来上海的机会，主动了解她对新项目的需求。见面时，汇丰银行慈善基金的秘书长透露了一个信息，即银监会要求各个银行对金融消费者进行金融教育。

2008年开始，全球爆发了金融危机。而造成这次金融危机的一个重要原因是消费者缺乏金融知识，容易上当受骗。所以，银监会要求银行开展对金融消费者的金融教育活动。

为响应银监会的号召，各家银行都开展了相应的教育活动。其中，汇丰银行的做法是编印了金融教育的小册子，放在银行柜台上供消费者取阅。这种做法效果不佳，因为其印发的手册罕有人取阅，银行方面也没法跟踪评估效果。

培训中心敏锐地抓住了这一信息，与自身的服务群体相结合，设计出了"万名进城务工人员金融教育项目"。果然，这个项目立刻获得了汇丰银行的同意和资助。而且，由于这个项目的对象和目标界定清楚，内容的针对性实用性强，设计和预算合理，正好符合银监会对消费者开展金融教育的要求，所以得到了政府层面的认可。上海银监局很支持这个项目，同意作为项目的主办方。同时将这一项目上报给了银监会刚刚成立的消费者权益保障局。2012年10月，银监会消保局局长来到上海，对这个项目进行调研，并参加了这个项目的启动仪式。而且，银监会消保局最终也成为了该项目的指导单位。由此，这一项目成为政府、企业和社会组织合作开展公益项目的成功实践：消保局是项目指导单位，上海银监局和汇丰银行是项目主办方，而培训中心是项目实施单位。

除此之外，培训中心还会主动通过邮件、电话、见面等方式，与汇丰银行负责人和项目官员进行沟通，保持密切联系。通过这些方式，培训中心及时了解了汇丰银行的需求，从而使培训中心设计的项目能很好地符合汇丰银行的期望，得到汇丰银行的资助。

第三，注重前期调研，准确把握需求。在向汇丰银行申请项目以前，培训中心会有专人开展前期调研。调研内容主要集中在要解决的社会问题、受益群体的范围、他们的需求、项目目标、社会资源匹配度等几个方面。一般来说,前期调研要持续 4—6 个月的时间。

在完成前期调研后,培训中心还会确定实施项目需要的各种资源,特别是合作方的资源,以确保项目一旦得到资助就能够顺利实施以达到预期的效果。在准备项目申请书的过程中,培训中心还会主动征求和听取汇丰银行对项目的要求和意见,使双方对项目的细节基本达成一致。

由于注重前期调研,项目符合资助方意愿,培训中心申请的项目都能得到汇丰银行的资助,由此也就成就了双方多达 15 年有 8 个项目的合作。

那么为什么双方能够在数量如此之多的项目上达成合作呢?主要是因为培训中心实现了从项目筹资到资金发展的转变。

开始,培训中心只是将汇丰银行视为自身项目的捐赠方,其与汇丰银行之间的关系是"捐赠—受捐"的关系。而现在,培训中心已不再是将汇丰银行视为单个项目的资助方,而是将汇丰银行视为长期的合作方。其充分了解汇丰银行的需求,并根据汇丰银行的需求设计"产品",做到项目创新。由此,双方从"捐赠—受捐"的一次性关系,转变成为了"供应—购买"的长期合作关系。这种关系是立足于双方的真实需求契合之上的,体现了互利互惠,而不是任何一方的临时起意或者情感冲动。

这也就是著名管理大师彼得·德鲁克所说的公益组织筹资中的"资金发展战略"。德鲁克提出,公益组织应该转变单个项目筹款的做法,转而建立长期性的"资金发展战略"。所谓"资金发展战略",就是指要通过长期努力和客户维护等一系列措施,发展机构的稳定支持群体,为机构创造稳定的资金来源。"资金发展是创建那些支持组织活动并认为那是有价值的捐赠团体,意味着发展通过捐助参与组织活动的会员关系网络。"[1]这么做的好处在于:(1)降低筹资成本;(2)获得稳定资金,维持机构正常运营;(3)有助于打造品牌公益项目。所以,从募捐学理论来看,培训中心的这一理念变

---

[1] 彼得·德鲁克:《非营利组织的管理》,机械工业出版社 2007 年版,第 46 页。

化其实是一项重大的战略调整,也即从"化缘式"的公益筹资转变成为长远的"资金发展战略"。

正是基于这一重大转变,双方的长期合作关系有了一个坚实的基础,由此开创了双方长达15年的紧密合作。也正是基于上述思路的转变,2000年,在第一个项目"上海下岗失业人员再就业培训项目"开展的同时,培训中心开始了对第二个项目的设计和开发。

首先,及时与汇丰银行沟通,了解到汇丰银行的需求点共有三个:(1)必须是教育项目;(2)教育项目必须能够促进就业;(3)项目必须贴紧国家政策和社会热点问题。

其次,通过搜集社会热点问题发现,在进入21世纪后,"三农"问题成为中央乃至全社会关注的热点话题。而关注农民工,解决他们进城后的务工问题则是其中的重要议题之一。

于是,培训中心开发了"进城务工人员就业培训项目",得到汇丰银行的资助,在上海率先开展了对农民工促进他们就业的多项技能培训,取得了很好的社会效益。

后来,培训中心对农民工这一群体进行了持续的跟踪调查,根据他们的新需求开发新项目。2008年又开发设计了帮助农民工学习电脑和上网的"万名农民工绿色网上行"项目。

这个项目先后得到了汇丰银行84万元和52.8万元的资助,培训了2万多名学员,并在2009年获得"芯世界"公益创新奖一等奖。

以后,培训中心又根据社会需求的变化,设计出了第三个项目,也即面向新生代农民工的"共享阳光"项目。这个项目的服务对象是18—25岁的家庭贫困的农民工子女。项目采用"阳光下展翅"的模式,通过为期一年半的中专学历教育和技能培训,使这些农民工子女能够拿到一张中专学历证书和一张职业技能证书,达到70%的就业率。这个项目也得到汇丰银行的资助,并成为促进新生代农民工就业的一个品牌项目。2009年,获得中华慈善奖"最具影响力慈善项目"。

此后,培训中心又与汇丰银行方面在多个项目上达成了合作。据统计,在长达15年的合作时间里,双方先后在8个项目上达成了合作,汇丰银行提供的资助资金高达2 200万元。

## 四、客户服务

根据德鲁克的观点,实施资金发展战略的根基在于客户服务,也即"基于对工作成果的反馈信息"。[①] 做好客户服务,有助于提升客户对公益组织使命的认同,提高客户满意度,建立稳定的客户关系,从而实现客户资源的重复转化。所以,客户服务是公益募捐的核心工作之一。抛开客户服务,而只注重客户劝募,将无法维持公益机构资金来源的稳定性。

按照募捐学理论,客户服务的内容通常包括:(1)信息披露;(2)媒体宣传;(3)荣誉颁发;(4)客户致谢;(5)财务规划;(6)定期回访。[②] 公益组织必须根据客户群体的需求,努力做好客户服务。

根据上述理论,在面向汇丰银行提供客户服务方面,培训中心的主要做法是:

第一,严格按照汇丰银行要求精心实施项目。在项目实施过程中,主动向汇丰银行汇报项目进展情况和项目成果,并按时提交项目中期和终期报告。

第二,采用多种形式,为汇丰跟进项目创造条件。具体而言,主要采用了这么几种方式。

(1)举办项目成果汇报会,让汇丰银行直接了解项目的成果/服务对象的收益和变化及项目的社会影响力。比如,在"阳光下展翅"项目结束后,培训中心举办了项目总结座谈会。在会上,培训中心邀请了受训学生、学生家长和用人单位代表前来,汇报学生的变化情况,以便于汇丰银行的代表了解项目实施的真实情况和效果。

---

[①] 彼得·德鲁克:《非营利组织的管理》,机械工业出版社2007年版,第77页。
[②] 褚莹:《募捐成功宝典:用好的技巧做成功的募捐》,知识产权出版社2013年版,第34页。

（2）邀请汇丰银行的人员到课堂上现场检查。在项目实施过程中，培训中心会邀请汇丰银行负责人和项目官员到项目点，了解培训的情况和学员的反馈。

（3）召开项目工作会议。培训中心每年都会组织1—2次由所有合作伙伴参加的项目工作会议，交流项目的实施情况，商讨下一步工作计划。培训中心会邀请汇丰银行的人员到场参加。

（4）邀请汇丰银行的人员到学员就业单位考察。在项目完成后，培训中心会安排汇丰银行的人员到学员就业单位考察学员的实际就业情况。比如，培训中心曾邀请汇丰银行的人员到学员就业的医院考察，并请学员、医院的领导和病人到场，交流汇丰银行的资助项目给学员带来的变化情况。

第三，进行必要的宣传。作为一家规模不大的民非机构，要对项目进行大规模的宣传特别是宣传资助方，是有一定困难的。所幸的是，汇丰银行作为一家国际公司，做公益更注重的是项目质量和实际效果，而对宣传资助方并没有要求。但在项目申请过程中，它还是要求在申请书中要有项目的宣传计划。所以，在每一个项目申请书中，培训中心都会制定项目宣传计划，并且会千方百计地利用网络、媒体、宣传品、活动、评奖等多种形式宣传汇丰银行资助的项目。比如，在第一个针对下岗待业人员的培训项目中，培训中心通过上海市慈善基金会的内部简报和媒体对汇丰银行的慈行善举做了宣传。同时，培训中心通过上海市慈善基金会将汇丰资助的慈善教育项目作为政府、企业、社会组织三方合作，促进再就业的典型案例，在2005年召开的中华慈善大会上做了介绍。又比如，在实施"万名农民工绿色网上行项目"时，培训中心请合作方东方社区信息苑专门为项目建立一个网站，扩大项目的宣传力度和社会影响力。

第四，用公信力和卓有成效的成果赢得信赖和尊重。德鲁克指出："非营利组织的管理者必须全面考虑如何来确定努力的'效果'，然后，将信息及时反馈给捐赠者，以表明他们正在获得成果。"[1]15年来，培训中心先后策划

---

[1] 彼得·德鲁克：《非营利组织的管理》，机械工业出版社2007年版，第47页。

设计和组织实施了由汇丰银行资助的"上海下岗失业人员再就业培训""农民工就业技能培训""'变幻的景观'——汇丰少儿艺术教育""'银发理财,乐享人生'——社区老年人金融教育"等8个有社会影响力和良好社会效益的慈善教育项目。其中,"阳光下展翅——上海就业青年就业援助行动项目"在2007年获得了中华慈善事业特殊贡献奖,2010年被评为上海青年"十大公益项目";"共享阳光——外来务工人员子女就业援助行动项目"获得2009年中华慈善奖"最具影响力慈善项目"奖;"万名农民工绿色网上行项目"获得2010年"芯世界"公益创新奖应用奖一等奖。

由于始终把资助方视为重要的支持客户和合作伙伴,了解和满足了捐赠人的意愿和期望,培训中心和汇丰银行之间的沟通越来越顺畅,联系和合作关系越来越紧密,乃至于出现了汇丰银行连续15年资助同一家社会组织,金额高达2 200万元的"奇观"。

## 五、战略要旨

通过培训中心与汇丰银行连续合作15年的成功案例,我们可以看到,公益组织实施基金发展战略的核心要旨在于:

第一,思路转变。思路转变是实施资金发展战略的第一要旨。而要做到这一点,公益组织就必须摒弃传统的化缘式募捐,而转变为长期性的资金发展战略。在此基础上,公益组织的负责人才可能立足长远,追求长期效应,做好品牌营销、客户服务/关系维护等多项工作,而非仅局限于短期利益,做一锤子买卖。

在这方面,培训中心从与汇丰银行合作的第一个项目开始,就树立了这一理念,将与汇丰银行建立长期合作关系作为自身的战略目标。所以,培训中心的项目是保质保量的完成的,客户沟通是不间断性的,而客户服务是用心细致的,而这也成就了双方长达15年的合作。

第二,理念契合。按照募捐学基本理论,大客户需要经历三个阶段:认识、认知、认同。只有达到了认同这一阶段,大客户募捐才具备开展的基础,才能有实质性的推进。认同的关键就在于理念认同,也就是理念的契合。所以,理念契合是确保客户关系稳固的基础,[1]也是资金发展战略的不能缺少的一环。

在本案例中,培训中心与汇丰银行的理念是高度契合的。汇丰银行希望有长期合作方,而培训中心也希望与汇丰长期合作;汇丰银行主张"授人以渔",而培训中心坚持"知识扶贫,助人发展"的使命;汇丰银行提倡"德育为先",而培训中心也倡导"育人为先"。所以,双方在理念上是高度契合的,也即双方的合作有一个坚实的基础。

第三,供求一致。供求一致是营销学的基本理论,也是募捐学的核心观念。特别是在现代募捐学中,将募捐项目产品化后,供求一致已经是不可能绕开的一个核心理论。科特勒曾如此表述:"营销供给是营销者提出的适用于所有目标受众的一种提议,一种包含积极结果与消极结果的可取组合的价值主张,其前提是当且仅当目标受众采取期望的行动。"[2]所以,募捐项目符合捐赠方的需求是非常重要的。无法满足对方需求的项目,只能博得对方一时的冲动性捐赠,而无法长期获得对方的赞助。

在本案例中,培训中心提供的服务和汇丰银行的需求高度一致。这体现为四个方面:(1)汇丰需求项目不断创新,而不乐意长期资助同一个项目。培训中心则不断开发新项目,包括内容创新、形式创新等,不断满足汇丰银行的需求。所以,在这个方面,双方的供求关系是一致的。(2)汇丰银行十分关注慈善教育领域,希望通过开展项目,提高受助人群的就业能力,促进他们的就业。培训中心提供的恰好是职业技能培训项目,而且有明确的50%就业率指标,确实能够有效地促进受助人群的就业。(3)汇丰银行

---

[1] John H. Hanson: Strategic management and fundraising: A planning model for resource development in the nonprofit organization, *Journal of Nonprofit and Voluntary Sector*, 1997(2).

[2] 艾伦·R.安德里亚森、菲利普·科特勒:《战略营销:非营利组织的视角》,机械工业出版社2010年版,第139页。

对项目的质量要求很高,注重项目实效。培训中心的项目都能够保质保量地完成,有实际成果,符合汇丰银行的需求。(4)汇丰银行要求做到财务的公开、透明、规范。培训中心能严格按照捐献赠方的意愿使用资金,及时准确地报告和反馈。

所以,在这四个方面,双方的供需关系达到了高度的一致。这也是促使双方合作关系长期稳定的原因之一。

第四,长期沟通。长期沟通是充分了解客户需求,强化客户关系的关键立足点,而客户关系则又是募捐成功的关键所在。[①]

在这方面,培训中心与汇丰银行保持了十分顺畅的沟通。每一次汇丰银行基金会的负责人和项目官员来上海,培训中心都会主动与对方见面、联系。而培训中心的负责人每一次去北京,也都会去汇丰银行拜访银行的负责人。并且,双方还保持着经常性的邮件、电话、微信沟通。通过上述渠道,双方实现了长期沟通,从而形成了十分紧密而融洽的关系。

第五,客户服务。客户服务是促进客户关系进一步巩固的基础。在这方面,培训中心除了通过项目成果、项目汇报、多渠道沟通以及必要宣传等形式,向汇丰银行提供了专业的服务外,还会为汇丰银行做一些和项目无关而汇丰银行需要做的事情。

总而言之,对于公益组织而言,建立属于自身的客户群体是实现机构资金来源稳定的重要工作。而要实现这一点,就必须确定和实施符合自身特点的资金发展战略。这样,机构的筹资成本会大大降低,机构资金来源的稳定性能得到极大提高。

(本文由华南师范大学公共管理学院讲师褚蓥和徐本亮撰写于2015年)

---

[①] Merritt Olsen, Mary Liz Keevers, etc, E-relationship development strategy for the nonprofit fundraising professional, *International Journal of Nonprofit and Voluntary Sector Marketing*, 2001(6).

图书在版编目(CIP)数据

社会组织管理精要十五讲 / 徐本亮著 . — 3 版 . — 上海 ：上海社会科学院出版社，2024
ISBN 978 - 7 - 5520 - 4398 - 3

Ⅰ.①社… Ⅱ.①徐… Ⅲ.①社会组织管理—研究 Ⅳ.①C916.1

中国国家版本馆 CIP 数据核字(2024)第 103473 号

社会组织管理精要十五讲(第 3 版)

著　　者：徐本亮
责任编辑：杨　国
封面设计：黄婧昉
出版发行：上海社会科学院出版社
　　　　　上海顺昌路 622 号　邮编 200025
　　　　　电话总机 021 - 63315947　销售热线 021 - 53063735
　　　　　https://cbs.sass.org.cn　E-mail:sassp@sassp.cn
排　　版：南京展望文化发展有限公司
印　　刷：上海雅昌艺术印刷有限公司
开　　本：710 毫米×1010 毫米　1/16
印　　张：20.25
插　　页：1
字　　数：297 千
印　　数：23901—28000 册
版　　次：2024 年 6 月第 1 版　2024 年 6 月第 1 次印刷

ISBN 978 - 7 - 5520 - 4398 - 3/C・233　　　　　　定价：98.00 元

版权所有　翻印必究